上海市高校法学高原学科环境资源法建设项目

耕地保护法律制度研究

Research on the Legal System of Cultivated Land Protection

王文革 / 主编

法律出版社 | LAW PRESS
—— 北京 ——

图书在版编目（CIP）数据

耕地保护法律制度研究 / 王文革主编. -- 北京：法律出版社，2024. --（上海市高校法学一流学科环境资源法丛书）. -- ISBN 978 - 7 - 5197 - 9486 - 6

Ⅰ. D922.324

中国国家版本馆 CIP 数据核字第 2024CM8897 号

上海市高校法学一流学科环境资源法丛书	耕地保护法律制度研究 GENGDI BAOHU FALÜ ZHIDU YANJIU	王文革　主编	策划编辑 张　颖 责任编辑 张　颖 装帧设计 臧晓飞

出版发行 法律出版社	**开本** 710 毫米×1000 毫米　1/16
编辑统筹 法律应用出版分社	**印张** 16　　**字数** 278 千
责任校对 晁明慧	**版本** 2024 年 10 月第 1 版
责任印制 刘晓伟	**印次** 2024 年 10 月第 1 次印刷
经　　销 新华书店	**印刷** 北京建宏印刷有限公司

地址：北京市丰台区莲花池西里 7 号（100073）

网址：www. lawpress. com. cn　　销售电话：010 - 83938349

投稿邮箱：info@ lawpress. com. cn　　客服电话：010 - 83938350

举报盗版邮箱：jbwq@ lawpress. com. cn　　咨询电话：010 - 63939796

书号：ISBN 978 - 7 - 5197 - 9486 - 6　　**定价**：82.00 元

凡购买本社图书，如有印装错误，我社负责退换。电话：010 - 83938349

编委会

主　编： 王文革

副主编： 王晨、丁永锋、刘纹伽、张宇洁、陈耿钊、黄怡婷

撰稿人：（按章节排序）

第一章　王文革、黄敏艳、梁苏琴、祝亭香

第二章　陶　喆

第三章　任伟彤

第四章　江崇淇

第五章　杜亚文

第六章　茅旭航

第七章　杨华强

第八章　吴婧宜

第九章　高　宣

第十章　王　蕊

主编简介

王文革，武汉大学环境资源法博士，华东政法大学经济法博士后、教授、高级工程师、经济师等。现任上海市重点学科环境资源法学科负责人、上海政法学院环境资源与能源法研究中心主任、最高人民法院国土资源司法保护研究基地（上海政法学院）主任，中天城土地房地产资产（北京）有限公司土地估价师。

主要学术兼职：兼任世界自然保护联盟生态系统管理专家组成员、环境法专家组成员，中国法学会环境资源法研究会学术委员会副主任委员，全国人大环境资源立法研究基地（上海社会科学院）学术委员会副主任委员，《中国环境法学评论》（中国环境资源法研究会会刊）副主编，中华环保联合会法律专家委员会委员，上海市法院系统环境资源审判专家库专家，湖州市中级人民法院环境资源审判专家库专家等。先后任美国加州大学洛杉矶分校、加拿大英属哥伦比亚大学、澳大利亚邦德大学、日本青山学院大学、复旦大学、上海交通大学、华东政法大学、上海财经大学、上海社会科学院等高校、科研院所访问教授、客座教授或兼职教授。

主要研究领域：环境资源与能源法、房地产法、经济法、行政法等。先后在《中国环境科学》《环境保护》《中国土地科学》《法商研究》《政治与法律》《中国环境报》《中国国土资源报》《解放日报》《社会科学报》等报刊发表学术论文100多篇，其中多篇论文被人大复印资料或其他媒体全文转载；独著、主编、参编著作（教材）共20多部，其中出版《土地法学》《城市土地节约利用法律制度研究》《中国节能法律制度研究》《城市土地配置利益博弈及其法律调整》《城市土地市场供应法律问题》等个人专著；主持或参加国际合作、国家级、省部级及其他科研项目30多项。

主要荣誉：先后荣获全国宝钢优秀教师、上海浦江学者、上海市十大优秀中青年法学家、上海市曙光学者等荣誉称号，第三届全国法学教材和科研成果奖、上海哲学社会科学优秀成果三等奖、上海高校优秀教学成果二等奖、上海市精品课程、上海高校优秀教材三等奖、国家环境保护部优秀科技成果奖、湖北省政府依法治理优秀成果奖、湖北省政府科技进步奖二等奖、河南省政府优秀调研成果奖二等奖等奖励。

目录

第一章　耕地保护概述

第一节　耕地的概念和价值功能

一、耕地的概念

“耕地”一词在国外通常被表述为 farmland 或 cultivated land，前者包括种植农作物的土地、牧地、果园等农业用地，是农场范围的总称，后者所包括的土地有两部分，即 tilled land 和 grass land。tilled land 包括农作物种植、果园、花卉、葡萄园等用地，而 grass land 就是指牧草地。

我国在历次的土地分类中对耕地进行了较为具体的界定。1984 年，全国农业区划委员会制定的《土地利用现状分类及含义》将土地分为 8 个一级类，46 个二级类。根据该规定，耕地是指种植农作物的土地，包括熟地，新开荒地，休闲地、轮歇地、草田轮作地；以种植农作物为主，间有零星果树、桑树或者其他树木的土地；耕种三年以上的滩地和海涂。耕地中包括南方宽度小于 1.0m、北方宽度小于 2.0m 的沟、渠、路和田埂。1998 年修订的《土地管理法》总则第 4 条对土地的用途进行了新的规定，将土地分为农用地、建设用地和未利用地。国土资源部[1]颁布的2002年1月1日起施行的《全国土地分类》，将土地分为3个一级类、15个二级类和71个三级类，耕地作为“农用地”一级类中的第1个二级类，5个三级分类未发生变化。这一分类对耕地的界定是“耕地是指种植农作物的土地，包括熟地、新开发复垦整理地、休闲地、轮歇地、草田轮作地；以种植农作物为主，间有零星果树、桑树或者其他树木的土地；平均每年能保证收获一季的已垦滩地和海涂”。2007年8月10日，国家质量监督检验检疫总局（现为国家市场监督管理总局）和国家标准化管理委员会联合发布了《土地利用现状分类》，对土地资源有了一个全国统一的国家标准。与《全国土地分类》相比，新的分类将耕地二级类中原有的“灌溉水田”和“望天田”合并为“水田”，将菜地归并到水浇地之中。

综上所述，本书认为耕地是指种植农作物的土地，包括熟地，新开发、复垦、整理地，休闲地（含轮歇地、轮作地）；以种植农作物（含蔬菜）为主，间有零星果树、桑树或其他树木的土地；平均每年能保证收获一季的已垦滩地和海涂。以是否能够正常收获为标准，可以分为常规耕地和非常规耕地。常规耕地是指长期专用于栽种农作物，并且能够按照时节正常收割粮食谷物等农作物的土地。常规耕地包括耕种条件优良的基本农田，以及耕种条件较差，但能够按照时节收割的可用土地。非常规耕地是指在正常耕地之外，当农作物不能正常收割时，用来种植临时作物的土地，其目的是种植水生或旱地作物，包括水田和旱地。水田是有排水系统的耕地，可以自行积水，用于种植水生作物，如水稻和莲藕。水田以外的耕地是旱地，包括有灌溉的土地和没有灌溉的旱地。灌溉地有稳定的水源和相对较好的灌溉设施，通常可以不受天气条件影响，定期进行灌溉；而无灌溉的旱地由于缺乏支持性的灌溉设施，无法像有灌溉的土地一样，获得定期供水和灌溉。

二、耕地的价值功能

耕地是十分宝贵的资源，具有非常重要的价值功能。耕地是人类食

---

〔1〕 2018年改为自然资源部，后文不再赘述。

物的重要生产基地，在农业乃至经济社会发展中具有不可替代的基础作用。耕地不仅是广大农民赖以生存的基本的物质基础，也是国家发展经济的根本所在。如果耕地质量和数量不能得到保证，不仅会影响农业发展和农民增收，动摇农业的基础地位，还会影响第二、三产业的发展，进而直接波及整个国民经济的发展。因此，耕地既是国民经济的基础，也是国家安全和社会稳定的基础。耕地的价值功能具体体现在如下几个方面。

1. 生产价值功能

耕地是基本的生产资料和劳动对象，具有生产功能，其内部和上层附着各种有用矿物和营养成分，在一定的光、温、水等自然条件和技术条件下能生产出各种农作物，为人类提供食物。耕地是农作物吸取营养的主要源泉，是农作物正常生长发育不可缺少的水分、空气和热量的供应者与调节者。耕地在农业生产中是不可或缺且无法替代的生产资料，生产能力不可估量。随着科学技术的快速发展，耕地的生产能力会得到进一步释放。

2. 文化景观价值功能

耕地作为一种景观文化载体，见证了世界农耕文明的发展，也见证了中国几千年农业文明的延续。所有环绕在耕地周围的景观，如山川、林木、湖泊、住宅等与耕地结合，形成了各地特色的景观序列，发展出耕地独特的文化景观功能。如我国南部地区中，地势多为山地和丘陵，降水颇丰，为了提高降雨的利用率和当地的土地资源，南方人民选择从山脚至山腰处开垦出一圈又一圈的田地，村民则居住在山脚下，从山脚处起，农田层层盘绕，屋舍与田地高低错落，形成了独特的梯田景观。在江南平原地区，水资源充足，田地与田地之间形成了纵横交错的水网，村民临水而居，并且采用引渠灌溉农田的方式，形成了独特的方形水田与居民区镶嵌的村落格局。在平原广阔的北方，水资源匮乏，多沙尘天气，麦田与居民区之间种植了防护林带，成片的麦田与麦田之间的树形成了广阔无垠的麦田景观。在海拔地势差距较大的云贵地区，山势走向对农田形状的影响较大，农民依据山脉走向，经过长期开垦，形成了形状各异的农田，以此发展了当地极具特色的高原坝子农业景观。耕地的文化景观由于具有独特性和因地制宜性，可供居民在闲暇时观光旅游之用，供身处喧嚣城市生活的人休憩、休闲之用，从而衍生出了休闲文化及教育功能。作为耕地文化景观，既可让惯常生活于城市中的居民前往乡村感受大自然和日出而作、日落而息的宁静乡村生活，也为城乡后代青年接触基本农业操作、体验乡村文化、感受农耕文明提供了广阔的场所。耕地也就具备了传播农业知识，传承农耕文明，提高人们惜土意识和生态保护意识等特殊的教育功能[1]。

3. 生态价值功能

耕地生态价值指耕地及其上的植物构成的生态系统具有的生态价值，包括调节气候、净化与美化环境、维持生物多样性等方面的价值。这一生态系统在给人类供给稳定的粮食和其他生物产品的同时又提供了一种新的生物生存环境，形成耕地生态系统特有的生物种群结构和食物链，为生物多样性的存续与发展提供了条件且还具有改变空气中物质构成、净化环境中的有害物质、涵养水源等功能。正是由于这些功能使耕地生态系统成为与城市生态系统在环境质量和景观上完全不同、城市居民向往的休闲环境。耕地的生态环境价值功能具体表现为：防止土壤侵蚀，如水田经常保持渗水可以防止风蚀及水蚀；涵养水源，包括浅层地下水涵养和深层地下水涵养；改善气候，水田的蒸发散热具有清凉作用，使环境更加舒适，农作物可以吸收空气中的二氧化碳进行光合作用，从而减少温室气体排放，有助于减轻全球性的气温上升；净化水源，去除浮游物质、有机物和污染离子；净化空气，农作物通过光合作用释放氧气，具有净化空气的功效。

4. 社会保障价值功能

耕地的社会保障价值是耕地对农民所承担的社会保障方面功能的价值。耕地社会保障价值的构成与社会保障价值体系有关。从现代社会保障制度所包含的业务内容来看，社会保障体系内容包括社会救助、社会保险、社会福利。社会救助是国家和社会依据法律规定，面向不能维持

---

〔1〕 参见姜广辉等：《耕地多功能的层次性及其多功能保护》，载《中国土地科学》2011年第8期。

最低生活水平的低收入家庭提供经济帮助的一项社会保障制度。长期以来，农村的社会保障处于真空状态，农村社会保障的“政府退出”使耕地承担了农民社会保障方面的功能，而耕地的社会属性为耕地社会保障价值提供了理论基础，作为农村社会保障的替代，耕地具有生活保障价值、失业保障价值、医疗保障价值和养老保障价值等。

关于生活保障价值，耕地是农民赖以生存的基础，是农民最后的生活保障。衣食住行，这是人类生活首先要面对的问题，在农村，生活方面的开支都源于土地，除居住以外，衣、食、行都主要源于耕地收入。农村耕地承担了农村最低生活保障支出需求。耕地生活保障价值体现在农民有了耕地就有了劳动的对象，就有了收入来源的基础。

关于失业保障价值，农业生产中，无论是种植、畜牧，还是林业、渔业，农民从事农业生产几乎不需要农业技能，人人都是农业生产好能手。民以食为天，从古至今，人们日出而作，日落而息，从传统农业到现代农业，只要农民勤劳，农民便不会失业。在城市化进程不断推进的今天，从耕地中解放出来的剩余劳动力大量涌入城市，为城市的建设添砖加瓦，做出了积极的贡献。然而，这只是在经济环境好的阶段，2008年受国际金融危机影响，我国经济增速放缓，出口受阻，城市吸纳劳动力能力大量下降，从城市中“挤出”的农民工返回农村，继续从事农业生产活动，从而避免了西方国家在经济危机时所出现的大量失业甚至社会不稳定，耕地的失业保障功能也体现在此。归纳起来，耕地的失业保障价值表现在两方面：一是农民留守农村时，农民可以自由耕种；二是农民离开农村遭遇风险时，仍然可以返回农村务农。

关于医疗保障价值。医疗保险是对法定范围内的劳动者在患病或者非因工伤害时提供保障的社会保险项目。它既包括医疗费用的给付，也包括各种医疗服务。在农村，对大多数农村家庭来说，土地是最基本最重要的生产资料，土地收益是家庭保障最重要的甚至是唯一的来源。因此，耕地对于农民而言具有重要的医疗保障功能，即耕地具有医疗保障价值，农民从耕地产出中获得的收益将作为家庭医疗保障的经济基础。

关于养老保障价值。社会基本养老保险，是国家和社会根据一定的法律和法规，为解决劳动者在达到国家规定的解除劳动义务的劳动年龄界限，或因年老丧失劳动能力退出劳动岗位后的基本生活而建立的一种社会保险制度。我国机关事业单位与城镇企业职工均已建立养老保险金制度，而农村养老保险一直比较滞后。同医疗保险类似，土地是农民最基本最重要的生产资料，土地使用权是农民最重要的财产性权益，土地收益是家庭保障最重要的甚至是唯一的来源。因此，耕地对于农民而言具有重要的养老保障功能，即耕地具有养老保障价值。

5. 社会稳定价值功能

粮食问题是一个关系国计民生的重大战略问题，未来一段时间内，人均耕地面积逐渐减少仍然是我国人地关系的主要矛盾之一。为保障粮食安全而进行的耕地保护一直是国家的工作重点。"无粮则乱"，粮食对国家和社会稳定起着至关重要的作用。粮食产量取决于单位面积产量和播种面积。在单产不能有较大突破的前提下，只有保证相当数量与质量的耕地，才能使粮食安全问题得以解决。耕地总量目前仍呈现不断下降的趋势，而且短期内影响粮食供给的耕地质量、生产技术不可能有很大提高，严格控制耕地数量仍是保障粮食安全的有效方式。

第二节 耕地保护的概念和意义

一、耕地保护的概念

在国内，学者对于耕地保护内涵的认识主要有以下几种观点：耕地保护主要是为提高地力。耕地保护的实质就是保护农业生产力，努力实现我国21世纪养活16亿中国人的目标；从理论上讲，保护耕地就是保护耕地的生产能力，使生产能力不要遭到破坏；耕地保护是为实现代际公平。土地保护是指通过对土地的合理利用和经营，使当代人得到最大的持续效益，并能保持土地的潜力以满足后代的需要。耕地保护的本质是为了解决耕地供求矛盾，协调经济发展对耕地需求与保障稳定食物供给所需保存具有可靠生产能力的耕地需求之间的矛盾。另外，有些学者并未明确界定耕地保护的定义，而是从耕地的数量、质量、生态、时间、空间等方面详细分析耕地保护。耕地保护的科学内涵要以保障粮食安全为核心，以促进科学发展为宗旨，以保护农民权益为根本。从耕地的价值功能和利用特点来看，耕地保护的内涵体现在三个层面，即数量保护、质量保护及生态保护。[1]

耕地的数量保护是指国家采取行政、经济、法律、技术等措施和手段，严格控制现有耕地数量不减少，如严格控制建设占用耕地和农业结构调整占用耕地，防止水土流失，减少自然灾害毁坏耕地等。它是耕地保护的基础，其内涵是确保数量不减少，它也是耕地保护工作的刚性指标和耕地保护工作基本要求。

耕地数量变化的原因是耕地数量变化与可持续利用研究的核心，受自然、社会、经济、技术和历史等因素的影响，耕地的变化和流向反映了社会经济发展的基本态势。

耕地质量是指构成耕地的各种自然因素和环境条件状况的总和，表现为耕地生产能力的高低、耕地环境状况优劣以及耕地产品质量的高低。我国实行耕地保护，确保粮食安全，其中耕地质量是影响粮食安全的内在因素。耕地的质量保护，是指国家采取行政、经济、法律、技术等措施和手段，首先保护高质量的耕地，并改造治理耕地中限制因素，同时保证耕地在利用过程中质量不下降。

耕地保护实际上在于保护区域耕地的生产力，不仅仅是表面上的面积数量的动态平衡，而且要重视耕地质量保护。不但要提高耕地的物质生产能力，提高土壤肥力，还应包括改善附着在耕地上的设施状况，诸如改善水利设施、耕作条件、防护林设施和田间道路等，避免耕地水土流失、沙化等土地退化的问题。[2]

土地是环境的重要组成部分，保护土地尤其是保护耕地是保护环境的重要内容，同时保护耕地生态环境又是保护耕地的前提。耕地环境保护的对象是退化耕地和潜在退化的耕地，其表现形式多种多样。耕地生态保护就是采取行政、法律、经济和科学技术措施，治理那些已经退化的耕地，恢复其功能，防止那些具有潜在风险的耕地发生退化，以防止

---

〔1〕 参见吴群等:《中国耕地保护的体制与政策研究》，科学出版社 2011 年版，第 5 页。

〔2〕 参见赵其国、周炳中等:《中国耕地资源安全问题及相关对策思考》，载《土壤》2002 年第 6 期。

耕地生态环境污染和破坏，合理利用耕地资源，并保持和发展生态平衡。“保护”包括保存、预防和治理的三重含义。“保存”主要是存在形式的保留，这是对存量耕地中未退化的耕地而言的；“预防”是消除可能造成未退化耕地发生退化的可能和使已退化耕地继续发生退化的各种因素的活动；“治理”是对已退化的耕地所进行的建设性改造，包括对质量较差的耕地（如中低产田）施以改良措施，使其质量不断提高的过程。就未退化的耕地而言，保护的目的是改善其性状并使其具有持续利用的能力。就已退化的耕地而言，耕地生态保护的目的是消除其不良性状，恢复其良好的生产条件，提高生产力和生产潜力。

基于此，我们把耕地保护定义为：以确保粮食安全、协调经济发展对耕地需求矛盾、保护土地景观生态为目的，采取各种方法在一定时期内保有必需耕地数量、提高耕地生产能力的各项行动的总和。

二、耕地保护的意义

耕地作为生产的基础资源之一，作为劳动的基本要素之一，保护耕地的生产功能具有基础性、战略性意义。耕地的主要产物是粮食，而粮食作为人民生活的必需品，作为社会和国家稳定的调节器，我们需要严格控制耕地用途，保证粮食产量，稳定国家粮仓库存。粮食安全作为全球性话题，一直是世界各国关注的热点。自 2008 年经济危机爆发以来，国际粮食危机随之袭来，国际平均粮价连年飙升，使依靠进口粮食而满足国民吃饭问题的发展中国家，尤其是经济相对落后、气候干旱、土壤贫瘠的国家和地区，长期遭受粮食危机，由于粮价不断上涨，这些国家和地区甚至连年出现政治和社会动荡。因此，保护耕地生产功能，严守耕地红线，加强耕地保护，确保长时间可以稳定利用的耕地不减少，加大力度防止土地“非粮化”，遏制土地“非农化”，有助于提高粮食综合生产能力，确保粮食丰收，推动国民经济稳定发展，更有利于调节社会矛盾，巩固社会和国家安全。

耕地作为文化景观的构成要素之一，保护耕地对文化传承延续具有重要意义。除生产粮食以外，耕地还与周围的林木、山川、湖泊、居民住宅等景观共同形成了独特的景观序列。“田成方、路相通、渠相连、旱能灌、涝能排”这一幅现代农业新画卷能够吸引众多游客前往，各个地区将本土特色文化景观进行规模化建造，并在此基础上开展机械化生产，既能提升粮食产量，又能在保护基本农田的同时发展旅游业，宣传本土特色文化。此外，部分地区根据其当地社会现状，结合改善农田质量、提高生态意义、发展农村生态景观等目的，打造优质绿色农田，同时打造与之配套的乡村旅游景点和休闲主题公园等，在增加绿色生态景观高质量输出的同时高效供给绿色优质农产品，这有利于促进农业生产和农产品服务业融合发展，深入推进实施乡村振兴战略，提升人民的生活幸福感。

耕地作为地球生态系统的基本要素之一，保护耕地的生态功能也具有重要意义。山、水、林、田、湖、草、沙作为生命共同体，共同组成了地球的生态系统，但以往世界各国只一味地追求经济增长，而忽略了生态保护的重要性，使生态系统受到了严重的破坏。目前，各国为保护环境和生态，大力推进生态系统保护修复工作，如我国坚持源头治理，把我国生态功能极为重要、环境问题极为敏感的地区全部纳入生态保护红线，培养全社会“山水林田湖草沙”生态共同体的理念，立足生态系统的整体性，统筹区域、流域综合治理。同时，我国坚持综合治理，鼓励社会资本共同参与治理，共建美好生态家园。生态系统的保护修复有利于保护我国基本农田，增强农田的自然恢复能力，促进人与自然的和谐共生。

第三节　我国耕地保护现状及面临的问题

一、我国耕地情况概述

耕地在地理上被定义为可用于种植农作物的土地。地球上大约有1.5亿平方公里的土地，其中约1/5的土地可以用于耕种农作物，但目前世界上的可耕地正以平均每季度3万平方公里的速度流失。其中，造成土地流失的重要原因之一是热带地区国家大量砍伐森林以腾出土地用于生计和农业发展，过度砍伐森林导致了严重的土地退化和土地荒漠化。而在中国西北地区，气候干旱，降水缺少，加之人类频繁的放牧、森林砍伐活动，森林树木等天然绿色防护带骤减，使西北地区沙尘天气增多，土地质量大大下降。

2012 年，中国国土资源部发布的数据中，我国扣除建设用地数量和生态退耕土地的数量后，年内开发、复垦的土地之和约为 18.3 亿亩，有效地控制了全国耕地净损失。2017 年，中央政府提出了关于加强耕地保护和改进耕地占补平衡的意见，其总体目标是要严守耕地红线，确保实有耕地数量基本稳定、质量逐步提升〔1〕。3 年后，在政府、社会和民众的共同努力下，实现了全国可耕地保有量不低于 18.65 亿亩的目标，达到了永久基本农田不低于 15.46 亿亩的下限，在经济高质量发展过程中高度重视提高粮食生产能力，为确保粮食持续自给、维护国家粮食安全提供物质支撑。同时，我国不断完善国内耕地保护制度和土地利用平衡政策，建立健全各级政府的耕地保护监管体系，推动形成保护更加有力、实施更加精简、执行更加顺畅、管理更加高效的新型耕地保护模式〔2〕。2021 年第三次全国国土调查结果显示，我国耕地面积已达 19.179 亿亩，并超越了国务院提出的至 2030 年耕地保有量达 18.25 亿亩的目标。

自然是人类赖以生存的基础，耕地作为自然环境的重要组成部分，是人类赖以生产、生活的基础，是谷物粮食生产的基础。中国作为一个农业大国，拥有全球 1/5 的人口，必须加大耕地保护力度以此守护住一定数量且具备足够生产力的耕地，才能满足中国人民的吃饭问题，解决贫困人口的温饱问题，巩固全面建成小康社会的成果，维持全球稳定。

二、我国耕地保护面临的问题

随着城市化、工业化的发展，基础设施的建设和完善，我国耕地出现了各种各样的问题。首先，耕地质量下降，大量高等级耕地及优质耕

〔1〕 参见本刊编辑部：《中共中央　国务院关于加强耕地保护和改进占补平衡的意见》，载《当代农村财经》2017 年第 6 期。

〔2〕 参见本刊编辑部：《中共中央　国务院关于加强耕地保护和改进占补平衡的意见》，载《当代农村财经》2017 年第 6 期。

地被建设用地项目占用，中低等产田的占比上升，耕地总体质量下降。其次，近年来各地实行不合理、不恰当的土地管理方式，滥用耕地技术保护措施，放任耕地情况不断恶化的情况仍存在，造成主要耕种区的土壤地力下降，土地防灾抗灾能力差，耕地退化严重。最后，建设用地面积不断扩大，我国耕地面积急剧下降，耕地后备资源稀缺，仅在1996年至2006年，全国耕地面积就减少近1.5亿亩，平均每年减少0.8%。国家划定的18亿亩耕地红线面临着最为严峻的考验。

1. 耕地质量下降

中国耕地的主要问题之一是存在严重的土壤板结情况。近年来，由于一味地追求社会经济发展，各地过度开发荒山荒地，开荒后的农民不合理、不科学地栽种农作物，并且任意使用肥料，致使土地中的有机质大幅减少，土地质量严重下降，引发了严重的土壤板结，最终导致产出的农作物质量不佳，产量低下。首先，农业开发过程中没有适当地向土壤补给有机肥料，并且过度开发，忽略土地开发后的有机物补充，造成土壤有机质含量下降和土壤微生物菌群多样性及其功能减弱。其次，多数农村地区并未采取秸秆还田的方式来恢复土壤地力，使土壤中的营养物质未能得到及时补给和恢复，有机质因耕种后未能得到及时补充，导致土壤中微生物生存环境恶劣，微生物活性下降，进而延缓了土壤团粒结构的形成，最终造成土壤板结。最后，缺乏科学农业知识的大部分农民长期且单一地偏施氮肥，较少施磷肥和钾肥，导致土壤有机元素成分不均，土地地力不足以支撑农作物生长乃至保持土壤原状，最终导致了土壤板结和龟裂。此外，水资源地理分布不均及其他制约因素，导致中国的耕地质量相对较差，耕地的生产功能也随之下降。

2. 耕地退化严重

我国土壤存在荒漠化、盐碱化、沙化、草地退化等严重的土地退化现象。《第五次中国荒漠化和沙化状况公报》指出，截至2014年，我国荒漠化土地面积约为260万平方公里，沙化土地面积约170万平方公里。各地的土壤问题因中国不同地区的气候条件而异。在长江以南，耕地高度酸化，土壤质量富营养化；在西北地区，耕地盐碱化和沙漠化；在中国北方平原，干旱地区的可耕作土地变得更浅，土壤明显退化。此外，土壤污染在所有地区都是一个不容忽视的问题，中国南方的土壤污染水平超过了中国北方和东北地区。土壤荒漠化、盐碱化导致全国土地肥力普遍下降或地力严重丧失，并且城市化的快速发展使农村撂荒面积扩大，土地恶性退化加剧，可耕地面积进一步减少。

3. 后备耕地不足

后备耕地即为适合发展成农田的土地资源。耕地后备资源是实施国家土地综合管理的重要基础，与严守耕地红线，高效利用国家土地资源，有效保障国家粮食安全、实现土地占补平衡等工作密切相关。而根据最新一轮全国耕地后备资源调查，全国耕地后备资源总面积为8000多万亩，比上一轮调查减少近3000万亩。其中，连片连片的后备耕地保护区约占比1/3，而零星分散的后备耕地保护区约占比2/3。从区域分布来看，耕地资源储备主要集中在经济欠发达的中西部地区，其中，新疆、黑龙江、河南、云南和甘肃的耕地储备几乎占全国耕地储备的一半，而经济较发达的东部地区的耕地储备加起来约占全国耕地储备的15.4%[1]。

从全国后备耕地资源调查结果来看，全国土地后备资源的区域分布明显不均衡。经济较发达的东部地区的耕地后备资源稀缺甚至枯竭，可利用后备耕地逐年减少，在全省范围内难以实现土地占补平衡。此外，数据显示，耕地后备资源大多零散分布，集中连片的耕地后备资源占比较小，其开发成本较高，不利于大规模的开发利用，在全国范围内难以实现土地占补平衡。

第四节　我国耕地保护制度历史沿革与改革取向

一、我国耕地保护制度历史沿革

目前，我国没有一部专门的“耕地保护法”，涉及耕地保护的相关

[1] 参见邱海峰：《增加耕地，哪些资源可用?》，载《人民日报海外版》2022年3月24日，第4版。

规定散见于《土地管理法》《耕地占用税法》《基本农田保护条例》《土地复垦条例》《农用地质量分等规程》《基本农田划定技术规程》《高标准基本农田建设标准》《高标准农田建设通则》《关于深化生态保护补偿制度改革的意见》等法律法规和政策文件中。

“保护耕地”“不得占用耕地”于1986年写入《土地管理法》，但此时我国法律还未将“耕地保护”单独列为一章，并且也未单独规定破坏耕地保护制度的相应法律责任。1998年《土地管理法》修订时，补充了几种需要承担法律责任的具体破坏耕地的行为，补充了刑事责任的有关规定，更明确了对耕地保护实施监督管理的主体。2019年修正的《土地管理法》，将“严格土地用途管制”写入法律。我国《土地管理法》的几次修改表明，我国进一步加强对耕地的保护，不仅大幅降低了破坏耕地的法律责任门槛，而且各级政府开始严格控制耕地使用用途，这与耕地在我国发挥的重要粮食安全保障功能密不可分。

党的十八大以来，党和国家高度重视耕地保护与生态文明建设事业的开展，大力培养新型高科技高水平农业人才，健全农业人才工作队伍，并且配套提升了耕地保护制度化、科学化和信息化管理水平，建立健全了以管制土地用途为核心的耕地保护制度体系，其主要内容包括确立耕地保护责任制度，明确耕地保护主体责任，完善耕地占补平衡制度，严格管制土地用途，推进永久基本农田保护制度，严格保护农产品用地等[1]。各省各地区依据中共中央的工作指示，出台了相关耕地保护的具体措施。

综上所述，我国现行耕地保护主要法律制度和措施有如下6种。

1. 土地用途管制制度

《土地管理法》第4条规定我国实行土地用途管制制度，该制度主要有三方面内容：一是按土地用途将土地划分为农业地、建设用地和未利用地，并对三种用地进行了立法解释，农业地解释为直接用于农业生产的土地，建设用地解释为建造建筑物、构筑物的土地，未利用地解释

〔1〕参见李如海：《强化耕地保护制度　筑牢粮食安全基石》，载《群众》2022年第9期。

为农用地和建设用地以外的土地；主要体现为对土地用途的划分及使用条件的规定。二是农用地转化为建设用地必须经过严格的审批程序，并且控制建设用地的总量，以求通过在转用审批环节进行严格审批制度达到对耕地的特殊保护。三是在确定耕地转用批准文件后，开发者必须持批准文件到当地土地行政主管部门耕地登记，方可取得对耕地的使用权。

2. 耕地保护主体责任制度

国务院《关于深化改革严格土地管理的决定》（国发〔2004〕28号）明确了土地管理的权力和责任："保护和合理利用土地的责任在地方各级人民政府，省、自治区、直辖市人民政府应负主要责任。"国务院《关于加强土地调控有关问题的通知》（国发〔2006〕31号）又进一步明确了耕地保护责任人："地方各级人民政府主要负责人应对本行政区域内耕地保有量和基本农田保护面积、土地利用总体规划和年度计划执行情况负总责。"可见，地方各级人民政府是政策规定的耕地保护责任人。

四川省在落实土地管理法的过程中，坚决落实最严格的耕地保护制度，调整优化土地管理体制，明确各级行政机关的土地综合治理职责，省市县各级政府对其行政区域内的基本农田保护负总责，并且每年对相应领导班子负责的耕地保护工作进行考核，确切落实土地管理责任到个人。中国最大的粮食生产地之一的河南省，建立了"党委领导、政府指导、部门配合、群众参与、上下联动"的耕地保护责任制，完善了耕地保护责任制考核体系，定期对耕地保护进行考核，并且将考核结果作为领导干部自然资源离任审计的重要内容，将评估结果纳入相关管理人员的综合考核评价体系中，强化了中央对各级政府关于耕地保护的问责，层层压实耕地保护主体责任〔1〕。江苏省从对历史和人民负责的高度出发，肩负起耕地保护重任，做到管土有责、守土负责、护土尽责，严格落实党委、政府对耕地保护的同等责任，省市县各级责任人逐级签订耕

〔1〕 参见李中伟、张艳琳：《落实最严制度　实行特殊保护——河南省加强耕地保护制度体系建设的实践》，载《资源导刊》2022年第5期。

地保护目标承诺书，针对各级政府开展耕地保护目标责任考核，实行一票否决、终身追责制，将耕地保护的责任落实到各级党委、政府的耕地保护领导班子。

3. 占用耕地补偿制度

《土地管理法》第30条规定我国实行占用耕地补偿制度，该制度主要有两方面内容：一是经过审批占用耕地的，必须按照“占多少，垦多少”的原则，即占用单位必须开垦出与原耕地数量和质量相当的耕地，若没有达到条件必须缴纳开垦费。二是地方政府必须制定耕地开垦计划，并且对耕地占用补偿组织监督和验收。

在城镇化飞速发展的时代，要严格控制耕地转为建设用地和园地、林地等非农用地，落实耕地占补平衡。江苏省通过严格把控建设项目用地审批关口，加强对各类非农用地的审查，进一步规范审批耕地转化为建设用地的程序，按照严格审查标准审批建设用地。海南省则通过推进土地综合治理的方式进行“补”，大力实施耕地垦造行动，完善省级统筹耕地机制、强化耕地后期管护体系，并且在不同季节利用不同气候种植相适宜的农作物：4月至8月种水稻，8月至10月种绿肥，10月至次年4月种玉米[1]。海南省通过实施土地综合整治、种植规模化、经营集约化的方式，解决省内土地碎片化、人口居住分散化问题，引导村庄集中居住，促进农业、旅游业融合发展。云南省普洱市选择推动市内耕地占补平衡项目的实施，市政府多部门联合开展市内耕地占补平衡后备资源调查工作，在为该项目提供数据支撑的基础上，采取公开招投标方式确定土地开发经营主体，由该土地开发经营主体筹集资金以推进该调查项目实施，并且由市人民代表大会常务委员会负责对项目推进情况进行实时监督，严把土地占用源头关。市内更有部分区县采用土地流转租赁的形式与有关农户签订协议，将改造后的水田承包给种植户种植水稻等农作物，村民既能收到租金，也可以将耕种田地作为其日常工作。普洱市政府多措并举，切实提高了居民收入和群众的种粮积极性。

---

〔1〕 参见陈雪怡、纪聪：《海南为耕地保护开出“良方”》，载《海南日报》2022年6月13日，A01版。

4. 实施耕地保护补偿激励机制

一方面，浙江省统一了省内的耕地保护补偿标准，并且将耕地保护补偿程序以立法的形式纳入地方性法规和地方政府规章。以耕地保护的实际绩效为考核标准，优异的耕地保护绩效将会增加浙江省政府对农户及农村的耕地保护补偿资金。如此一来，规范的补偿程序与统一的补偿标准调动了省内基层保护耕地的主动性和积极性。另一方面，浙江省统筹推进耕地保护补偿与农业补贴相结合，高水平的耕地保护措施实施程度将会增加政府对农业补贴的额度，这样能够正面引导农民投入保护耕地、种植农作物、提高土地生产力的工作。江苏省则提出了“行政+市场、责任+激励”的耕地保护新机制，实行以行政为主导，以市场为辅助的耕地保护制度，并且将耕地保护责任与经济激励相挂钩，鼓励各市、各县建立符合当地实际的具有特色的耕地保护激励机制。此外，江苏省还设立了耕地保护省级统筹资金，以地方完成耕地保护任务的数量和质量为导向，灵活调节年度耕地保护资金的投入〔1〕。四川省则将当地的耕地保护补偿政策与本地谷物生产相挂钩，重点对谷物生产功能区的耕地进行补偿，有针对性地提高耕地质量和谷物综合生产能力〔2〕。

5. 实施休耕政策

2016年以来，中国开展了耕地轮作休耕试点工作，在同一块田地上启动了按季节轮流种植不同农作物，并且实行定期休耕的耕地保护工作。

6. 土地整理复垦开发制度

国土资源部在2003年颁布的《全国土地开发整理规划》中明确将土地整理定义为采用工程、生物等措施，对田、水、路、木、林、村进行综合整治管理，增加耕地种植面积，提高土地质量和利用效率，改善生产、生活条件和生态活动；土地复垦是采用工程、生物等措施，对生产建设中造成的自然破坏进行整治，恢复利用的活动；土地开发是指在防止生态环境破坏的前提下，采用生物、工程技术对未开发土地进行

---

〔1〕 参见李如海：《强化耕地保护制度　筑牢粮食安全基石》，载《群众》2022年第9期。

〔2〕 参见王艳松、桑玲玲、章远钰：《完善耕地保护补偿激励机制的思考》，载《中国土地》2019年第12期。

利用。

《土地管理法》第 39 条国家鼓励在维护生态环境的前提下开发未利用土地，优先作为农用耕地使用；第 42 条规定国家大力支持土地整理，通过土地整理增加耕地数量，提高耕地质量；第 43 条明确规定对被破坏的耕地，用地范围必须进行土地复垦，若复垦没有达到条件则必须缴纳土地复垦费，并在最后指明土地复垦费必须用于土地复垦。

二、耕地保护制度改革取向

虽然我国在不断完善耕地保护的相关政策和法律，但现有耕地保护法律制度仍存在制度不完善，缺乏系统性、可操作性，在部分重点领域存在立法空白等一系列问题。

如 2020 年，中央发文，明令禁止耕地“非粮化”“非农化”，明确指出耕地保护工作未来的努力方向，但目前我国防止耕地“非农化”“非粮化”的法律尚未统一，仍处于缺失的状态，当前各地实施的防止“非粮化”的措施主要是基于中央政府和各地方政府的各种非规范性法律文件。同时，我国不仅缺少防止土地“非粮化”的法律，并且在主要实施防止“非粮化”政策的政府主体参与治理方面也缺少相关法律依据。例如，我国的土地所有制性质决定在土地管理、耕地保护工作中，政府居于主导地位，但广大农民在耕地保护过程中更是不可或缺的重要力量。我国当前实施的耕地保护政策并未将广大农民视为耕地保护责任主体，我国农民也缺乏将自身当作耕地保护主体的意识。

针对上述问题，我国迫切需要出台一部系统完备的“耕地保护法”，构建由耕地行政管理体制、耕地规划制度、耕地资源调查监测评价制度、永久基本农田保护制度、建设占用耕地管制制度、耕地开发复垦整理制度、耕地质量保护制度、耕地生态保护制度、耕地保护督察制度等组成的制度体系，实现耕地数量、耕地质量和耕地生态的全面保护。本书将根据我国耕地保护情况，围绕上述制度的构建展开论述。

第二章　耕地行政管理体制

耕地资源对一个国家的稳定存在与可持续发展有着至关重要的作用。现阶段，随着我国经济的飞速发展和社会的不断进步，以及城市化进程不可阻挡地进一步加深，我国的耕地资源不仅数量在不断减少，质量也不可避免地有所下降。实际上，对土地利用的规划不合理是造成我国耕地资源浪费与土地环境问题出现的重要原因之一，目前，合理规划和利用农业资源、科学改善土地环境问题逐渐成为人们讨论的焦点。想要真正行之有效地解决上述问题，建立一个结构合理且能够有序运转的耕地行政管理机制是十分有必要的。

党的二十大报告中明确强调“全方位夯实粮食安全根基，全面落实粮食安全党政同责，牢牢守住十八亿亩耕地红线”。在当前实行“最严格的保护制度”下，我国耕地保护政策被不断强化。但是现实情况是，改革开放40多年来，我国耕地呈现数量增减交替，质量下降明显的态势。[1]为此，学者针对耕

---

〔1〕 参见刘蒙罢、张安录：《建党百年来中国耕地利用政策变迁的历史逻辑及优化路径》，载《中国土地科学》2021年第12期。

地行政保护管理体制的制定逻辑[1]、执行力度[2]等方面存在的问题展开了规范和实证层面的研究。

第一节 耕地行政管理体制概述

一、耕地行政管理体制的概念和内容

所谓“耕地管理体制”，是指耕地管理体制和机构在体制结构、管理任务和职责分工、经营权和所有权等方面的总称。我国耕地管理体制的主要内容包括从中央到省的五级耕地管理机构的设置及其相互关系、各级耕地管理机构的职能分工和职责、运行方式等。

1. 耕地行政管理机构

耕地行政管理机构作为重要的职能性公共行政组织，具有公共行政机构的一般特征，具有较强的社会性、政治性、民主性、专业性等特定因素，由其作出的行政行为就是耕地行政行为，主要是指耕地行政机关及其行政人员在耕地行政管理活动中依据相关行政法律法规做出的可以产生法律后果的行为，如行政命令、行政处罚和行政处分等。目前，国际上存在多种农业治理形式，由于政治制度、历史和民族文化的差异，各国的耕地行政管理机构的组织结构也不尽相同。按照土地管理职能和责任范围的不同，大致可以分为以下四类机构：

（1）决策机关，即耕地行政管理体制的中央机关和最高机关，一般是国家耕地行政管理体制的主要机关，负责对其管辖范围内的重大耕地行政问题进行集中管理和决策，监督职能部门履行耕地保护任务，宣传政府的土地政策。

（2）职能机关，即负责执行行政决策和命令的部门，一般负责将耕地行政机关的总体目标按照职能分解为具体目标和行动方案，并运用到

---

〔1〕 参见牛善栋、方斌：《中国耕地保护制度 70 年：历史嬗变、现实探源及路径优化》，载《中国土地科学》2019 年第 10 期。

〔2〕 参见刘桃菊、陈美球：《中国耕地保护制度执行力现状及其提升路径》，载《中国土地科学》2020 年第 9 期。

具体工作中，是耕地行政管理体制中的执行机关。

（3）辅助机构，即提供信息、框架和决策方案或有助于优化耕地行政管理领域决策机构的决策、指导和内部管理的不同职能机构。它的主要作用是协助耕地行政管理人员处理与综合协调办公室工作有关的日常问题，并帮助耕地行政管理机关的决策者准备备选方案。

（4）监督机构，即根据耕地管理机构和行政机构的决定以及政策和法律的规定对土地管理活动进行监督和检查的执法机构。耕地监督机构是相对独立的机构，负责监督耕地管理部门和行政人员是否遵纪守法、是否认真履行职责、是否在行使相关行政权力时滥用职权。

2. 耕地行政管理体制模式

耕地行政管理中的职能关系是基本的行政管理秩序。耕地行政管理中的权限和职能分配，是公共行政部门根据实际管理需要，按照宪法和法律规定，在不同层级、部门和岗位之间分配行政权力的过程。行政权力的配置和分配制度是耕地管理制度的基本要素之一。根据职权关系，耕地管理体制一般分为以下几种体制：

（1）集权制和分权制

集权制是一种耕地行政管理方法，行政权力往往集中在中央或上级主管部门。中央机构或上级机构对地方机构或下级机构拥有直接的管理和行政权力，地方机构或下级机构在中央机构或上级机构的指导和批准下参与耕地行政管理事务的执行。这种体制的优点是前后一致，便于管理，可以集中力量，统筹推进；缺点是管理相对统一，容易导致上级独断专行，地方机构或下级机构的主观能动性和主观创造性受到限制，对新环境的适应性相对较差。

分权制是指中央机构或上级机构将行政权力下放给地方机构或下级机构并处于控制地位，而地方机构或下级机构在各自的职权范围内享有充分的自主权，中央机构或上级机构不进行任意干预的一种行政管理体制。权力下放制度鼓励地方机构或下级机构的主动性、积极性和创造性，有效地防止了上级机构的专断，有利于下级机构灵活决策，并使地方耕地行政管理权的行使更加符合现实状况。

（2）首长制和委员会制

以具体行政系统或行政机构内部领导体制为依据，可分为首长制和委员会制。顾名思义，首长制是指行政管理机构的权力完全属于机关单位的负责人，负责人对其领导下的理事机构全面负责。这种制度的优点是权责明确、统一，效率高，但缺点是对领导者的个人能力要求较高，容易出现滥用管理权的现象。

相对而言，委员会制则是指管理机构的管理权力须由两人以上的委员会共同分享、共同决定。这种制度的优点是可以充分利用集体的知识和力量，便于科学决策，实现相互监督，防止权力滥用；缺点是权力比较分散，决策时间相对较长，责任分配不明确，可能会影响管理效率。1982 年以前，我国广泛采用委员会制，行政决策由享有相应行政权的委员会作出，通过民主讨论，由委员会成员表决决定。1982 年，我国《宪法》规定各级行政机关实行行政首长负责制，即领导权、最终决定权、人事任命权和全面负责制。2019 年 9 月 1 日施行的《重大行政决策程序暂行条例》对行政首长的重大行政决策问题作了进一步规定，重大决策草案应当经决策机关常务会议或者全体会议讨论。决策机关行政首长在集体讨论的基础上作出决定。行政首长拟作出的决定与会议组成人员多数人的意见不一致的，应当在会上说明理由。集体讨论决定情况应当如实记录，不同意见应当如实载明。

（3）垂直管理、双重管理和业务管理

以各职能部门与上级部门之间的职权关系为依据，可划分为垂直管理、双重管理和业务管理三种模式。垂直管理是指上级耕地行政部门与下级耕地行政部门之间的关系，下级耕地行政部门只接受上级职能部门的指令，与同级政府没有直接的管理关系。双重管理是指耕地管理职能部门在接受上级职能部门指令的同时，也接受政府指令的关系。业务管理是指耕地行政部门接受政府管理，上级职能部门只是对其提供业务指导。

二、我国耕地行政管理体制的历史沿革

我国在 1949 年新中国成立之初就开始尝试建立耕地行政管理体制，

经过70多年的不断发展，我国已经建立起比较完备的农业行政管理体制。我国耕地行政管理体制的发展大致可分为以下四个阶段。

1. 1949年—1986年：制度探索阶段

从中华人民共和国成立到1986年的30多年，我国的耕地管理制度经历了几次重大的改革，到1952年年底，中国基本完成了土地改革，废除了封建土地占有制，开始实行农民土地占有制，使土地有效地流转到农民手中。20世纪80年代，家庭联产承包责任制的实行进一步调动了大多数农民投资和保护耕地的积极性，然而，这些变化仅限于所有权和分配层面，耕地行政管理体制不够完善仍然是中国亟待解决的重大问题，中国仍然缺乏有效的耕地行政管理体制和机制。问题的本质在于当时中国没有统一有效的管理部门，缺乏统一的管理产生了“多头管理”“分散管理”等问题，这些问题也在一定程度上造成了当年土地管理的无序和混乱，再加上连续几年自然灾害的频繁发生，导致了这一时期我国耕地数量和面积的不断减少。

2. 1987年—1998年：初步发展阶段

针对耕地管理队伍这一“群龙无首”的现象，中央决策层经过慎重考虑和充分的调研研究，终于做出了建立统筹城乡土地管理部门的决定。1986年2月，国家土地管理局成立。同年6月25日，我国《土地管理法》正式通过，全国范围内的各级土地行政管理部门也相继成立，并以此为基础，形成了一套新的土地管理行政组织结构。有关部门资料统计，到1996年年底，我国已拥有从国家到省（自治区、直辖市）、市（地）、市（县）、乡（镇）五级土地管理机构约4万余个，相关从业人员已达22万余人。此后，全国土地和城乡土地统一管理体系初步形成，并初步建立起了专门的组织、专业团队和统一管理制度，这对于我国从根本上强化耕地管理，改变当时严重的耕地流失状况，发挥着非常重要和积极的作用。从这一时期起，我国逐渐建立起了耕地保护的宏观、微观管理体制，并建立起了相关的法律保障制度。

这一阶段，我国在耕地保护行政管理体系的构建方面取得了如下成就：首先，构建了一套以耕地资源保护为中心的土地利用规划管理体系，即在对耕地资源进行保护的基础上，对建设用地的规模、布局和发展方向进行科学的规划，从而从体制上解决过去的“无规划、无管理”的问题；其次，构建土地利用规划管理体系，以规划指标为手段，实现对耕地资源的合理利用；再次，构建建设用地审批管理体系，以便于各级人民政府及其有关部门对建设用地进行合理界定，并对占用耕地资源进行合理利用；最后，在前述基础上，提出了一套完善的补充耕地管理体系。

总之，在1987年—1998年这12年里，我国耕地行政管理制度蓬勃发展，并逐步走向规范。但是，在实践中，也逐步暴露出了许多新的问题和矛盾，比如，土地利用规划管理不到位，不适应耕地保护需求，很难在耕地保护中起到应有的作用，很难对其进行总量控制。我国的耕地保护体制与机制还不健全，很难达到对耕地的有效保护和利用等。

3. 1999年—2003年：集中管理阶段

1998年3月，国家土地管理制度进行了第二次大的改革，集地质部、土地局、海洋局、测绘局等四项管理职能于一体的国土资源部正式挂牌成立，成为当时新组建的国务院29个职能部门之一。以国土资源部的设立为标志，我国建立了相对集中的国土资源管理体系，从那时起，土地行政管理的地位不但获得了空前的提升和肯定，而且与其有关的耕地资源问题也被纳入了集中、统一的管理之中。从职能上讲，我国的国土资源行政工作已经从原来的部门分散改为相对集中。从隶属关系上讲，国土资源部的成立，使我国的土地资源基本上实行了相对集中的所有权管理，初步建立起了由地面向地下、由陆地向海洋的较为集中统一的管理体制。

4. 2004年至今：垂直管理阶段

从2004年起，国家启动了另一项重要的国土资源管理制度改革，在全国范围内推行了省以下土地的垂直管理制度。从此，市（州、盟）、市（县、旗）国土资源局将作为同级人民政府的工作部门，其机构编制仍然由同级人民政府负责；市辖区国土资源主管部门改为国土资源管理分局，作为市国土资源主管部门的派出机构，其机构编制上收到市人民政府。乡（镇）国土资源管理所的机构编制上收到县（市、旗）人民政府，县（市、旗）可以根据实际情况和工作需要，按乡（镇）或区域设置国土资源管理所，作为县（市、旗）国土资源主管部门的派出机构。这次改革相当于把市、县、乡的土地审批权限上收到了省级，此为土地使用权审批制度的改革。从原先的当地政府指定的国土部门主管，到如今的省级国土部门垂直任命，人事上的改革让管理层级更高，为更好地统一规范本地区的耕地利用提供了保证，同时也能很好地防止以往市、县、乡三级擅自审批、越权审批的情况。新的土地管理制度的产生，使土地监督的权力得到了进一步的界定，地方政府和国土部门的矛盾也得到了很好的解决。这是中央在决定建立全国土地局后，对土地管理制度进行的第三次重要改革。省以下土地垂直管理体系的建立，进一步加强了政府对于耕地的行政管理职责。这对国家强化国土资源的宏观调控具有重要意义，也为实施最严格的耕地保护制度创造了良好的政治基础。

第二节　我国耕地行政管理体制现状及问题

从整体上看，我国目前的耕地资源状况和特点可以归纳为“一多三少”，即“耕地总量大，人均耕地少，优质耕地少，耕地后备资源不足”。虽然我国在耕地总量上位居世界第四，但以人均耕地面积计算，在世界各国中仅排在第110位，“人多地少”的问题较为突出，耕地资源极为紧缺。从当前的情况来看，我们可以配置的人均自然资源量并不理想。据相关部门的资料表明，我国的可利用耕地资源在全球仅排在第126位，而人均草场、林地等在全球范围内均处于相对靠后的位置。

耕地资源是农业生产的重要组成部分，是农业生产的物质基础，也是农业生产的重要保证。耕地资源具有承载、经济、资源、保护和生态等多种功能，在全球范围内，一个国家的耕地面积、耕地质量以及耕地使用效率都将直接关系人民是否能够“吃饱饭”的关键问题，所以，不管在哪个国家，耕地都是最重要的土地资源。就我国而言，耕地资源问题不仅会严重影响我国农业的发展，甚至在某种程度上可能直接影响我国国民经济的可持续发展和经济建设。[1]

一、我国现行耕地行政管理体制概述

2018年3月，根据第十三届全国人民代表大会第一次会议批准的《国务院机构改革方案》，我国组建了自然资源部，新建的自然资源部整合了国土资源部、国家发展和改革委员会、水利部、国家海洋局[2]等有关职责。组建自然资源部后，国家不再保留国土资源部，而原本属于国土资源部管理的耕地管理体制也由自然资源部承继。自然资源部作为2018年国务院改组后出现的重要部门之一，内设法规司、综合司、办公厅、耕地保护监督司、国土空间规划局、国土空间生态修复司、自然资源开发利用司、国家自然资源总督察办公室、执法局等27个司局或办公室。目前我国自然资源部机关行政编制为691名，统一负责全国土地的管理和监督工作，其中就包括对耕地资源的行政管理，对我国各省（自治区、直辖市）的耕地资源管理业务进行领导或监督。在中央层面，我国现行耕地行政管理体制形成了中央对地方政府领导、监督、督察"三合一"的耕地保护管理制度。2022年，自然资源部公布了我国《耕地保护法（草案）》（征求意见稿），这标志着形式法下的耕地行政保护开始朝实质化的方向发展。[3]

此外，在2006年7月，中共中央、国务院决定建立全国土地督察体制，并将其授权给各地，分别派出北京、沈阳、上海、南京、济南、广州、武汉、成都、西安等9个国家土地督察局的工作人员，以其名义对各省、自治区、直辖市和计划单列市的土地利用与管理工作开展监督检查。同时，为了更好地控制和监管全国土地资源，国务院由国土资源部牵头设立了国家土地总督察。国家土地总督察由国务院授权，负责对各省、自治区、直辖市和计划单列市的土地使用与管理工作实施监督检

---

〔1〕参见关建勋：《从土地伦理的角度看我国耕地资源的利用和保护思路》，载《农业开发与装备》2014年第5期。

〔2〕2018年改为自然资源部，后文不再赘述。

〔3〕参见李玲玲、高浩然：《耕地行政保护的功能检视、规范反思与正当性建构》，载《中国土地科学》2023年第6期。

查。在此基础上，加强对土地市场的宏观调控，依法进行行政复议、行政诉讼。2020 年 12 月，随着自然资源部的建立，经中央批准，国家土地总督察正式更名为国家自然资源总督察，将对全国范围内土地资源的监督扩展到对全国范围内土地、森林、草原、海洋、矿产等所有自然资源进行全方位的督察。

从地方上看，当前，我国已经在省级以下建立起了一套垂直管理体系。关于垂直管理的具体内容前文已有论述，此处不再赘述。

二、我国耕地行政管理体制的问题

1. 政府对耕地区域划定不合理

首先，尽管我国《土地管理法》第 34 条规定基本农田保护区的划定权由县级政府掌握，但《土地管理法》对于基本农田的质量规定并不明确。换言之，对于何种土地属于农田，何种土地不满足农田的标准并不明确。我国《基本农田保护条例》第 10 条将“可以改造的中、低产田”也纳入基本农田保护区，这就给了地方基层政府可操作的空间，为了方便地方政府征用耕地，基层人民政府往往会在划定时将劣质土地和距离城市建设规划区域较远的土地划为农田，而将优质土地和距离城市建设规划区域较近的（包括城乡接合区域的耕地资源）土地排除在农田的划定范围之外。为了维持耕地总量，我国早在 1997 年就提出了要实施耕地的“占补平衡”，但由于种种原因，地方政府同样可以通过占用优质耕地、补充劣质土地的方式规避这一制度，从而导致了大量优质耕地资源流失以及耕地质量不断下降，进而影响我国总体农业生产能力。

其次，我国土地利用总体规划编制主体较为单一。[1]2017 年，国务院印发的《全国国土规划纲要（2016—2030 年）》第六章[2]当中提出，构建政府主导、社会协同、公众参与的工作机制，加大投入力度，完善

---

〔1〕 参见郭春华、鲁楼楼：《完善县级政府土地行政责任 切实保护耕地资源》，载《中国国土资源经济》2014 年第 7 期。

〔2〕 参见国务院《关于印发全国国土规划纲要（2016—2030 年）的通知》，2017 年 1 月 3 日发布。

多元化投入机制，实施综合整治重大工程，修复国土功能，增强国土开发利用与资源环境承载能力之间的匹配程度，提高国土开发利用的效率和质量。然而，在实践中，地方政府在开发利用耕地资源时很少真正做到公众参与，一方面这使我国耕地行政管理制度透明度有所降低，另一方面缺少了公众参与后指定的总体土地规划会不可避免地缺乏民主性与科学性。

最后，提供准确的土地利用基础数据是保证土地利用总体规划编制合理性和科学性的基础，在此背景下，有必要对其进行精确的调查。然而，由于受经济发展水平的限制，一些地方基层人民政府还没有熟练地利用卫星遥感和地理信息系统等信息技术手段，仍以手工测绘、编制总体规划图等方式为主，另外，部分基层人民政府在土地使用情况有所改变的情况下，也没有对其进行相应的调整，导致土地利用的实际情况与现实之间不可避免地存在差距。[1]这也是目前政府对耕地区域划定不合理的原因之一。

2. 地方政府违法占用耕地

2005 年—2013 年，全国发现违法用地案件涉及的耕地面积合计约有 21 万公顷，其中违法占用耕地与当地地方政府有关的案件涉案耕地面积约为 2.67 万公顷，约占违法用地案件总面积的 12.7%；违法占用耕地与当地村、组集体有关的案件涉案耕地面积约为 2 万公顷，约占违法用地案件总面积的 9.6%；违法占用耕地与企事业单位有关的案件涉案耕地面积约为 11.65 万公顷，约占违法用地案件总面积的 55.4%。[2]虽然从数字上看，地方政府所涉违法用地的数量并不多，但从我国国土资源部 2008 年—2018 年每年发布一次的《国家土地督察公告》中我们不难看出，只要涉及企业和单位的重大违法占地事件，基本上都与当地政府有着密切的关系，并且在一些案例中，当地政府或县政府所主导的违法占地现象依然屡禁不止。

---

〔1〕 参见曾辽广：《对土地利用总体规划存在问题及其对策的探讨——以〈惠东县土地利用总体规划（2010—2020 年）〉为例》，载《特区经济》2013 年第 12 期。

〔2〕 参见张银行：《我国耕地保护行政管理制度亟待完善》，载《企业改革与管理》2015 年第 16 期。

3. 缺乏有效行政监管机制

现在，国家仅仅是将一些关于政府土地行政责任追究的条款穿插在各种法律、法规中，但是并没有专门的法律法规来对其进行具体的规定。在法律和法规关于土地行政责任追究的规定中，行政主体具有很大的自由裁量权，尽管地方已经出台了关于土地行政责任追究的办法，但是，这些制度都是临时性的，并不具有很强的权威性。另外，问责制的不确定也会降低惩罚成本。在实践中，因为各种职责的划分并不明确，导致对各种地方政府违法用地案件的最终处罚都是以罚款、引咎辞职等方式来处理，这就相当于用比较轻的处罚替代了更严厉的问责，也就是在变相地纵容基层政府的违法占地行为。

从中央层面来说，我国地域广阔，发展程度不均衡，使耕地管理信息向上传递的过程比较漫长，仅仅是通过基层政府的层层汇报，中央政府也很难在第一时间准确、及时地得到详细的耕地使用情况，这使中央很难对基层实施有效的监管。然而，在地方政府行使行政权的过程中，土地监察机构既受同级政府的领导，又受上级职能部门的双重领导，这就使其必然会在财政和人事上被有所制约，从而很难对其进行有效的监督。尽管国家土地总督察（现为自然资源总督察）制度可以有效地遏制当地政府的违法用地，但是，它仅仅是一种事后监督，仅能在出现违法用地的情况下对当地政府施压，促使其整改，而不能直接追究责任。在此基础上，对违法用地的及时发现、制止和查处职责依旧在耕地资源管理部门。有必要建立一种新的行政监管机制，促使其能正常履行监督职能。

第三节　国外耕地行政管理体制考察

一、美国耕地行政管理体制

（一）美国耕地行政管理体制概述

美国国土面积约为937万平方公里，拥有较为丰富的可被耕种的自然土地资源。作为一个以农业为主要行业逐步发展起来的国家，19世纪初期美国的农村人口能够占到当时美国总人口的95%以上，然而，随着19世纪中叶工业革命的开始，特别是随着农业现代化的不断发展和美国的高速公路网的相继建成，美国乡村人口快速向工业区、采矿区聚集，并逐渐形成新城，从而加速了美国乡村城市化的进程。到1955年时，美国城镇居民所占比例已达64%，1970年时这一数字为74%，1990年以后，美国的城市化水平基本稳定在78%左右。美国在推进乡村城镇化进程中，大量高质量耕地被征用，造成优质耕地大面积流失，自然景观及野生资源受到严重破坏。同时，美国的城镇规模越来越大，其周边的开放空间、生物多样性以及公众卫生状况也在一定程度上发生了变化，使其耕地面积由20世纪初的1.13公顷降至后来的0.59公顷。在此背景下，美国各级政府为了保障美国的可持续发展，已经形成了一套行之有效的制度与机制。

鉴于美国目前面临的严重耕地问题，美国于20世纪30年代颁布美国《水土保持和国土资源配给法》，将美国所有优质农田纳入法律保障范围。美国政府于1955年成立土地使用委员会，其主要任务是通过一系列的政策与法令，维持高品质的农地，并维持其适当的价值。美国于1966年颁布《优质耕地牧地及林地保护法》，强调美国在城镇扩张过程中应对优质耕地进行保护，并对各大城市进行综合评价与规划，以保证高质量农田（含牧、林）的基本面积。这一政策也着重指出，有必要设立一个国家保留耕地资源库（包括牧场资源和林地资源），经协商后，联邦政府与各州当地政府一起决定了合理利用耕地的数量，并对任意征用的情况进行联合处罚。美国各级政府部门在制定城市各项职能发展计划时，应将高质量耕地保育规划纳入考量范围，不得以扩张城镇规模、扩展城市多功能为由，任意侵占农用耕地资源。

美国土地行政管理部门的构成情况如图1所示。从图1的内容可以看出，美国目前的耕地管理制度中，没有一个全国范围内统一的规划的管理机构，耕地行政管理权分别由美国联邦政府的相关部门和当地政府共同实施，美国联邦政府则主要是通过相关的法规对耕地的使用、发展和管理进行管理。以美国一级的联邦政府为例，国家草原由内政部土地局管理，印第安居留地由印第安人事务署管理，私人土地由农业部水土保持局管理，国有林地由农业部林务局管理，城镇土地由城市规划委员会管理，另外，一些特殊军事用途的土地则归国防部管理。虽然美国的耕地保护政策比较复杂，而且在不同的州之间也存在差异，但其中也有比较具有代表性的耕地行政管理制度，那就是美国的耕地区划政策。

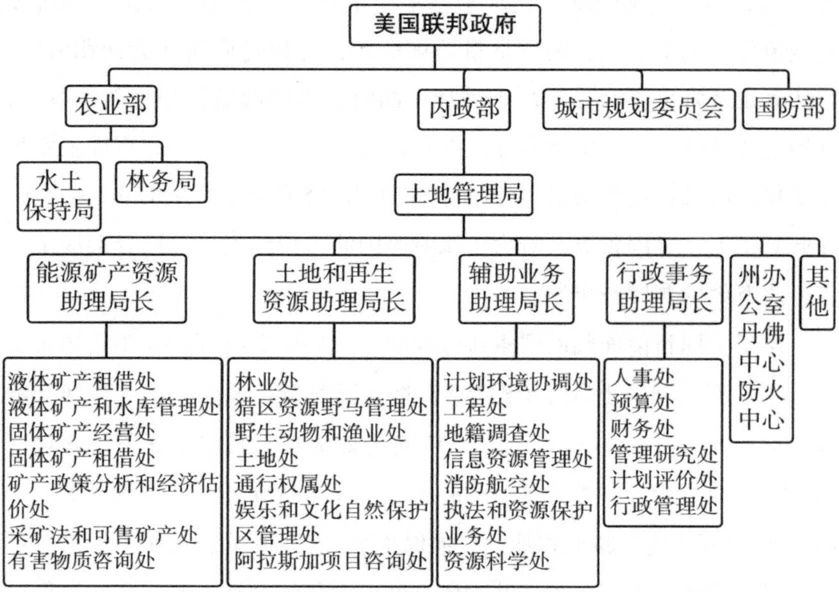

图1　美国土地行政管理部门结构

区划（zoningordinance）作为法定的实施性规划，是美国地方政府通过法律手段来规范土地利用和建设的一种规划管理方法。耕地区划制度源于美国对土地使用性质的划分，就农业耕地区域规划政策的中心内容而言，是对所有待建或拟扩建的城镇周边土地质量进行适宜性评估，先行划定最优地块，然后通过联邦或州政府的警力对其进行管控，以避免因城镇建设用地被高价收购、转为非农业用地。这一制度在美国得到了广泛的应用，也是最早的一种土地行政保护制度。

20世纪50年代，美国共在25个州实行了这一制度，第二次世界大战结束后，这一制度得到了更多的重视，尤其是加利福尼亚州和威斯康星州。以美国为例，将区划和其他行政管理手段有机地融合在一起，为美国的农田保护（尤其是在城市—农村—经济过渡带）发挥了重要作用。为确保农业用地不转为非农业用地，美国政府通过法律或行政手段，通过划定城镇用地与农业用地，实现对耕地的保护，该政策主要通过以下三种方式实施：第一，为确保农业用地不被转用，州政府和当地政府应该在制定总体规划时，结合区域的地理位置、水资源状况、生产潜力等多个因素，以及区域的具体情况，划定农业区和城镇建置区。这也是确保农业用地不被转用的关键。同时，在制定城市总体规划时，也要防止因基建而占用耕地。第二，美国的部分州（如加利福尼亚州和佛罗里达州），当地政府以法律形式为城镇开发划定了清晰的地域界限，并对未达到法定界限的城镇用地予以严格控制，间接地保护了城镇开发边界以外的农田。第三，一些州政府根据农村地区的有关法律和法规，将大片集中的优质农田划分为基本农田，并且明确了这些基本农田仅供农业使用，并对农村地区的农业生产提供了多种优惠政策，以激励农户大力发展农业，保障了农户发展农业的积极性，这也可以有效地避免因城镇过分扩展而造成的占用农田面积问题，实现对耕地的保护。

（二）美国耕地行政管理体制对我国的启示

尽管美国和中国实行的是不同的所有权制度，但是，美国将经济、法律和计划相结合的方式运用到耕地保护的问题上，对我们这样一个社会主义市场经济体系下的国有土地管理制度，有一定的参考价值。

1. 强化区划制度的指引功能

美国的耕地保护体系由“开放式”向“法治化”的转变。美国目前的耕地管理制度侧重于对耕地资源进行合理、高效的开发，并以此为基础对其进行科学的规划。美国的土地行政保障制度，其最主要的一项内容，就是以区域划分为依据，对城市的行政界线进行划定，以遏制小城镇的无序扩展。因此，为了更好地保护耕地资源，需要科学地制定耕地行政规划，增强其法律上的强制性和可执行性，以此来约束由于城镇化造成的土地无序扩张以及由于经济建设造成的过分占用，以保证可用于农业发展的优质耕地资源。

目前，美国各部门对私有土地的占有比例还不到一半，但在公共利益方面，政府仍有权对私有土地进行规划、管理，并根据其市价予以适当的赔偿，或者重新购置，政府要使其处于与被征收前几乎无差别的境况。美国的经验说明，规划权的行使与私权的保障是并行的，只有通过建立一种既能平衡公共权力又能保障公民私有财产的行政制度，才能避免规划权在实施过程中所引发的公共行政行为与私有财产权的矛盾。

2. 重视市场手段在耕地管理中的应用

美国耕地管理制度的核心思想是对其产权体系进行严格的权利划分，同时注重市场手段在耕地管理中的应用。各国耕地管理制度的差异，与各国耕地管理制度的基本原理有很大的关系。我国实行的是国有和集体所有制的土地管理制度，这一理论依旧就注定了在土地管理和耕地保护中，政府占据了绝对的优势，然而作为一个基层政府，如果不能充分调动其积极性，那么行之有效的耕地管理制度也就无从谈起。在目前土地资源紧缺的情况下，想要充分调动政府管理的积极性，可以适当引进市场机制，通过市场手段使政府在耕地保护中既能获得经济收益，又能获得生态效益。

二、日本耕地行政管理体制

（一）日本耕地行政管理体制概述

日本国土面积约为37.8万平方公里，且境内多为山地地形，日本国土的2/3被森林所覆盖，其中森林面积约占67%，农用耕地约占13%，住宅用地约占4%，河流湖泊约占4%，道路约占3%，荒野仅占约1%。在其仅有的农用耕地中，平原和盆地主要耕种水田，台地和山坡主要耕种旱田，牧场和草地极少。目前，日本全国土地65%为私人所有，其余35%为国家和地方公共团体所有。

日本从1868年实施“明治维新”后，虽然步入了资本主义的轨道，但其内部的封建生产关系并没有彻底消灭，大部分日本农民都是没有土地的。这样的土地所有权制度，不仅对日本的农业生产造成了严重的影响，而且对日本的工业化、市场化和现代化都构成了极大的威胁。因此，日本在农地制度改革上下了很大的功夫。最后，经过三个时期的变革，逐步建立起以土地私有制、小农户占有为主，以合作经营和社会化服务为辅的农业管理体系。

日本政府从1946年开始建立“耕者有其田”和“农地所有权与使用权相结合”的耕地所有模式。1961年，日本政府放松对地权流转的限制，倡导土地流转与比较集中，并鼓励农户规模化经营，直至20世纪70年代，日本工业化进程加快，农业人口锐减，农地改革重心从所有制转变为以农户为主体的合作制，拓展生产规模，促进农地所有权与使用权的分离。国家土地制度改革的重心，从过去的鼓励耕地集中占有转向了“分散占有”和“集中经营”。自20世纪70年代以来，日本相继颁布了多部关于农地结构调整的法律、法规，鼓励农户通过承包经营等多种合作生产方式，以规避土地集中、分散经营等对农业发展造成的阻碍。

时至今日，日本政府依旧十分重视土地管理工作，其耕地保护法律制度较为完善，从行政体制结构来说，日本设立了国土厅作为日本全国城乡土地管理机构。国土厅的主要职责是合理利用国土资源，均衡发展国土以利于健康、文明、舒适的生活环境。如图2所示，日本国土厅下设长官官房、水资源部、规划调整局、土地局、防灾局、地方振兴局、大都市圈整备局，其中土地局为主要土地管理执行机构。

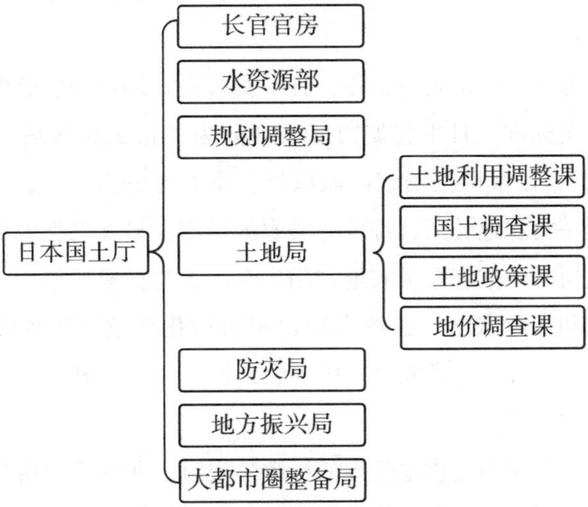

图2　日本国土厅体制结构

首先，从整体上看，日本对耕地的保护是非常严格的。日本为切实保障国土资源，对国土资源的使用实行了严格的制度管理，并对其进行了严密的监管，在土地管理方面也是十分严格的。日本的国土管理法规的制定、颁布和执行均由国家统一实行，不论是国土行政机关、国土行政主管部门，还是土地所有人和使用人，都要严格执行。这样的独立公正的司法体制，是日本土地行政法制建设的基本保证。

与此同时，日本还采取了行政、经济、刑事等综合措施，对土地违法行为予以严惩。日本《国土调查法》和日本《国土利用计划法》均对未经批准订立卖地契约的人处以最高 3 年监禁或最高 100 万日元的罚金；未提出签署销售契约的，将被处以最高 6 个月监禁或最高 30 万日元的罚金。此外，日本对耕地使用的审批非常严格，对违反法律的行为进行处罚，在 1952 年日本《农地法》中就明确指出：农地所有人，若要变更其土地用途，或将其转售给其他土地，逾 2 公顷者，须经国土林业及水产部同意；少于 2 公顷土地的，由都道府县县长审批。且该法第 92 条明确指出，未经许可而侵占农田者，将被判处 3 年以上监禁，并罚款 100 万日元。上述这些严厉的行政制裁措施，对日本国土资源行政管理中的违法行为起到了极大的震慑作用，也极大地降低了执法成本，提高了执法效率。同时，也保证了国土资源管理能够在秩序和效益之间找到一个平衡点。

其次，为防止城市无序扩张，日本实行土地用途分区管制，严格规范农地的转用标准。日本将城市区域划分为“市街化区域”和“市街化调整区域”，在市街化调整区域以外，将农地分为一、二、三类。原则上不许可一类农地转用，许可三类农地转用，当在三类农地中转用有困难或不适当时才准许二类农地转用。在市街化调整区域内，将农地分为甲种农地和乙种农地，乙种农地比照市街化调整区以外农地转用标准，区分为一、二、三类农地。甲种农地原则上不许转用，乙种农地则按照土地分类处理。

最后，日本在制定耕地管理的行政法规时，非常重视耕地资源的可持续利用，特别是在生态文明建设方面具有特殊的价值。事实上，自第二次世界大战以来，日本一直重视资源与环境的全面发展，并在 1974 年颁布《国土利用计划法》后，更是强化了这一观念。

（二）日本耕地行政管理体制对我国的启示

日本作为东亚地区的重要国家之一，与我们一样，都面临着“人多地少”的现实困境。当前，我国正处于经济高速发展、工业化体系构建平稳过渡的关键阶段，而农业又面临着提升国际市场竞争力、增加底层农民收入和发展适度规模经营等难题，因而，对日本工业化进程中耕地管理制度的变革进行研究，可以为我们提供有益的参考。

日本非常注重对资源与环境的保护，特别是对土地资源的永续利用。由于我国耕地管理体制起步比较晚，因此，我们应在充分认识日本土地管理体制的基础上，充分发挥我国耕地资源特有的生态功能，推动耕地保护的可持续发展。耕地管理制度的构建，不仅事关城乡居民和农民的安全和权益，而且对城市建设和社会经济的发展也有着重要的影响。在科学发展观的指导下，严格遵循习近平生态文明思想，主动实现协调发展、平衡发展、可持续发展和整体发展，推动人与自然的和谐共存。努力实现人与自然的和谐共生的伟大目标。

第四节　完善我国耕地行政管理体制的对策

一、制定和落实土地信息公开制度

由于我国的县域土地市场发展较慢，起步较晚，交易平台不多，因此，在土地出让中，政府经常扮演着决定角色，也就是说，当前，大部分的土地出让信息都被政府和土地主管部门垄断。同时，一些地方公职人员也利用这些信息，将其视为部门的内部数据，进行私人寻租，这给我国的土地市场生态与秩序造成了很大的危害。

为此，我国必须建立和实行土地信息公开制度，具体可以参照如下做法：在征地审批之前，向被征地集体和农民通报征地的用途、位置和补偿标准，并征询他们的意见；在土地征收中，要严格落实“两公告一登记”，提高行政的透明度，防止农民对土地征收全过程的不知情；当地政府应该逐渐将他们拥有的土地，特别是耕地的信息进行公开，以防止在政府和民众，特别是政府与广大农民之间，存在信息不对称的问题[1]，只有建立和实施了土地信息公开制度，才能将耕地资源和耕地使用状况更直观地呈现给广大人民群众，从而受到社会的有效监督，进而降低甚至杜绝由地方政府主导的非法占用耕地资源。

二、完善耕地财税体制

对现行土地税制进行合理化调整，不仅可以提高土地资源利用效益，还可以为治理生态环境、建设美丽中国提供稳定的资金支持和财力保障。

1. 改进耕地占用税收制度

耕地占用税是一种特殊的、一次性的、具体的行为税，通过经济手段来强化其在实际中的作用并不显著，未来的发展方向应该是以保护耕地为主。首先，应当将耕地占用税从一次具体行为中剥离出来，改为保留部分，增加税费，增加土地利用的经济效益。但是，在征收的过程中，既要考虑耕地的性质，又要考虑农业用地的征收范围，这样才能不与城市土地使用税发生冲突。其次，在税制设计上，应该将重点放在耕地的生态效益上，对其进行经济、生态等方面的征税，如进行超额累进税率，并按照人均耕地面积，对四级区域进行不同幅度的定额税率，确保税率的公平性。最后，为防止土地占用税给被用地企业和单位带来过多的经济压力，对于占用土地的低污染绿色环保企业，应该给予一些税收上的优惠，这既能促进企业主动减污降碳，又能在耕地资源的有效利用上形成良性竞争。

2. 建立耕地闲置税制度

除违法占用耕地资源以外，农村耕地撂荒也是当前我国面临的一个重要问题，其原因很多，直接的原因就是缺乏劳动力——大量的青壮年劳动力进入城镇找工作。我国《土地管理法》虽然明文规定不得允许任何单位或个人对其进行“抛荒”，但由于缺乏配套的处罚手段，致使这一问题始终得不到有效解决。为了缓解农村耕地撂荒问题，各地要结合本地实际情况，优先采取政府增加农业投入、完善耕地流转激励机制、

---

〔1〕 参见刘邦凡、王宏禹、甄华英：《我国农村征地补偿制度的缺陷及其解决途径》，载《经济纵横》2009 年第 1 期。

提高农业收入等激励措施使撂荒耕地得到复耕。对采取各种激励措施仍不能解决耕地撂荒问题的，可试点建立耕地闲置税制度。但是，耕地闲置税的税负应该处于一个合理的范围内，不能给农民带来太多的经济负担。可以将闲置的、荒废的土地的承租人或者是真正的使用者作为纳税人，按照荒废的土地面积和年限作为计算基础，采用超额累进税率进行征收。

三、完善土地行政责任监督机制

首先，要对各级政府、部门和工作人员的职责进行界定。在《土地管理法》的基础上，按照中央与地方之间的权限划分原则，以及国家相关部门的管理职责和管理制度，对各级政府、部门，各个岗位的职责进行详细的界定，建立一个统一的土地行政责任的法律法规体系。同时，对各级政府的土地管理职责进行归纳，并对其进行分类；对各种责任的构成，尤其是对行政和法定的责任，要贯彻过罚相当的原则。

其次，应当确立一套科学的、符合我国国情的土地行政责任评价准则。在新的指标体系中，不仅要包含土地出让收入等经济指标，还要将生态、民生等指标纳入其中。但因其涉及的社会影响大、复杂性高、内容多。因此，在评估主体的选取上要注意多个主体的参与，确保评估的广泛性、合理性和客观性。

最后，要健全问责制。其一，应当给予问责方相应的问责权。[1]为此，应该设立一个独立的土地行政问责机构，对侵占或破坏土地资源的行为进行追究和行政处罚，而对于情节较重、触犯刑法的土地行政行为，则由司法机关承担。其二，应进一步健全有关土地行政问责制度。在实际操作中，有关法律、法规的不健全导致了处罚与处罚之间的不协调，为此，必须强化法治建设，明晰责任标准，限制自由裁量的空间，防止处罚与处罚不一致。当违法行为增多时，其风险和成本也会随之增加，所以，必须加强对其的问责，加大其风险和成本，这样才能促使政府科学地行使手中的行政权，认真履行自己的耕地保护职责。

---

〔1〕 参见田文利、张艳丽：《试论建构我国科学完整的政府责任体系》，载《探索》2008年第2期。

第三章　耕地规划制度

第一节　耕地规划制度概述

一、耕地规划的含义

“规划”一词由“规”和“划”两字组成。“规”的本义是“校正圆形的工具”，《说文解字注》的意思为“有法度”，再后来又被引申为“规划、打算”的意思。“划”原本之意为“割开”，古汉语中起初“划”还没有“打算”之意，但是在古代“划”与“画”经常混用，两词在日常使用中的意思基本相同，“画”被引申为“谋划”之意，所以在现代汉语中，规划又称规画，其意思为“谋划、计划”。

耕地规划，是土地规划细分出来的一个更为具体和专门针对耕地保护的规划，是指在一定区域内依据可持续发展的要求以及当地的自然、经济、社会条件，对耕地资源的合理利用作出的长期安排。它是国家对耕地利用管理、实行耕地用途管制的依据。作为一种政府管理耕地的重要行政手段，其制定、实施过程不仅是合理利用耕地的过程，同时也是对耕地保护的过程。

一般而言，耕地规划具有以下属性：（1）耕地规划是为满足社会经济发展的需要对耕地资源利用实施的安排，通过控制和调节耕地利用的变化来满足和促进社会经济的发展。（2）耕地规划是充分利用现有的自然及社会经济调节寻求最佳的耕地利用解决方案。（3）耕地规划是在空间上和时间上对耕地利用所作的安排。空间性表现为耕地空间利用结构和利用程度，而时间性则表现为耕地利用的动态变化过程。（4）耕地规划是对耕地资源的分配和合理组织。耕地资源的分配就是确定合理的耕地利用结构，并且在部门间、地区间或企业间分配耕地；合理组织耕地利用就是进行耕地利用的分区、耕地利用功能的组合，确定用地密度、空间容量和利用水平。（5）耕地规划的本质是对耕地利用的安排。这种安排包括耕地的开发、利用、整治、保护四个方面。〔1〕

二、耕地利用规划与国土空间规划、土地利用规划的关系

国土空间规划是将主体功能区规划、土地利用规划、城乡规划等空间规划融合统一，是国家或者地区高层次战略性综合性的规划。作为高层次规划，国土空间规划对土地利用规划做出原则性的规定，而不对土地资源的具体安排做出具体规定，主要对土地利用规划的制定和实施起指导性作用。

土地利用规划是对土地资源的开发、利用、整治和保护的专项规划，是国土空间规划的专项规划，土地利用规划分为总体规划、详细规划和专项规划。

耕地利用规划是在土地利用总体规划的指导下，对耕地利用这一土地资源中的专门问题作出的具体安排，并详细规定了耕地的控制指标和规划管理要求，属于土地利用详细规划或者专项规划。

三、耕地规划的特征

（一）耕地规划具有宏观性、整体性

从比较大的方面、整体去研究某一事物是宏观科学。耕地规划的宏观性、整体性表现在：我们要对某一区域内所有的耕地资源进行科

〔1〕 参见张正峰主编：《土地资源管理学》，中国人民大学出版社2008年版，第99页。

学调查、宏观把握，从而进行科学的规划配置，并不局限于某一类耕地资源。需要全面衡量区域内全部耕地资源的开发、利用、保护和整治，不局限于其中的利用方面。耕地规划注重的是耕地的生态效益、经济效益和社会效益的统一。耕地规划作为一种事先对耕地资源的预测和谋划，往往无法对细致入微的信息精确把握，需要从宏观整体上把握耕地资源的信息，从而制定出普遍适用于该区域内所有耕地的耕地利用规划。

（二）耕地规划具有微观性、局部性

从小的方面、局部研究某一事物是微观科学。耕地规划的微观性、局部性表现在：耕地规划是在土地利用总体规划的指导下，对耕地的开发、利用、整治和保护这一专门问题所作的规划。

（三）耕地规划具有战略性

耕地规划作为国土空间规划体系中的重要专项规划，是指导某一区域内耕地保护工作的纲领性文件，与我国社会经济发展密切相关，其提出的目标愿景、方针政策和具体措施具有重大战略意义。

（四）耕地规划具有长期性

耕地规划的期限一般为15年，耕地的利用及保护需要相对稳定的长期利用目标和措施，需要有与之相结合的长期稳定的政策，耕地利用的调整手段可能不会短期内产生效益，其效益的产生是相应调整手段长期影响的结果，不能只顾及眼前利益而忽略了潜在的长期效益。所以耕地规划需要找到一个合适的规划期间。

（五）耕地规划具有动态性

耕地规划不是一成不变的，虽然我们在规划的编制之初对规划期间的各项社会经济条件做出了预测，但是随着时间的推移，社会经济条件也会随之发生改变，实践基础发生变化，由此得出的认识也需要动态变化，所以需要及时调整耕地规划来确保耕地规划的科学合理。[1]

（六）耕地规划的编制和实施具有科学性

耕地规划的制定和实施不是基于经验或者凭空想象的，而是根据总

---

〔1〕参见高进田：《可持续发展理念下的城市土地利用合理调控》，载《中国发展》2003年第2期。

结过往的耕地规划经验，同时结合当下耕地资源的现状，依据科学的程序进行制定实施的。

（七）耕地规划是目标和手段的综合

耕地规划的目标是对耕地在某一规划期间内预期实现水平所作的规定。在考虑了耕地的特征功能和社会经济发展的需要的情况后，规定在未来一段时期可以实现的切实可行的具体目标。规划目标一般满足了经济合理、技术可行、社会满意的要求。耕地规划的手段是耕地规划目标实现的重要保障，手段包括政治、经济方面的措施。

四、耕地规划制度的历史沿革

（一）第一阶段：新中国成立—1978 年

在新中国成立后，为了恢复国民经济，支持重工业发展，中央高度重视农业的发展，为此主张向苏联学习，引进土地规划科学，也称“土地整理”。当时主要是对国营农场的用地问题进行科学规划，这一阶段的土地规划是“土地空间组织的经济措施”。例如，1957 年农业部[1]发布的《关于帮助农业生产合作社进行土地规划的通知》提出了要制定土地利用的远景规划。1959 年农业部发布的《关于加强人民公社土地利用规划工作的通知》指出要合理规划农林牧用地，深耕土地、改良耕地，以此来提高耕地质量，还要扩大耕地面积。1960 年农业部发布《关于善始善终地完成土壤普查进一步开展土地利用规划的通知》对耕地内部种植、道路等重点做出规划，此外还合理规划了农林牧副渔等各项用地，并对机耕区内部配置和其他耕区做出规划。

1966 年—1976 年，中国的土地规划工作也受到影响，虽然也结合我国“三五规划”“四五规划”进行土地规划工作，土地规划主要是围绕荒地开发和基本农田建设的农业土地利用规划。但是这些土地规划并没有得到真正实施。1966 年—1976 年，为了配合生产的需要，土地规划的观念也发生改变，为了增加耕地面积，进行围湖造田、开山造田等活动，虽然耕地数量得到增加，但是由于不科学的开垦造成自然生态环

〔1〕 2018 年改为农业农村部，后文不再赘述。

境严重破坏，并且生产力低下粮食产量并没有增加，中国仍然长期处于“缺粮”状态。

1976年前我国的土地规划立法始终关注的是耕地，是为农业建设服务的，立法层级较低，主要是通过部门规章来规制，而且只关注短期利益，缺乏宏观长远规划。1978年后耕地规划工作快速发展，重点逐渐转向编制各级土地利用总体规划，并且通过法律这一更高层级的立法来规定土地利用规划工作。

（二）第二阶段：1979年—2003年

随着1978年中国共产党十一届三中全会的召开，我国开启了改革开放的新时代，随着开发建设的兴起，大量耕地被随意占用，耕地面积急剧下降，仅1985年全国耕地面积减少1500万亩。

随后1986年国家土地管理局成立，其职责之一是组织有关部门编制土地利用总体规划，力图改变过去土地利用不合理的现象。1986年3月21日发布的中共中央、国务院《关于加强土地管理、制止乱占耕地的通知》中提出我国必须长期坚持的一项基本国策为“十分珍惜和合理利用每寸土地，切实保护耕地”。1986年通过的《土地管理法》中指出要制止乱占耕地的行为，土地利用总体规划第一次以法律文件的形式规定，到1992年全国基本完成了五级规划体系。

但是中国乱占耕地的行为并没有因上述立法文件的出台而得到缓解，因此基本农田的规定应运而生。1994年通过的《基本农田保护条例》中规定了基本农田相关制度对耕地深化保护。基本农田制度对耕地的保护力度还不足，于是1997年发布的中共中央、国务院《关于进一步加强土地管理切实保护耕地的通知》中又提出耕地总量动态平衡的要求，各级政府要做到本地耕地总量只增不减，实行占用耕地与开发、复垦挂钩。

1998年修订的《土地管理法》具有“里程碑”意义。专章规定了土地利用总体规划，土地利用总体规划分为全国、省、市、县、乡五级；将“十分珍惜、合理利用土地和切实保护耕地”这一基本国策写入法律；进行土地用途分类，做出有可操作性的具体界定；实行占用耕地补偿制度，非农业建设占用耕地的“占多少，垦多少”；实行基本农田保护制度，按法定程序划定。

1999 年国土资源部通过的《土地利用年度计划管理办法》（已失效）对年度农用地（含耕地）转用计划指标、耕地保有量计划指标等做出具体安排。同年国土资源部发布的《关于切实做好耕地占补平衡工作的通知》（已失效）要求对耕地进行动态平衡管理，其中指出建设用地尽可能不占或少占耕地，确需占用耕地的占用耕地单位需要制定补充耕地方案，做好补充耕地的规划选址和勘测定界工作，后续也需要跟踪检查补充耕地方案。2003 年国土资源部通过的《全国土地开发整理规划》是对土地利用总体规划的补充，坚持耕地占补平衡，通过全面土地整理、全面复垦工矿废地、开发宜耕土地后备资源的方式完成补充耕地的目标。2002 年修订的《农业法》指出在耕地保护中要对基本农田依法实行特殊保护。

在本阶段，国家土地管理局的成立表明土地规划管理工作由分散转向集中统一管理，更为重视土地利用总体规划的作用，改变了过去“九龙治水”的局面，使耕地规划更加科学和合理。基本农田制度和耕地总量动态平衡制度更好地维持了耕地数量。

（三）第三阶段：2004 年—2012 年

随着经济的快速发展，建设用地的需求越来越多，占用耕地的现象越发严重，耕地占优补劣频发，现阶段的国家法律政策文件不仅重视耕地总量，对耕地质量更加重视。《全国土地利用总体规划纲要（2006—2020 年）》提出耕地数量、质量和生态要全面管护，加强耕地质量建设。

为了提高耕地能力建设，2008 年党的十七届三中全会提出永久基本农田的概念，在原先的基本农田之前加上“永久”表明了要对耕地特别是基本农田实行严格保护，实行质量和数量的保护。2005 年中共中央《关于制定国民经济和社会发展第十一个五年规划的建议》指出要大力改造中低产田；2010 年和 2012 年的中央一号文件都指出要大力建设高标准农田；2011 年生效的《土地复垦条例》规定了进行土地复垦的目标及具体措施。

（四）第四阶段：2013 年至今

2012 年党的十八大之后，提出持续强调高质量基本农田的质量建设，实行轮作休耕制度，实现耕地数量、质量和生态的全面管护，全面统筹“山水林田湖草沙”治理。要落实最严格的耕地保护制度，必须守住 18 亿亩耕地红线，对永久基本农田进行严格保护。耕地占补平衡开始跨地区，主要是跨省域。继续深入推进耕地能力建设。

在 2013 年和 2020 年的中央农村工作会议中都提出耕地红线要严防死守，制止耕地“非农化”“非粮化”。2014 年的中央一号文件要求“对耕地进行最严格的保护”。2019 年修订的《土地管理法》中增加了永久基本农田详细规定。

2017 年颁布的中共中央、国务院《关于加强耕地保护和改进占补平衡的意见》提出实行跨地区补充耕地的规定。2018 年国务院办公厅印发的《跨省域补充耕地国家统筹管理办法》提出实施跨省域补充耕地的国家统筹的相关规定。2018 年国务院办公厅印发的《城乡建设用地增减挂钩节余指标跨省域调剂管理办法》提出实施城乡建设用地增减挂钩节余指标跨省域调剂的相关规定。

2013 年的中央一号文件、国家发展和改革委员会公布的《全国高标准农田建设总体规划》、2016 年第十二届全国人民代表大会第四次会议通过的《国民经济和社会发展第十三个五年规划纲要》、2019 年国务院办公厅《关于切实加强高标准农田建设提升国家粮食安全保障能力的意见》、2020 年中共中央《关于制定国民经济和社会发展第十四个五年规划和二〇三五年远景目标的建议》等多个文件中都提出了要建设高标准农田，并对此提出了目标及相关要求。

以上四个阶段的共同问题在于立法的原则性规定较多，对于如何细化规划内容还有待加强，立法文件体系较为混乱，缺乏单独的“土地利用规划法”加以约束，使土地利用规划难以有效贯彻执行，致使耕地资源被浪费和耕地被破坏。

第二节　我国耕地规划制度现状及问题

一、我国耕地规划制度的现状

我国目前的耕地规划制度，从耕地规划运行方面来看，分为四个子体系：耕地规划编制审批、耕地规划实施监督、支撑规划运行的法规政策和技术标准。从耕地规划层级和内容类型来看，分为全国、省（自治区、直辖市）、市、县（自治县、旗）、乡（镇）五级。

（一）耕地规划的体系

为了方便土地利用规划的编制和实施，我国按照行政区划将土地利用总体规划分为五级，由各级人民政府制定本级土地利用总体规划报请有关职权政府和部门批准后生效。全国、省（自治区、直辖市）、市级的土地总体规划属于宏观性规划，县（自治县、旗）、乡镇的土地总体规划属于实施性规划。

根据《土地管理法》的规定，上一级政府的土地利用总体规划对下级土地利用总体规划起指导作用，下级政府制定的总体规划应以上一级政府的总体规划为依据。[1]根据上述规定，地方各级政府制定的土地总体规划中的耕地保有量不能低于上一级政府土地规划的要求。

各级政府制定的耕地专项规划，需要依据本级政府制定的土地利用总体规划和上一级政府制定的土地利用总体规划。

（二）耕地规划的编制法律程序

1. 耕地规划编制的依据

耕地专项规划的编制首先要依据《土地管理法》。耕地规划编制首先要厘清耕地的概念，《土地管理法》第4条规定将土地进行分类，初步明确了耕地的定位，要对耕地实行特殊保护，所有单位和个人必须遵守土地规划。[2]

---

〔1〕 参见《土地管理法》第16条。
〔2〕 参见《土地管理法》第4条。

可以初步将耕地分为永久基本农田区、一般耕地区，一般耕地区又可进一步分为现状耕地区和耕地开垦区。[1]还有一种划分方法是将一般耕地区再进一步细分为永久基本农田储备区、耕地保有量储备区，永久基本农田和永久基本农田储备区共同构成耕地保有量区，耕地保有量储备区可以随时补充耕地保有量区。上述两种方法的管制级别都是从永久基本农田开始逐级递减。[2]

永久基本农田是在基本农田的基础上提出的，既不是从基本农田中挑选出来的优质基本农田，也不是永远不能占用的基本农田。永久基本农田是按照社会经济发展的需求确定的不得占用的耕地。[3]《土地管理法》和《基本农田保护条例》规定了永久基本农田划定的范围。[4]永久基本农田应占各省、自治区、直辖市耕地总量的80%以上，不得随意占用，确需占用需要国务院批准。

永久基本农田储备区是永久基本农田之外的质量较好的耕地，可以对永久基本农田进行补充。自然资源部和农业农村部联合发布的《关于加强和改进永久基本农田保护工作的通知》（已失效）中的附件二《永久基本农田储备区划定工作要求》列明了优先划为永久基本农田储备区的耕地和严禁划为永久基本农田储备区的耕地的范围。[5]

《高标准农田建设　通则》中规定了高标准农田的基本定义。[6]根据《全国高标准农田建设规划（2021—2030年）》的规定，因为全国各

---

〔1〕参见王万茂、王群主编：《土地利用规划学》，北京师范大学出版社2010年版，第424页。

〔2〕参见高斐：《基于耕地保护空间划定下的耕地和永久基本农田保护对策研究》，载《农村经济与科技》2021年第18期。

〔3〕参见《基本农田保护条例》第2条。

〔4〕《土地管理法》第33条第1款规定："国家实行永久基本农田保护制度。下列耕地应当根据土地利用总体规划划为永久基本农田，实行严格保护：（一）经国务院农业农村主管部门或者县级以上地方人民政府批准确定的粮、棉、油、糖等重要农产品生产基地内的耕地；（二）有良好的水利与水土保持设施的耕地，正在实施改造计划以及可以改造的中、低产田和已建成的高标准农田；（三）蔬菜生产基地；（四）农业科研、教学试验田；（五）国务院规定应当划为永久基本农田的其他耕地。"

〔5〕参见《永久基本农田储备区划定工作要求》（已失效）"二、划定要求"。

〔6〕《高标准农田建设　通则》（GB/T 30600—2022）第3.1条规定：高标准农田是指田地平整、集中连片、设施完善、农电配套、宜机作业、土壤肥沃、生态友好、抗灾能力强，与现代农业生产和经营方式相适应的旱涝保收、稳产高产的耕地。

地的自然条件与社会经济条件不同，应该将全国的高标准农田建设分为7个区域，[1]因地制宜地进行高标准农田建设的规划。高标准农田的划定中应当划分高标准农田的重点建设区域、[2]限制区域[3]和禁止区域[4]。高标准农田建设规划体系分为国家、省、市、县四级，要做好与其他规划的衔接，最后要做好规划评估。[5]

《土地管理法》规定编制耕地专项规划应当依据的原则是：（1）需要考虑国民经济和社会发展。耕地作为土地的组成部分，在国民经济建设和社会发展的过程中，随着城镇化的发展，越来越多的人口涌入城市，必然需要大量的建设用地来扩大城市规模，满足新城市居民的需要，而建设用地的数量是有限的，所以就会为此占用一部分耕地，城市化发展与耕地保护之间的矛盾就显现出来了。而越来越多的人口涌入城市之后，农村又会空置出包括宅基地和非农用地在内的许多土地，如果可以进行有效的复垦，就会给耕地数量的增加带来机遇。所以国民经济和社会发展既会给耕地保护带来机遇，也会带来挑战，在编制耕地专项规划时需要考虑社会发展的态势，最终能够实现社会经济发展与耕地保护双赢的局面。（2）需要考虑环境保护，提高耕地的生态价值功能。耕地作为自然生态系统的重要一部分，其作物能够保持当地环境的生物多样性，维持生态平衡，调节水循环减少水土流失，降低空气中的二氧化碳含量，缓解气候变化，良好的生态环境也有利于耕地养护，增加耕地产量。（3）在考虑土地供给能力的基础上具体安排各项用地。《土地管理法》的一个重要控制指标是确保耕地保有量，即要首先保证足够的耕地数量，在这个基础上合理统筹安排各类用地，在解决“吃饭”问题的

---

〔1〕东北区、黄淮海区、长江中下游区、东南区、西南区、西北区、青藏区。

〔2〕《高标准农田建设　通则》（GB/T 30600—2022）第5.3条规定，高标准农田建设的重点区域包括：已划定的永久基本农田和粮食生产功能区、重要农产品生产保护区。

〔3〕《高标准农田建设　通则》（GB/T 30600—2022）第5.4条规定，高标准农田建设限制区域包括：水资源贫乏区域，水土流失易发区、沙化区等生态脆弱区域，历史遗留的挖损、塌陷、压占等造成土地严重损毁且难以恢复的区域，安全利用类耕地，易受自然灾害损毁的区域，沿海滩涂、内陆滩涂等区域。

〔4〕《高标准农田建设　通则》（GB/T 30600—2022）第5.5条规定，高标准农田建设禁止区域包括：严格管控类耕地，生态保护红线内区域，退耕还林区、退牧还草区，河流、湖泊、水库水面及其保护范围等区域。

〔5〕参见《全国高标准农田建设规划（2021—2030年）》第七章第二部分。

同时也要寻求“发展”。(4) 以上一级土地利用总体规划为依据。[1]耕地专项规划除了要以本级政府土地利用总体规划为依据，更要以上一级政府的土地利用总体规划和耕地利用专项规划为依据。[2]

2. 耕地规划编制的原则

(1) 加强耕地总量、质量和生态管控

《土地管理法》规定在编制国土规划时要秉持生态优先，绿色、可持续发展，国土开发时需要同时提升开发和保护的质量和效率。在制定相关耕地专项规划时，要确保耕地总量，也就是耕地保有量不能减少，在坚持耕地和永久基本农田保护红线的基础上，运用耕地总量动态平衡的相关措施，实现占补平衡，拒绝占用优质耕地，其他建设用地占用时应先占用荒地与劣地，新补充耕地也要注重质量，用优质耕地来补充缺口，建设高标准农田，提升耕地的生产率。简单追求耕地总量的做法会影响其他产业发展，应当在保持耕地保有量的同时提高耕地质量，提高耕地生产力，优化土地格局。耕地作为生态环境的重要因素，进行有效的耕地生态养护有利于提高周边自然环境的生态功能。

(2) 严格坚守耕地和永久基本农田保护红线

党中央和国务院多次提出要牢牢守住 18 亿亩耕地红线不动摇，特别是要加强对永久基本农田红线的保护，这部分耕地除法律特殊规定外不得被占用，作为耕地中的优质农田，也不得擅自调整相关规划规避法律规定从而改变其用途。在编制耕地规划时要始终坚持 18 亿亩耕地红线的目标以及永久基本农田不被随意占用改变用途的规定。

(3) 因地制宜，综合协调

各地耕地具体情况不一，在编制耕地规划时需要在遵守相关本级或上级土地规划的同时，结合当地的具体情况，统筹安排耕地与其他用地，进行土地格局优化，促进耕地空间布局优化，追求最大的土地利用率。

(4) 程序正当和公众参与

耕地规划事关民生安全和国家安全，具有重大战略意义，编制耕地

---

〔1〕 参见王文革：《论土地用途管制制度》，中国环境资源法学研究会 2014 年年会暨 2014 年全国环境资源法学研讨会论文，2014 年 8 月于广州。

〔2〕 参见《土地管理法》第 15—17 条。

规划的每一个环节都应当有正当的程序，而正当程序的核心在于社会公众的广泛参与。社会公众广泛参与耕地规划的制定，一方面，可以使规划得到社会广泛接受，实施也会更为顺畅；另一方面，公众广泛参与可以吸收社会中其他专业人士提出的建议，从而使耕地规划更科学，政府“闭门造车”编制的耕地规划不一定就是正确科学的。〔1〕

（5）强化规划实施保障

耕地规划的内容中必须有强力的保障措施，如需要加强统筹领导，明确部门职责，构建规划传导体系，加强规划的监管机制建设，强化激励与约束，如此才能使各项措施真正“落地”，产生规划的预期效果。

3. 耕地规划编制的程序

（1）永久基本农田划定程序

乡（镇）政府应当进行永久基本农田的划定，县级政府及同级农业部门组织实施划定工作。〔2〕永久基本农田划定的流程为对耕地利用现状及潜力进行分析、预测耕地需求量、确定永久基本农田面积及布局、编制规划送审稿。〔3〕永久基本农田的面积及布局确定后，需要由省级政府会同相关部门或者经授权的市级政府会同相关部门予以验收确认，最终由县级政府予以公告存档。〔4〕乡（镇）政府对永久基本农田的相关信息予以公告。〔5〕基于上位法优于下位法的原则，应以《土地管理法》为准，由乡（镇）政府予以公告。

（2）永久基本农田储备区划定程序

在划定前需要以省级为单位评估划定资源的潜力并综合分析作为划定的参考，各省市县进行实地核实查清耕地现状，县级政府要结合实地核查的耕地真实状况进行储备区划定，市级政府要对县级政府的划定进行论证审核，省级政府再对其验收并上报至自然资源部，自然资源部进

〔1〕参见武庆娟：《土地利用规划立法研究》，南京农业大学 2006 年硕士学位论文，第 51－52 页。

〔2〕参见《土地管理法》第 34 条第 1 款、《基本农田保护条例》第 11 条第 1 款。

〔3〕参见王万茂、王群主编：《土地利用规划学》，北京师范大学出版社 2010 年版，第 328 页。

〔4〕参见《基本农田保护条例》第 11 条第 2 款、第 3 款。

〔5〕参见《土地管理法》第 34 条第 2 款。

行最终核查，未通过的退回地方政府进行修改。[1]

(3) 高标准农田划定程序

各省（自治区、直辖市）调查本区域内的高标准农田数量、质量，编制省级规划，建设任务分解到市县。市级规划重点进行区域布局，确定重点项目及资金安排。县级规划将任务落实到具体地块，明确时间和顺序的安排。[2]

4. 耕地规划实施的监督

《土地管理法》第六章规定了县级以上人民政府自然资源主管部门对违反土地管理法律法规的行为进行监督检查和处罚。《基本农田保护条例》第四章规定了各级政府和自治组织签订基本农田保护责任书，以定期检查基本农田保护情况的方式来保证永久基本农田的规划得到贯彻落实。湖南省、广东省新出台的耕地保护专项规划中通过设置“田长制”方式落实党政同责制度来加强对规划的监督，还运用卫星监测、无人机等科技手段进行全天候动态监管。[3]

二、我国耕地规划制度的问题

（一）耕地规划的立法层次不足，体系混乱

进行立法活动的目的在于调整某一领域的社会关系，使其达到协调统一，不同层次立法的法律效力也是不同的。在我国目前关于耕地规划的立法的最高层次是《土地管理法》，但是该法律对于该部分内容只是在部分章节中进行了模糊原则性的规定，对于耕地规划的编制、管理等具体内容没有法律规定，导致制定相关规划的程序不统一，各地制定耕地规划虽然要结合当地的具体耕地现状，但是缺乏一部具有统帅作用、高层级的“土地利用规划法”或“国土空间规划法”作为主体；并且法律以下的立法文件之间存在相互抵触重合的部分，耕地规划的体系

---

〔1〕 参见自然资源部办公厅《关于划定永久基本农田储备区有关问题的通知》（自然资办函〔2019〕343号）。

〔2〕 参见《全国高标准农田建设规划（2021—2030年）》第七章第二部分。

〔3〕 参见《湖南省耕地保护国土空间专项规划（2021—2035年）》、《广东省耕地保护专项规划（2021—2035年）》。

混乱。

(二) 耕地规划内容不够细化

有关耕地规划的多部法律法规文件中不仅指出了要严守耕地保护红线、严守永久基本农田保护红线，现在也多次提到要在耕地和永久基本农田规划中重视质量和生态保护。对于耕地总量不减少，不但有《土地管理法》中的耕地占补平衡制度进行动态监管，还有遥感等现代科技进行监测。但是对如何保护耕地质量和生态的保护的内容缺乏具体具有可操作性的法律法规，导致了实践中出现在占用耕地后用劣质耕地来补充耕地数量的情况，最终引发诸多耕地保护问题。在各地具体制定的耕地专项规划中有关质量和生态保护的内容也非常模糊。

(三) 耕地规划与其他规划的衔接脱节

有关耕地规划的多部法律文件以及各地制定的耕地专项规划中都提到了耕地规划、永久基本农田规划要与城乡规划、水土保持规划相衔接，达到统筹用地的要求，但是目前我国划定耕地和基本农田时会出现虽满足划定保护规模但无法充分衔接各类规划的情况，还有为了避让其他规划的用地需求从而导致自身空间布局分散，耕地、永久基本农田的布局碎片化，被切割成多个分散地块。[1]

(四) 耕地规划的公众参与不足

耕地保护关系广大公众的自身利益，对于此类重大规划应当有参与治理和决策的途径，但是通过梳理我国目前的法律法规规定，对于耕地规划的编制尚无统一的程序性规定，对于编制中公众的参与也没有相关的法律规定，不能维护公众参与耕地保护的权利，无法实现规划的科学性和民主性。

(五) 耕地规划执行保障力度不足

相关耕地保护专项规划制定出来后，为了追求短期的经济效益，随意占用耕地、“占优补劣”的现象时有发生，目前存在的问题是规划实施的评估及处罚，占用耕地、永久基本农田后所补充的耕地质量，缺少

〔1〕 参见高斐：《基于耕地保护空间划定下的耕地和永久基本农田保护对策研究》，载《农村经济与科技》2021 年第 18 期。

诸如科技信息化的手段进行监测，同时相关处罚措施也不明确。

第三节 国外耕地规划制度考察

一、国外耕地规划制度的现状

（一）美国耕地规划制度的现状

美国的耕地规划设计从中央到地方呈现出“金字塔形”，顶层法律的设计主要是原则性规定，地方政府的低位阶立法规定对顶层法律规定予以逐级细化。耕地规划是多个部门直接协调补充综合得到的优化结果，是立法机关、行政机关和公众之间参与并协调的综合结果。

美国目前的耕地规划制度主要源于1981年通过的美国《农地保护政策法》中的耕地区划制度，采用耕地潜力分类系统对耕地状况进行评价分类，耕地作为农地的一种，该法律将全国的耕地分为作物利用耕地、收获耕地、歉收耕地、夏季休闲耕地、牧场化耕地和空闲耕地。分区制一直是耕地规划的主要内容，加强耕地的调查和定级分类可以因地制宜地对其进行管理，高产田可以继续保持较高的生产力，对中低产田可以进行改造提升其生产力。美国《农业风险保护法》对于基本农田和特殊农田还制定了耕作土地计划、农地保护计划、土壤储备计划等。〔1〕

在地方实施的耕地区划政策主要有：地方州政府在编制其他规划时应注意避免其他规划建设占用耕地；通过法律划定城市发展边界，从而间接防止占用耕地；地方州政府通过立法将大量连片的优质农地依法划定为农业区域，对区域内的农业生产给予政策优惠，防止被兼并。

（二）英国耕地规划制度的现状

英国耕地规划依据的核心文件是英国《国家规划政策框架》，该文件强调：地方规划在制定时需要保护最佳农田，也就是土质优等、生产力高的农田，英国也对农业用地进行了等级分类；需要考虑耕地的可持

---

〔1〕 参见赵丽莉：《论我国保护耕地资源的法律制度》，重庆大学2009年硕士学位论文，第33-34页。

续性，确保能长期为社会发展提供稳定的粮食供应；采用土地符合利用的方式以达到土地资源的充分利用，如在非农业用地上开展农业生产或者在农业用地上开展其他用途；采用制定城市增长边界的方式限制城市无序扩张，间接对农业用地进行保护；规划中需要在多个阶段，如编制、审批等阶段广泛征求社会公众的意见，社区成员在参与规划制定中发挥主导作用。[1]

（三）德国耕地规划制度的现状

德国的各级政府都有专门对规划进行管理的机关，农地规划内容具体，一旦得到批准就具有相当于法律的效力，所有单位和个人都必须严格遵守，规划也不随意调整，保证了规划的严肃性和延续性。在规划的初步编制阶段，负责编制耕地规划的部门需要听取各部门以及社会各方的意见、建议，合理吸收各方观点，编制更为合理也更容易得到实施的规划。耕地规划的重要基础在于具有详细的耕地资料，德国为此大力建设地籍簿，全国每一块土地的土地类型、质量状况等在地籍簿上都有详细记录，并且会定期进行更新，以保持资料的时效性。[2]

二、国外耕地规划制度对我国的启示

（一）进一步对耕地进行分类

目前我国在制定耕地规划时主要将耕地分为永久基本农田和一般耕地，一般耕地又进一步分为永久基本农田储备区和耕地保有量储备区，进行分类管控缺乏进一步的等级细分；主要原因是对耕地质量没有监测建设的相关数据库，缺乏耕地质量的定量标准和分级标准，质量评价工作分散。美国建设了覆盖所有州的国家资源监测点，采用耕地潜力分类系统对耕地状况进行评价分类。德国建设地籍簿对耕地的质量进行详细记录为耕地规划打下良好基础。我国可以进一步完善耕地质量评价标准体系，合理设置监测点，采取符合我国具体情况的分类标准进行等级评

[1] 参见张宁：《粮食安全背景下耕地保护法律制度研究——以耕地用途管制为核心》，山西财经大学2023年硕士学位论文，第25－26页。

[2] 参见田玉福：《德国土地整理经验及其对我国土地整治发展的启示》，载《国土资源科技管理》2014年第1期。

定，从而对合理划分后的耕地采取不同管控措施。

（二）加强激励措施

利用强制性措施来实行制定好的耕地规划并不一定会产生最优的效果，一些激励性措施如对耕地进行经济补偿措施反而有利于耕地规划的推行。美国对被划分到优质耕地区域的农民采取经济补贴，有效激励当地农民的保护积极性，防止耕地被转为其他土地用途。一些国家对耕地保护提供税收优惠政策，减轻农户经济压力，使他们不因为经济上的原因将耕地“另作他用”。我国在制定耕地规划之后为了推行耕地规划，可以因地制宜结合各地具体情况制定相应的经济激励措施，避免耕地的“非农化”“非粮化”。

（三）加强公众参与

一项良好的制度其生命力不仅在于制度的精密性，更在于得到良好的实施。上述三个国家的耕地规划在编制、审批等阶段都会采取各种方式来征求公众及专家学者的意见，我们要解决立法、行政机关的“封闭性”，就应建立有效的公众参与沟通机制。实现公众参与不仅使规划更具科学性和综合性，而且事先得到公众的了解并被广泛认同会使其后续实施更为顺利。为此我国可以进一步完善和加强以举行听证会或者论证会的方式公开征求有关单位、专家及公众的意见建议的制度。

第四节　完善我国耕地规划制度的对策

一、更新耕地规划立法理念

立法理念对法律制度起着引领作用，是立法过程以及最终的法律所要遵循的思想基础，最终的法律制度需要符合立法理念的要求，先进的立法理念也会推动科学的法律制度得以建立。在耕地规划相关立法的过程中，如果能够使先进的立法理念融入其中，最后的法律制度能够符合社会发展的需要，那么依据这些法律制度制定出来的规划也能够真正保护耕地，实现维护国家粮食安全的战略需要。

（一）树立耕地数量、质量、生态保护“三位一体”的理念

耕地的数量、质量和生态三者是并重的，如果没有做好任何一方面的保护，那么对耕地都没有真正做到保护。在目前我国的《土地管理法》等法律中只是提到了可持续发展理念，没有进一步明确对耕地保护的“三位一体”中生态保护的理念，这可能会导致理解上的偏差，如会出现对三者中某一方面保护的偏向，导致其他二者的保护不被重视，所以应当在立法目的中明确要从数量、质量和生态三方面保护耕地，为后续法律制度奠定基础。

（二）因地制宜、综合协调的理念

全国各地的耕地分布等具体情况存在巨大差异，需要深入分析各地的具体状况从而把握当地的真实情况，编制耕地规划需要调整好局部和整体、短期和长期的关系，协调好耕地的开发、利用、保护、治理的关系。首先，处理好经济和生态之间的关系；其次，需要做好地区之间的合理分工；最后，需要做好全国五级行政区之间以及耕地规划与其他规划之间的规划协调。

（三）程序正当和公众参与的理念

耕地规划事关广大民众的切身利益，我国在立法的环节通过向社会公布草案的方式广泛征求公众意见，体现了民主立法的理念。在规划的编制、审批等环节也必须有严格的程序，其中最为重要的是完善公众的参与。公众参与耕地规划的各个环节不仅可以展示规划的科学性、合理性和民主性，避免规划脱离实际；而且通过公众的参与，该规划能够得到社会的广泛认同从而推动规划的有效实施。

二、完善耕地规划立法体系

耕地利用规划对耕地的保护和发展至关重要，完善相关法律法规是促进耕地规划科学合理的重要保证。我国目前地方的土地立法基于本地的具体耕地状况和立法的便捷性走在了国家耕地规划立法的前面，地方的耕地规划立法积累了丰富的经验，未来可以借鉴地方的经验完善全国耕地规划立法。

（一）土地管理法

目前我国的《土地管理法》未对耕地规划的划分依据、具体程序以及规划体系等重点内容进行规定，《土地管理法》作为调整耕地关系的最重要的法律，需要在该法中明确耕地规划的制定部门，协调好与其他类型土地规划的关系，为耕地规划制度的建立和实施奠定上位法基础。

（二）国土空间规划法

“国土空间规划法”可以《土地管理法》为依据，整合现有的耕地利用规划立法文件，设立耕地规划的专章规定，明确各层次耕地规划的目的、任务、内容及编制审批程序，明确违反耕地规划法律规定的法律责任和实施保障措施。

（三）耕地保护法

“耕地保护法”作为耕地保护的专项法律规定，应当在其中做好有关耕地规划主体、编制程序、法律责任、保障措施等更为细致的规定，做好同上下位法律法规的衔接工作。

（四）耕地规划编制办法

“耕地规划编制办法”可以“国土空间规划法”为依据，从技术层面对各层次的耕地规划编制的目的、任务、内容予以细化，给耕地规划的编制提供相应的依据。

（五）耕地规划技术规范

技术规范的制定可以保证规划的科学性，可以考虑由相关法律法规赋予其法律效力，保证在规划的制定中严格遵循技术规范的要求。

（六）地方性法规和地方规章

地方政府可以国家制定的法律法规和规章为依据，结合当地耕地的具体情况，提出具体规定来保证各级规划的落实。

三、健全耕地规划法律制度

（一）健全耕地总量监控与动态平衡制度

健全耕地总量监控与动态平衡制度，对于确保我国耕地质量、数量和生态“三位一体”发展具有重要意义，包括耕地总量监控和占补平衡两项制度。

目前在我国多数地区还未开展耕地等级研究与评价，耕地质量及监测方法的研究还不足。我国目前的耕地质量监测方法多数集中在县级区域内布置监测点，缺少从国家尺度上进行监测点的布置，现代信息技术在质量监测的应用力度还不足，耕地质量监测内容重复，没有做到数据的整合和汇总。我国需要运用科学的数据化、指标化的方式科学评估耕地的生产能力，建设统一的耕地监测网络体系，建设统一数据库为耕地进一步细化分类提供依据。

虽然我国目前法律中规定了要实现耕地“占补平衡”，但是鉴于我国地域广阔，各地的自然状况和社会经济发展水平存在较大差异，实现一定区域内的耕地数量和质量双平衡存在很大难度，从耕地总量平衡的理念出发，要打破地域限制，允许在规划中用耕地质量换取耕地数量，经济发展水平较高的地区的耕地面积可以适当减少，加快区域内高标准农田的建设，跨地区异地经济补偿，向耕地数量多的地区支付补偿资金。由于目前我国不允许异地占补平衡，这种方式可以在法律中予以规定。

（二）健全耕地经济激励制度

经济激励制度可以调动耕地保护的积极性。在涉及耕地转为其他用途时，政府可以通过为耕地保护提供经济补贴或税收优惠的方法来鼓励农民和土地所有者保护耕地，单纯地采用强制性措施的方式无法达到最佳效果。虽然制定了耕地规划将土地划为永久基本农田或一般耕地，要求土地所有者不得转为其他用途，但是农民或土地所有者可能迫于生活的压力不得不为了高额的转让收入而出售耕地的使用权。即使政府强制性要求不得转为他用，但土地所有者也不是发自内心地执行相关耕地规划，所以给予一定的经济激励措施可以使耕地规划更好地推行。

对积极执行耕地规划的单位和个人给予物力、财力和技术方面的支持，对地方政府的耕地规划执行进行考核评价，执行情况分等次予以表彰奖励，充分调动地方政府执行耕地利用规划来保护耕地和永久基本农田的积极性。

（三）完善耕地规划的公众参与

公众参与原则作为党的群众路线在耕地规划领域的体现，是民主精神在耕地保护活动中的表现，是政府耕地规划决策科学化民主化的必然要求。耕地规划关乎耕地是否能够得到有效开发、利用、治理和保护，而耕地保护又关系公众的生存，公众广泛参与是推动耕地规划的重要力量。

耕地规划的制定需要提前公布耕地规划草案的相关内容，进行耕地规划信息公开，信息公开是公众参与的重要前提保证，依法编制规划的过程中需要充分征求公众的意见，参与的方式包括座谈会、论证会、听证会或问卷。公众的范围应当是广义的概念，包括当地的民众和相关领域的专家学者，在征求意见后，对于合理的意见在经过充分论证后应予以吸收修改。

公众参与不仅包括规划编制的阶段，还包括规划的实施阶段，规划的生命力不仅在于良好的规划制度，更在于规划的有效实施。为了保证制定出来的规划得到充分有效的实施，必须对其进行社会监督，社会监督又称公众监督，其包括社会组织团体的监督、舆论监督及民众的监督，充分发挥辅助监督作用，确保规划的良好实施。社会监督的主体大多是耕地保护监督组织和环境公益组织，舆论监督主要是通过新闻媒体、互联网等途径的监督，民众监督的方式主要是举报监督、信访监督等。

（四）做好耕地规划与其他规划的衔接

耕地规划需要做好上下协调，从上到下先编制高层次的耕地规划，低层次的耕地规划需要根据本地的社会经济发展条件和耕地具体状况制定。这样一方面有利于将高层次的耕地规划要求予以落实，另一方面可以将本地区规划中出现的问题向上一层次的耕地规划进行反馈，为高层次的耕地规划的修改完善提供必要的依据。

耕地规划作为土地利用规划的专项规划，应当符合土地利用的总体规划，与其他专项规划也要做好协调，尽量避免出现规划的冲突。耕地规划还需要与其他规划，如主体功能区规划、城乡规划等做好协调，避免规划之间规定不一的情况出现。

（五）完善耕地规划的评价

耕地规划的评价是保障规划有效实施的重要措施，是目前我国需要加强的环节。适时进行耕地规划评价，有利于督促各方落实规划要求，总结规划实施效果，对其进行调整。

耕地规划评价分为内部评价和外部评价。内部评价主要是规划制定部门、执行部门和监督部门的评价；外部评价是立法、司法部门以及社会公众的评价。对于评价标准，中央应当规定适用于全国的评价标准，地方可根据地方差异细化指标，指标主要是规划执行情况、耕地总量质量生态、对区域经济发展的作用、其他效益等。[1]

---

〔1〕 参见李越：《我国土地资源规划的法律制度研究》，石家庄经济学院2012年硕士学位论文，第36－37页。

第四章　耕地质量、资源调查监测评价制度

第一节　耕地质量、资源调查监测评价制度概述

一、耕地质量调查监测评价概述

2016 年农业部发布的《耕地质量调查监测与评价办法》对耕地质量调查、监测与评价做出了详细的规定。该办法给耕地质量下了一个明确的定义，将耕地质量确定为一种能实现农业连续生产和品质安全的能力，这种能力的强弱需要根据农田地力、土质健康状况以及田间设施来判断。

随着社会需求不断变化和城镇化水平持续升高，国内学者对耕地质量的理解也在逐步深化，耕地质量的定义也逐渐得到补充和完善。现有研究从土壤、环境、管理、经济四个角度，将耕地质量细分为以下四类。

耕地土壤质量：基于耕地质量来对土壤本身的优劣程度做出评价。

耕地环境质量：反映耕地所在空间的水文、地质、气候等条件。

耕地管理质量：通过界定耕地的平整化、水利化

和机械化水平来表现耕地受影响程度。

耕地经济质量：统筹上述三类质量，系统全面地评判耕地产出能力的高低以及产出效率的快慢。[1]

（一）耕地质量调查

耕地质量调查包括耕地质量普查、耕地质量专项调查以及耕地质量应急调查。

1. 耕地质量普查

为全面了解耕地质量现状，农业农村部提出了耕地质量普查。在普查开展过程中，首先要对技术标准进行统一，按照由局部到整体的顺序，在全国范围内开展耕地质量普查。普查步骤包括现状调查、采样测试、数据统计、资料汇总、图件编制和成果验收。在厘清当地农业发展现状后，农业部门将与相关部门共同制定工作方案并上报，由国务院来评判该工作方案的合理性与可行性。

2. 耕地质量专项调查

耕地质量专项调查可分为两大类，一类是针对特定区域和特定指标的调查，另一类是针对质量等级和新增耕地的调查。

特定区域耕地质量调查是在特定区域内对耕地质量及其相关情况开展的调查。耕地质量特定指标调查是以掌握特定耕地质量指标为出发点开展的调查。这一类调查工作的开展须经县级以上人民政府同意，并由同级人民政府农业主管部门负责实施。

耕地质量等级调查是评估耕地质量等级的调查，由各级耕地质量监测机构负责组织在其行政区域内进行。新增耕地质量调查是以了解新增耕地的质量状况、农业生产的基本条件和能力为目的而进行的调查，该项调查在开展的同时需与占补平衡补充耕地质量评价工作一同进行。

3. 耕地质量应急调查

耕地质量应急调查只有在重大事故或突发事件发生后，有可能使耕

---

〔1〕 参见汤淑娟、刘安迪：《我国耕地质量评价指标体系与方法综述》，载《现代农业研究》2022 年第 3 期。

地质量受到污染和破坏的情况下才进行的。应急调查的具体内容和范围划定应由各级人民政府农业主管部门先行对事故或突发事件的性质进行评估与分析，再会同有关部门联合制定。

（二）耕地质量监测

耕地质量监测以定点调查、田间试验、样品采集、分析化验、数据分析为基础，对耕地土壤的质量变化情况，如理化性质、养分状况等项目展开动态调查与分析。农业部门耕地质量监测机构和地方耕地质量监测机构是耕地质量监测的主要负责人，相关科研教学单位的耕地质量监测站（点）以副手的形式参与监测工作。在三方主体的协同配合下，形成了覆盖面广、代表性强、功能完备的国家耕地质量监测网络。

1. 耕地质量监测站设定

耕地质量监测站由农业部门负责设定，依据当地行政区划、农业生产布局以及土质亚类在全国范围内建立区域监测站，对该区域土壤样品集中收集并检测，记录好检测结果并及时上传。

2. 耕地质量监测点设定

国家耕地质量监测点由农业部门耕地质量监测机构负责设定，地方耕地质量监测点由地方耕地质量监测机构负责设定，设定依据为耕地土壤类型、耕种制度和质量现状。这些监测点主要分布在粮食生产功能区、重要农产品生产保护区以及耕地土壤污染区等区域，各区域都配有专属标志和各自的档案。所需监测的对象具有多元性，各区域耕地质量监测点可根据当地情况将土壤墒情、化肥效力和耕地环境等内容纳入监测项目当中。

3. 耕地质量监测机构职责

农业部门耕地质量监测机构的职责：

（1）监管耕地质量区域监测站、国家耕地质量监测点；

（2）收集、整理、解析所测的数据；

（3）学习借鉴国内外与监测相关的最新技术。

地方耕地质量监测机构职责：

（1）具体管理本行政区域内耕地质量区域监测站、耕地质量监测点；

（2）收集、整理、解析所测的数据；

（3）协助上级机构开展工作。

（三）耕地质量评价

耕地质量评价是以耕地的生产力、生态环境、生物多样性等项目为评价指标，对耕地的质量水平展开调查、分析与评价，为生态环境保护和粮食安全提供保障。[1]耕地质量评价涉及等级、新增区域、监测、应急调查、特定区域、特定指标这六个方面。

1. 耕地质量等级评价

耕地质量等级评价是以调查监测数据为依据，对本辖区内耕地等级开展的评价。全国的耕地质量等级信息由农业部门每5年公布一次。同样，各省耕地质量等级信息由省级人民政府的农业主管部门每5年公布一次，并报农业部门备案。

2. 耕地质量新增区域评价

新增耕地、占补平衡补充耕地的耕地质量评价由县级以上地方人民政府农业主管部门负责编写，并公布评价意见。

3. 耕地质量监测评价

耕地质量监测评价是以监测所得数据为依据，各级检测机构对本辖区内耕地质量主要特征变化状况进行评价。耕地质量监测报告由农业部门和省级人民政府农业主管部门每年公布一次。

4. 耕地质量应急调查评价

对受污染或破坏的耕地，各级耕地质量监测机构，在有关部门的配合下，基于应急调查所得结果，开展污染或破坏程度评价工作，并给出修复治理建议。

5. 耕地质量特定区域评价

各级耕地质量监测机构应当采用调查所得资料，依据需求对特定区域的耕地质量及其相关指标展开评价。

6. 耕地质量特定指标评价

各级耕地质量监测机构应当熟练运用调查所得资料，对耕地质量特

---

〔1〕 参见聂磊、周静雯：《浅谈耕地质量评价方法》，载《南方农机》2023年第23期。

定指标状况及变化情况展开评价。[1]

二、耕地资源调查监测评价概述

在2016年农业部发布的《耕地质量调查监测与评价办法》的基础上，自然资源部于2022年起草了《耕地保护法（草案)》（征求意见稿)，其中就对耕地资源调查监测评价制度做出规定：

国家建立耕地资源调查、监测、评价制度。县级以上地方人民政府自然资源主管部门会同同级农业农村等主管部门依法定期组织开展耕地资源调查和日常监测，掌握耕地数量、质量、生态状况以及利用变化状况，并开展分析评价。

国务院自然资源主管部门根据自然地理格局和分区，对耕地资源质量进行分类评价、分等定级，结果作为跨区域耕地占补平衡、永久基本农田划定等工作的依据。

耕地资源调查监测、评价标准和技术规程由国务院自然资源主管部门会同国务院农业农村等主管部门制定。

县级以上地方人民政府自然资源主管部门应当依法定期组织开展耕地后备资源调查，掌握耕地后备资源潜力。[2]

第二节　我国耕地质量、资源调查监测评价制度现状及问题

一、耕地质量评价的现状及问题

（一）耕地质量评价现状

1. 土地评价工作发展进程

20世纪80年代初，中国启动了系统性的土地评价工作，主要分为两大系统：

第一个系统是以服务农业生产为主要导向的土地评价工作，由农业

〔1〕参见《耕地质量调查监测与评价办法》，载《农民日报》2016年7月28日，第3版。
〔2〕《耕地保护法（草案)》（征求意见稿）第11条。

部门负责开展。全国第二次土壤普查工作于1979年正式启动，农牧渔业部、农业区划委员会对土壤生产能力提出分级制度，形成了土地分级8级评价标准。1995年，中国农科院农业自然资源和农业区划所对耕地展开分区评价，以县级为单位制定了各县的耕地质量指数。《全国耕地类型区、耕地地力等级划分》由农业部于1996年发布，参照该项行业标准的有关条款，全国耕地区域类型被划分为7类，耕地地力等级被划分为10类。

第二个系统是以资源管理为主要导向的土地评价工作，由土地资源管理部门负责开展。《县级土地评价技术规程（试行草案）》由原农牧渔业部土地管理局拟订，是在详细调查了全国土地资源的部署情况，并于全国13个县试点工作开展后出台的。《农用土地分等定级规程（征求意见稿）》于1986年组织研究编写，1989年确定理论、规则和标准等内容，在全国7个试点县试行。但由于技术、资金、人才等方面的缺失，耕地分级评价工作一直无法在全国范围内开展。1998年国土资源部正式成立，重新启动了新一轮国土资源调查，将全国耕地质量等级调查与评定工作纳入未来的研究方向。

全国耕地质量等级调查与评定工作历经10年时间，先由国家对技术方法进行统一，然后分省市进行实施，根据各省市实施情况进行最后的总结。基于前期在7个试点县开展的工作，1998年修订了《农用土地分等定级规程（征求意见稿）》，通过了《农用地分等定级规程（讨论稿）》，并于2003年公布了《农用地估价规程》、《农用地定级规程》和《农用地分等规程》。2001年—2006年，耕地质量等级调查与评定工作在全国范围内分年度分批次实施，2008年年底已基本实现省级耕地质量等级调查与评定工作，1∶50万耕地质量等别数据库正式诞生。基于此，全国成果报告、图件、影像资料、标准样地实物、数据库和数据表册等内容得以编制完成。

在第一次全国土地利用现状调查之后，全国耕地质量等级的调查与评定工作由国家统一组织进行。这项全面的调查与评定工作清晰地了解了土地的数量和权属，填补了中国在耕地质量等级研究方面多年的空白。在国土资源领域，这项工作的顺利开展表明我国耕地发展的重点已从过去的数量调查向数量、质量协同调查方向转变。[1]

2. 耕地质量评价现状

耕地质量评价是一项具有专项性、综合性，以特定目的为基础的评价方法。我国耕地质量评价受到土地税收影响，从传统的适宜性评价转向以生态、人文、经济为指标的综合性评价。

最早的适宜性评价始于新中国成立后的查田定产工作，由财政部负责组织。这一阶段的耕地质量评价以资源利用为导向，以适宜性评价为主要目的。20 世纪 50 年代，宜农荒地资源大考察工作如火如荼地进行，为今后土地资源利用埋下伏笔。随着人口数量的持续上升，粮食需求也越来越大，于是在 10 年后，耕地质量评价踏入产量评价进程。同时期开展的“改碱治土”措施使全国粮食产量激增。为查明耕地生产潜力和国土资源状况，20 世纪 80 年代开展了土地承载力评价，并绘制了《1∶100 万土地资源图》。

21 世纪农用地分等定级工作的开展，表明我国已将多要素纳入耕地质量评价的主要考虑对象，由适宜性评价转向综合性评价。土壤健康评价时期，为预防和解决耕地污染，颁布了《土壤环境质量标准》（GB 15618—1995，已失效）。在既不损害土壤生态，又能提高耕地粮食产量的前提下，国土资源部进一步出台了《耕地地力调查与质量评价技术规程》和《耕地质量等级》。为保证粮食安全和耕作效率，国土资源部于 2016 年通过了《高标准农田建设评价规范》。[2]

（二）耕地质量评价面临的问题

1. 耕地质量评价尺度需进一步完善

受当前抽样检测水平和获取成本限制，土壤样品只能在小范围内进行收集和采样。鉴于当前技术水平，土壤数据研究只能停留在较低层次的养分研究。而在涉及土壤有机质的高层次研究上，由于缺乏大量的土壤实测数据，土壤的空间变化及其影响因素较难厘清。

---

〔1〕 参见程锋、王洪波、郧文聚：《中国耕地质量等级调查与评定》，载《中国土地科学》2014 年第 2 期。

〔2〕 参见汤淑娟、刘安迪：《我国耕地质量评价指标体系与方法综述》，载《现代农业研究》2022 年第 3 期。

2. 耕地质量评价标准不一

从耕地监管角度出发，我国当前与耕地有联系的部门包括生态环境部、自然资源部、农业农村部等。由于各部门职权范围和监管程度各不相同，对耕地质量的评判标准也存在差异。自然资源部主持编制的原农用地分等制度侧重于耕地生产能力提升、农用地分类保护，目的是后续更好地对耕地生产能力进行核算，建设高质量耕地。为保障粮食安全和耕地的有效利用，农业农村部牵头制定了原耕地质量评价体系，重点落在耕地的自然属性上，以耕地养分评价和障碍因素调查为核心。而由环境保护部[1]负责编写的耕地环境质量评价，是出于耕地污染防治和环境保护的目的，以耕地的健康状态为主要评价对象。

3. 耕地质量评价的综合性研究需要进一步完善

当前，我国耕地质量评价制度主要根据收集来的数据对耕地的数量和质量开展评价工作，这种评价方式往往只能侧重于某一特定方面或者某一特定时间点，缺乏数量和质量在空间格局变化关系上的研究。仅从单一角度来评价耕地质量显然是不合理的，随着耕地调查监测技术的不断发展，耕地质量评价的影响因素呈现出多元化趋势，需不断拓宽耕地质量评价指标，开展综合性评价。[2]

二、耕地资源调查监测的现状及问题

（一）耕地资源调查监测现状

1. 发展历程

耕地资源调查可以大致划分为三个主要阶段。

做好耕地资源数量调查属于耕地资源调查的第一阶段。2007 年和 2017 年我国分别开展了第二次和第三次全国国土调查，再配合上每年开展的土地变更调查，我们已基本了解我国耕地资源的总体数量、层次结构、空间布局以及其实时变化情况，仅需“一张图”就能概括全国耕地数量。

---

〔1〕 2018 年改为生态环境部，后文不再赘述。

〔2〕 参见卢润可：《耕地质量评价文献综述》，载《南方农业》2021 年第 36 期。

实现耕地资源数量和质量协同管理属于耕地资源调查的第二阶段。在1999年开展的“国土资源大调查”国家专项中，我国对全国的农用地进行了分等定级和估价。这项调查工作的开展实现了对全国耕地质量的调查和评价。从那时起，每年都会对耕地进行调查、监测和评价使耕地质量得以逐年更新。当前，我国耕地质量等级的潜力、分布和结构已经得到了充分的调查。

推进耕地资源数量、质量、生态“三位一体”保护属于耕地资源调查的第三阶段。耕地资源质量分类专项调查正式启动的时间是在2020年，它以统一的耕地资源质量分类指标及指标分级分类标准为依托，掌握了我国耕地资源六个层面的影响因素及各因素相互混合的情况，包括土壤条件、自然地理条件、地形条件、生态环境条件、耕地利用状况和作物熟制情形。通过第三阶段耕地资源调查，实现了县级行政区域耕地生物多样性的查清，所得数据为今后耕地资源的科学化管理和生物多样性保护提供了坚实的基础。

耕地资源监测工作的开展是在第二次全国国土调查的基础之上，对土地变更情况进行年度调查和遥感监测。自2010年起，国土资源部正式以遥感形式开始对全国耕地进行监测，以了解土地利用情况是否发生改变。年度土地利用变更监测报告和耕地数量变化及相关管理信息更新报告，都是基于此项工作而产生的。当监测到耕地存在“非农化”和“非粮化”的问题时，相关部门会立即采取卫片执法和卫片监督等措施。在卫星和遥感技术的帮助下，重点识别耕地地类变化状况，即监测原本应作为耕地来使用的地块，是否被当作建设用地、林地、园地、草地来使用。农业部于2016年出台的《耕地质量调查监测与评价办法》构建了综合性的耕地质量监测网络，该监测网络具有覆盖面广、代表性强、功能完备的特点，能够充分反映我国近年来的耕地质量发展状况和变化过程。经多年探索和发展，耕地资源监测已经达到“理论联系实际”的境界，但我国耕地资源监测以数量监测为侧重点，疏忽了在耕地质量领域和耕地生态领域上监测工作的开展，在这两方面需要进一步丰富和完善。

2. 调查监测内容现状

随着一系列土地调查监测规范标准的不断出台，我国土地调查工作已基本完成。当前可使用的耕地资源调查主要标准包括《第三次全国国土调查技术规程》、《农用地估价规程》、《农用地质量分等规程》、《农用地定级规程》、《耕地质量等级》（GB/T 33469—2016）、《土地利用现状分类》、《土壤环境质量农用地土壤污染风险管控标准（试行）》（GB 15618—2018），以及与信息化建设和数据管理相关的标准规范，主要涉及耕地资源的分类、调查、评价等领域。

当前，我国耕地质量调查监测以耕地数量为重点关注对象，包括以自然条件和社会经济条件为主要调查对象的土地条件调查，以使用权和所有权为主要调查对象的土地权属调查，以地类、位置、面积、分布为主要调查对象的土地利用现状调查。开展耕地资源调查主要目的是掌握耕地的地形、土壤、生态环境、作物熟制情况，而开展耕地资源监测主要是为了监测土地利用地类的变化情况。当前我国耕地资源监测以年度变更遥感监测、专项卫片执法监督为主要抓手，随着遥感技术、地理信息系统和全球定位系统——3S 技术的不断完善，我国耕地资源调查监测方式将越来越多样化、流程化和体系化。

（二）耕地资源调查监测面临的问题

过去几十年的时间里，我国不断摸索和完善耕地资源调查监测体系，形成了以数量、质量、生态为主的“三位一体”保护格局，但目前在指标获取手段、调查监测内容、服务支撑、成果数据应用等方面还存在问题。

1. 调查监测指标获取和数据处理手段缺失

从当前耕地资源调查监测发展进程来看，遥感数据解译、外业调查、采样化验、抽样检测技术已经越发成熟，但由于耕地调查监测指标具有多样性，现存技术仅能获取部分指标值。在缺少成体系的监测网络和成套的耕地原位获取设备的情况下，相关部门无法系统性地推进耕地资源调查监测指标值的获取。同时，由于缺乏相关的技术手段，我们在遥感数据与实测数据的融合处理问题上陷入困境。这使我们无法以专家经验辅助、空间插值和数据关联等形式，实现耕地资源数据的实地采集和点面结合的数据推算。此外，在一些特殊指标的处理上，如何采用“局部—整体”模式将实验室数据应用到现实当中也是一个值得思考的问题。

2. 调查监测内容与耕地保护需求不对应

根据目前《土地利用现状分类》中关于耕地资源的有关规定，可将耕地粗略地划分为三类，即水田、旱地和水浇地。这种初步划分明显不符合我国耕地资源调查监测现状。耕地资源在缺少精细化划分的背景下，很难配合耕地资源调查监测中的“非粮化”行动。此外，我国耕地资源监测重点关注对象是耕地的利用变化情况，这就导致我国在耕地质量和生态监测上存在缺失。

3. 知识服务和决策支撑不足

耕地资源调查的主要目标是获取我国耕地资源的数量、质量和生态全要素数据。但由于我国在数据获取领域的能力有限，无法满足耕地数量、质量、生态保护的管理需求。因此，对于耕地利用的变化情况，我们应秉持早发现早监管的态度，及时采取措施是建设耕地保护监督管理体系的关键所在。然而我们目前主要依赖的遥感监测和实地核查等技术时效性不高的手段，无法准确识别并及时发现耕地的变化情况，因此，主动监管手段的研发势在必行。

4. 现有调查监测成果不能满足管理需要

由于对耕地与人口、经济、资源、产业、环境的关系缺少系统性的梳理，以及缺少耕地全要素基础数据全面、完整、连续性的调查与支持，导致我们在面对各区域耕地政策底线时差异性管理手段和措施存在缺失。尽管调查监测得到的数据相当丰富，但缺少配套的调查监测制度显然是不合理的。并且，由于耕地资源关键性指标的缺失，耕地质量和耕地生态情况无法通过数据来表现，严重阻滞了我国耕地资源理论研究进程。

第三节　国外耕地质量、资源调查监测评价制度考察

一、德国耕地质量、资源调查监测评价制度

德国财政部于1934年制定的德国《土地评价法》是一部以加减法形式来对农用地进行分等定级估价的条例，对后续耕地质量评价工作的开展起着重要作用，涵盖了土地税征收、地租地价规定、土地归并和调换等内容。尽管该法对土地评价规定了部分条款，但其是为后续土地税的收取而服务的。[1]同时，由于当时国际贸易水平较高，其估价策略并非按照“先分级再估价”模式，而是直接估计农用地的价格。[2]因此，于该时期制定的德国《土地评价法》仍不完善，存在重点不明晰和估价策略错误的问题，导致最终评价结果不太理想。

二、美国耕地质量、资源调查监测评价制度

20世纪30年代，美国制定了《斯托利指数分级》，目的是以一种更为合理的方式来利用土地资源。同时期，为防止土地不合理利用影响土壤生态环境，美国基于各州自然环境特征和土壤类别，发布了土地潜力分类系统（Land Capability Classification，LCC）。美国农业部基于此系统，构建了系统全面、内容丰富的土地评价体系——美国《土地资源生产潜力分类》，以土壤功能和限制性条件为划分标准，将土地划分为潜力级、潜力亚级和潜力单元三个类别。

在最适宜的气候状态下，农作物能够达到的最大产量被称为土地潜力分级。土地潜力分级以大田作物和牧草受土地的限制程度为划分标准，将土地划分为8个级别，但某些特定作物的适宜性和生产力无法在这8个级别中得到体现。尽管美国《土地资源生产潜力分类》存在一定

〔1〕　参见张欢欢：《基于农用地分等和地球化学调查的耕地自然质量综合评价——以河南省开封市为例》，河南农业大学2013年硕士学位论文，第3页。

〔2〕　参见范佳旭、汤江龙：《耕地质量相关研究综述》，载《住宅与房地产》2019年第18期。

缺陷，但其诞生推动了后续多目标耕地质量评价的产生，包括耕地地力的监测评价、土地承载力评价、耕地生产潜力的分级以及国家或区域尺度的区划平均值等。[1]

然而，随着土地评价对象越发精确与综合，土地潜力分类系统也不再适用，缺少对土地立地条件和社会经济因素的考量。在对土地开展适宜性分析上，过度重视土地性质而忽视土地数量，导致应投入的资金量无法顺利核算，经济、社会、生态三者的效益也无法进行对比和平衡。为走出这一困境，1981 年美国农业部土壤保持局放弃了原有的土地潜力分类系统，推出“土地评价和立地评价”体系，在伊利诺伊州和华盛顿州试行。

“土地评价和立地评价”体系的提出是为了确保土地利用的合理性，使规划工作者和资源管理人员在做决策时有所依托。该系统包含土地评价和立地评价两个部分。

（一）土地评价

土地评价包含土地潜力分级、重要农田鉴定和土壤生产力三个方面。

土地潜力依照土壤对牧草或大田作物的限制程度分为 8 个等级，等级越高，受限程度越大，可供选择面越窄。每个潜力级下再继续细分 4 个亚级来表示侵蚀、水涝、表层土壤和气候条件。

重要农田鉴定是依照粮食、精饲料、草料和油料作物的生产适宜性来评价土地。评价结果一般分为两类：一等农地和重要农地。一等农地代表该地区耗能少、投资低、产量高、损害小。

土壤生产力指的是有特殊用途的土壤的相对质量。它以高效管理下某种作物的预期产量为依据，将土壤质量、产量和管理措施三者共同考虑在内，得出土壤限制性因素最小时的相对费用，以及对社会经济和环境造成影响的持续限制性因素的费用。土壤生产力以每一土壤单元潜力指数（*SPI*）这种直观的形式来展示，*SPI* 代表着土壤的相对适宜性或土壤质量的数量化分级，公式如下：

---

〔1〕参见卢润可：《耕地质量评价文献综述》，载《南方农业》2021 年第 36 期。

$$SPI = P - CM - CL$$

公式中：

P——产量指数，与当地确定的标准有关；

CM——费用指数，受土壤限制因素克服或减小程度影响；

CL——费用指数，由产生持续影响的限制性因素构成。

土地潜力等级衡量土地质量的高低，重要农田等级代表土地适宜性程度，土壤生产力指数意味着土地的限制性强度。三项指标各有各的代表性和适用性，为精确地对土地做出评价，需将三者结合起来共同考虑。土地潜力分级明确了土地的自然特征，将限制性因素及其强度考虑在内，却忽视了消除限制性因素所需要花费的费用。而土壤生产力则对生产费用的高低做出了考量，还明确了农作物产量。重要农田鉴定尽管没指出产量、成本和限制性因素，但它代表着耕地质量的好坏。因此，三者的协同使用能将每项指标的优点发挥到最大，缺点降到最低。

（二）立地评价

尽管土地评价的相对值能够很好地反应特定农业用途的土壤相对质量，但该指标忽视了地理位置、市场距离、相邻土地利用情况、农业区划等决定土地适宜性的现实因素。因此，立地评价作为土地评价的补充被提出，专门用于评价除土壤外的其他现实因素，主要涉及农业土地利用、农业可行性因素、土地管理和税收、对拟议用途的选择、现有土地特性与拟议用途的适应性、综合发展计划、城市的基础结构这七个方面。

与此前各类评价系统相比，土地评价和立地评价系统更具有可行性和灵活性，既考虑了地块土壤的理化性质，也体现了经济因素，很好地将土地管理措施、土地税收法规和地方农地政策与制度有效结合起来。此外，该系统还有助于农田财产税的计算和环境影响评价工作的开展，对新水源系统、运输系统和污水处理系统最佳位置的确认也有帮助。但是土地评价和立地评价系统的推行需要以大量土壤数据为依托，通过频繁开展土壤调查工作来收集各地块典型作物的大致产值。同时还需收集和研究治理措施费用、耕作措施费用以及持续限制性因素的大量资料。

这需要大量资金、技术和人才作为支撑。[1]

三、加拿大耕地质量、资源调查监测评价制度

加拿大于20世纪80年代提出的耕地质量评价，结合了土壤健康质量和土壤环境质量。土壤健康质量指的是土壤对人类或者动植物健康产生的积极或消极影响。而土壤环境质量则是指土壤对环境中各类污染物的吸收、容纳和降解能力。[2]在美国提出土地潜力分级后，加拿大对该系统中部分条目予以借鉴和吸收，完善了本国耕地质量评价体系，将土地生产能力划分为7个等级，[3]确定了限制因子的值。[4]

第四节　完善我国耕地质量、资源调查监测评价制度的对策

一、完善耕地资源调查监测

（一）树立耕地系统观念

耕地是一个开放的系统，它蕴含着丰富的资源，能产出各类粮食作物，属于较为复杂的生态系统。在开展耕地资源调查监测工作之前，首先要树立耕地系统观念，将水、阳光、动物、作物、微生物、周边道路、防护林和耕作的人等要素纳入系统当中。耕地作为耕地系统的核心，其生态结构、机能、物质循环、能量流动需获得重点关注，以便于后续物质生产的需要。耕地系统作为农业土地系统的一部分，是农作物种植的基本媒介。它在地球系统中处于自然环境和人类社会的交会点上，一半位于自然界内一半处在人类环境中。耕地不仅具有生产功能，还具有生态功能，构成了一个复杂而多样的生态系统。

同时，耕地系统也是一个复合系统，具有多层次结构，体现在水平

---

〔1〕参见傅伯杰：《美国土地适宜性评价的新进展》，载《自然资源学报》1987年第1期。

〔2〕参见张敏：《耕地质量评价方法研究概述》，载《农村经济与科技》2020年第21期。

〔3〕参见程锋、王洪波、郧文聚：《中国耕地质量等级调查与评定》，载《中国土地科学》2014年第2期。

〔4〕参见望勇：《RS、GIS支持下北京市昌平区耕地分等与评价研究》，中国矿业大学（北京）2013年博士学位论文，第3－5页。

和垂直两个方向。在某区域内，各类作物分布在水平方向上形成的景观结构即为水平结构，该结构受地形因素影响。而垂直结构体现在同一单元地块内，垂直方向上作物的排列与组合，受水、土、阳光等自然因素的影响。

耕地凭借其出色的能量转换和物质循环能力，能提供大量人类所需的农产品。耕地能充分利用太阳能、风能、水势能以及土壤中的矿物离子，将这些能量转化到农作物当中，通过食物链以生物为介质实现物质的传递。此外，氮、磷、钾等耕地系统中的微量元素，经生物的吸收、消化和分解，以化合物的形式固定在耕地系统当中。鉴于耕地系统如此复杂的结构以及如此出色的能量转换和物质循环能力，理应从系统的角度来开展耕地资源调查监测工作。

（二）健全耕地资源调查监测制度体系

制度设计是开展耕地资源调查监测工作的根本。尽管当前已编制完成了《耕地保护法（草案）》（征求意见稿），但其中某些条款的确定还有待商议。其他相配套的法律法规也应不断完善，重点关注调查监测办法的制定与实施，强化主体意识，建立国家、省（自治区、直辖市）、市、县（自治县、旗）、乡（镇）五级工作体系。厘清基础调查和专项监测占比，不要顾此失彼。处理好定期调查和年度监测关系，把握调查监测的时间间隔和内在联系。当前，调查监测技术方法发展迅速，特别是在耕地专项调查和年度监测领域，相应的标准规范也应实时更新，做到与时俱进。

（三）完善耕地资源调查监测指标体系

为构建科学、全面的耕地资源调查监测指标体系，我们应统筹兼顾自然、人文和经济等多方面因素，全面了解和把握耕地资源现状，理清耕地等级、健康状况、产能等具体数据。当前，我国耕地资源调查监测指标体系应包含自然资源部耕地资源质量分类调查、农业农村部耕地质量等级调查、生态环境部土壤污染详查等调查内容，从多维度来完善耕地资源调查监测指标体系（见表1）。

其中，前五类一级指标及相应的二级指标用来评价耕地系统的自然禀赋，“耕作系统”一级指标反映耕地基础设施条件，“健康状况生态系统”一级指标体现人类和其他动植物对耕地系统的干扰和影响。

表1　耕地资源调查监测指标体系

<table>
<tr><th>一级指标</th><th>二级指标</th><th>备注</th></tr>
<tr><td>耕地类型</td><td>利用类型</td><td rowspan="8">按照49个自然区以及熟制不同，需设定不同的调查监测指标</td></tr>
<tr><td>种植体系</td><td>种植制度、作物类型</td></tr>
<tr><td>气候条件</td><td>自然区、熟制</td></tr>
<tr><td>地形条件</td><td>地形坡度、田面坡度</td></tr>
<tr><td>土壤条件</td><td>土层厚度、土壤质地、土壤有机质含量、土壤pH值、耕层质地、障碍层距地表深度、土体构型、土壤容重、土壤养分元素、土壤盐分、土壤团聚体</td></tr>
<tr><td>耕作系统</td><td>灌溉保证程度、排水条件、田块状况、田间道路通达度、耕作距离、农田林网化程度</td></tr>
<tr><td>健康状况生态系统</td><td>灌溉水环境质量，土壤重金属元素，动物、植物等生物多样性、物种数量</td></tr>
</table>

资料来源：参见郧文聚等：《耕地数量－质量－生态一体化调查监测技术体系构建设想》，载《地理信息世界》2022年第5期。

（四）构建耕地资源调查监测技术体系

耕地资源调查监测技术体系的构建要从全局出发，以系统性思维统筹工作的开展，完善耕地资源调查监测的技术流程。在技术创新层面，不能仅停留在单一技术的研究上，要拓宽技术路线，向质量调查监测和生态信息评价等领域发展，这样才能在面对复杂耕地情况时有所依据。在监管层面，国家带头建立耕地质量监测网络，部、省、市、县分别建立各自的监管平台，配合国家实现联动管理，构建数量、质量、生态“三位一体”的信息获取技术系统平台，实现“天上看”、“地上查”和“网上管”三者的有效配合，提高耕地资源信息化监管水平。

耕地系统是一个多维度系统，调查监测工作的开展应当侧重于水、土、气、生、植、环等多方面参数。卫星遥感、原位测量和调查、地面传感网、无人机、农民和农田机械众源信息等技术对多参数、多时空尺度的耕地立体调查监测体系的构建起着重要作用。当前，我国诸多对地观测卫星已被送上天空，众多微型卫星、小型卫星也紧随其后，共同构建耕地卫星星链。至此，一个由卫星和传感器组成的全方位立体观测体系已经形成，为耕地数据的获取提供充分支持和帮助。我国耕地资源分布不集中，不同区域之间存在较大差异，倘若以传统方法开展耕地资源调查工作，耕地内各类农作物的种类划分与实时监测很难实现。因此，要运用好遥感技术和人工智能技术，保证耕地信息的自动获取。

同时还要构建耕地系统立体调查监测体系，涵盖精准感知、快速传输、智能计算和智慧服务四个领域。通过无人机、传感器等获取信息的装备或系统，对耕地样点利用状况、环境、生态等实现精准感知；结合移动网络终端和技术，快速获取遥感耕地监测数据与地面监测数据，实现数据互联互通、快速传输；结合云计算平台、人工智能等媒介，整合分析海量跨区域耕地调查监测信息，实现海量数据存储、实时处理、深度挖掘和模型分析；利用云服务模式，建立面向耕地管理和公众服务的智慧监管平台，为国家耕地保护监管提供智慧决策服务。

为构建耕地系统调查监测总体框架，除掌握立体调查监测内涵外，还要考虑以下五方面的内容：

一是充分利用卫星和航空遥感技术实现影像和数据的获取，按二级地类标准对耕地进行分类，把握好耕地利用的指标和条件。

二是通过地面高精度传感器的设置，实现大气温湿度、土壤温湿度、风速、光照和雨水等数据的实时监测，数据经汇总后上传至耕地系统影响因子数据库。

三是通过通信技术来反映某片耕地的人群活动和聚类结果，每个季度调查一次。根据调查所得各地块的活动人口量、活动频数及累计停留时间来推测该片耕地耕作状况，是否存在耕地荒废和建设用地转化现象。

四是开展技术研究，涉及智慧耕地管理、耕地保护督察、耕地执法监管、耕地非农化等领域。在面对多方信息时，提高快速甄别、提取和解析能力，构建体系化的耕地信息“获取—处理—分析”方式方法。

五是构建完整的高时空分辨率的长时序全国耕地调查监测数据库。基于收集数据和技术规范，实现耕地调查监测成果应用一体化数据集成管理。[1]

（五）做好基础研究为科技创新提供支撑

深入分析耕地资源“要素—过程—功能”调查监测理论，完善耕地资源土壤条件、生态情况、健康状况等关键指标的获取技术、装备与系统，强化耕地资源调查监测监管能力，构建耕地资源数量、质量、生态“三位一体”调查监测体系。不断研发耕地资源调查监测设备和指标获取设备。加大物联网、人工智能、大数据等技术在耕地资源调查监测工作中的应用，完善当前资源调查监测工作的思路和技术方法，开展耕地保护信息服务智慧平台建设，解决耕地保护缺乏有效监测数据与决策支撑不足等问题。

（六）强化面向知识服务和决策支撑应用

在开展耕地资源调查监管过程中，要主动寻找问题所在，而不是等问题发生后才想着解决，从“现状治理”向“问题预防”转变。在遥感技术的帮助下，从空间上对管理数据展开叠加分析，发现问题并迅速解决问题，防止耕地被破坏、被占用等，对耕地的整个生命周期开展全方位保护工作。同时，在智能分析和决策支持的技术研究上，要侧重于宏观调控、精准监管和应急决策，为推进耕地资源大数据研究构建自适应可视化表达技术，为完善耕地资源管理构建知识推理技术，为实现数据共享构建耕地资源大数据网络共享平台。此外，多维智慧耕地模拟仿真技术的研发对于知识服务和决策支撑也起着关键作用。[2]

二、明确耕地质量评价主要方法

耕地是一个复杂的生态系统，以耕地质量来衡量耕地生产能力，有助于耕地质量评价工作的展开。影响耕地质量的因素主要包括耕地立

---

〔1〕参见郧文聚等：《耕地数量－质量－生态一体化调查监测技术体系构建设想》，载《地理信息世界》2022年第5期。

〔2〕参见桑玲玲等：《我国耕地资源调查监测现状分析及对策》，载《中国农业综合开发》2022年第6期。

地条件、耕地土壤条件以及农田基础设施与培肥水平几个方面，其中耕地立地条件指的是耕地的地形地貌、成土时间和母质，耕地土壤条件则涉及土体构型、土壤的理化指标和耕作层土壤的理化形状。因此，既要对耕地开展定性评价，也要对耕地开展定量评价，相应的研究方法包括专家经验法、层次分析法、模糊数学法、基于 GIS[1]的耕地质量评价方法等。

（一）专家经验法

专家经验法属于早期耕地质量评价最常用的方法之一，是根据专家的经验和知识来评价耕地质量的方法。这种方法的实践依赖于专家的知识、经验和观点，选择主要的耕地质量评价指标并明确各项指标权重，在设定好各指标的等级标准并形成与评价标准相应的指标等级和分值后，通过因素分值线性加权法的使用，来评估某一地块的综合耕地质量指数。此外，耕地质量等级评价标准的确认也是关键，不同耕地质量等级的划分有着相应的评价标准，通过样本检测或主观评价等手段得出各指标的得分。计算得出的每个耕地评价单元的综合耕地质量指数，依照耕地质量等级划分评价标准，进行分析和比较，就可以得出每个耕地评价单元的耕地质量等级情况。

耕地质量评价初期，我国耕地技术水平相对薄弱，专家经验法的使用能够简单、快速地得到评价结果。但随着耕地技术水平的提高，专家经验法慢慢跟不上耕地指标复杂化的进度，再加上专家经验法过于主观，又受评价者个人的经验和知识水平限制，很难适用于耕地质量评价的大部分场景，只能在耕地质量评价初期继续使用。

（二）层次分析法

我国现行《耕地质量等级》就对耕地质量等级划分过程中各项指标权重的确认采用了层次分析法。层次分析法是将与决策总是有关的元素分解成目标、准则、方案等层次，在此基础之上进行定性和定量分析的决策方法。[2]这种方法能够从多层次角度来分析和解决问题，常用在决

---

〔1〕 GIS，即地理信息系统，是一种集空间数据采集、存储、管理、分析和展示等多种功能于一身的综合性软件系统。

〔2〕《耕地质量等级》（GB/T 33469—2016）第 4.2 条。

策分析和评估上。以数学建模的方式将一个复杂问题若干化，在层次结构模型的帮助下，比较和分析各层次指标，从而实现结果的推断。层次分析法适用于多因素复杂问题的解决，可以方便地确认各因素的权重，并对误差进行分析。

层次分析法的运用主要涉及以下四个步骤：一是要厘清耕地质量评价范围，查明相关因素和各个要素之间的联系；二是建立模型，运用层次化结构将评价目标细化，对细化后的小目标开展分析评价；三是按重要性对各指标进行排序，形成判断矩阵；四是以特征向量来分析矩阵，求出各层次各指标或因素的权重，得到各级指标的综合得分，经加权平均后得到最终评价结果。

层次分析法通过建立层次结构和比较矩阵，可以将复杂的问题进行可视化处理，以更容易理解的形式使决策者理解问题并做出决策。这种方法既考虑多个因素之间相互影响的关系，又考虑多个因素之间相互依赖的关系，从而实现系统性模型的构建。这种使用数学模型来分析问题的方法，能够将不同的因素转化为同一标准，不仅消除了主观因素对决策的干扰，还使决策更加客观、真实和准确。然而，层次分析法的计算量和复杂程度随着层次结构和因素的增多而加剧，在面对多因素、多结构的模型时，可能需要较长的时间来计算指标权重，导致决策过程冗长而艰难。

（三）模糊数学法

在面对模糊、信息不确定的问题时，可以采用模糊数学法，通过将模糊概念转化为数学函数的形式来实现耕地质量评价。一般来说，耕地质量评价结果和指标划分方式都存在主观因素的介入，同时还具有一定的不确定性。通过模糊数学法的应用，能够将这种主观因素给消去，实现从定性描述到定量分析的转变，保证最终评价结果的客观、科学和准确。因此，模糊数学法在当前耕地质量评价方法体系中具有较高的优先级。

模糊数学法的具体过程是通过隶属函数的设定，将定量指标转化为模糊指标，再综合评价指标的隶属函数、权重和评价等级，形成模糊综合评价模型。通过模糊综合评价模型的运用，计算出耕地质量的模糊评价结果。

在面对不确定性较大、模糊性较强的问题时，模糊数学法能清晰明确地反映出耕地的实际状况，保证评价结果的科学与准确。该方法具有较强的适应性和灵活性，在面对不同地块、不同农作物时，能够结合实际情况对评价指标和相应权重做出调整和适应，满足评价需求。同时还能减少人为因素对评价结果的干扰，降低评价结果的主观性，提高评价结果的客观性。但模糊数学法也存在一定的缺点，其计算复杂，过程烦琐，在隶属函数的确定上具有一定的不确定性和主观性，倘若选择了不恰当的隶属函数，评价结果的正当性也会受到一定的影响。此外，模糊数学法还具有一定的抽象性，其评价范围也受到相应的限制，只能在一般情况下使用，不适用于一些特殊场景。

（四）基于 GIS 的耕地质量评价方法

在开展耕地质量评价工作的过程中，GIS 技术适用范围广，在耕地资源的信息管理、地学空间分析和决策支持上都有不错的表现，是耕地质量评价手段中较为科学的一种，并且这种方法也在耕地资源调查监测领域中得到认可。

以 GIS 为评价手段的耕地质量评价很好地结合了 GIS 技术与多指标评价方法。通过 GIS 技术的使用，我们可以较为便捷地掌握耕地资源信息，通过耕地资源数据库的建立，实现信息的采集、存储、管理和更新，为后续耕地质量评价工作的开展提供相应的支持。除此之外，GIS 还可用于地学空间分析，对土地类型、土地坡度、土壤质量、土地利用方式、水源条件等耕地特征信息进行评价和分析。在耕地质量等级的确认上，GIS 技术可以通过空间分析和统计分析将不同指标信息集中到一张图上。

GIS 技术的主要优点体现在其强大的地学空间分析能力，它能够将耕地特征转变为可视化数据，并对其进行定量分析，从而保证评价结果的客观、科学和准确。此外，GIS 以其强大的综合能力，能将多种数据类型及其来源收集到一起，包括遥感影像、地质地貌数据、土地利用数据、数字地形模型等，这些数据的综合既扩宽了评价的全面性又加深了评价精度。例如，Sentinel 系列（哨兵卫星系列，欧洲航天局哥白尼计划中的地球观测卫星）、MODIS（中分辨率成像光谱仪）等卫星遥感影像，可以分别支持国家尺度和全球尺度的耕地监测。不仅如此，GIS 还具有强大的数据更新和管理功能，以及良好的交互性和数据可视程度，可以实现评价数据的实时更新，确保评价内容的时效性和可靠性。它能够全面考虑不同的指标信息，将评价结果综合地反映在地图上，使评价结果更具直观性。[1]

〔1〕 参见聂磊、周静雯：《浅谈耕地质量评价方法》，载《南方农机》2023 年第 23 期。

第五章　永久基本农田保护制度

第一节　永久基本农田保护制度概述

一、永久基本农田的概念与范围

1. 永久基本农田的概念

永久基本农田，就是根据国土空间规划规定，在特定时间内，根据人口、经济、社会发展对粮食等重要农产品的需要，对其进行特别保护的，不能随意占用或变更使用的农田。中国共产党第十七届中央委员会第三次全体会议通过《中共中央关于推进农村改革发展若干重大问题的决定》首次明确提出，要建立最严格的耕地保护制度，层层压实责任，确保18亿亩耕地红线不动摇。要保证耕地总量不减少、用途不变、质量不变。国土资源部、农业部分别于2009年和2011年发布了有关的文件，对划定工作的任务、程序和要求进行了详细的规定。从2012年开始，全国范围内陆续启动了永久基本农田划定工作，尤其是从2013年8月开始，国土资源部一直在完善相关标准，确定了区域成果提交的时点，2014年4月，国土资源部耕地保护司在全国范围内进行了一次统一的调查，这对我国的永久基本农田划分工作起到了积极的作用。

在贯彻落实党的十七届三中全会精神的文件中，

国土资源部党组明确指出，要划出一块永久基本农田。根据上级规划下达的指标并结合县、乡的土地利用总体规划，在划出的基本农田保护区内，把粮、棉、油等生产基地以及具有较好的水利和水土保持设施的高产稳产优质耕地，划为永久基本农田，予以特别保护。

2. 永久基本农田的范围

目前还没有关于永久基本农田范围的相关规定，《耕地保护法（草案）》（征求意见稿）在《土地管理法》规定的基本农田范围的基础上，从正反两方面对永久基本农田的范围作了规定。

国家实行永久基本农田特殊保护制度。下列耕地应当优先划为永久基本农田：

（1）经国务院农业农村主管部门或者县级以上地方人民政府批准确定的粮、棉、油、糖等重要农产品生产基地内的耕地。

（2）黑土层深厚、土壤性状良好的黑土地。

“黑土地”是指黑龙江省、吉林省、辽宁省、内蒙古自治区的相应地域，黑土性状好，肥力高，黑土类型多。2022 年 8 月 1 日开始实施的《黑土地保护法》第 5 条，将深厚、土壤性状优良的黑土，按有关要求纳入永久基本农田，优先保障粮食安全，对其进行严格保护，并在一定程度上保证其在总量和质量上的稳定性。

（3）蔬菜生产基地。

（4）农业科研、教学试验田内的耕地。

（5）有良好的水利与水土保持设施的耕地，正在实施改造计划以及可以改造的中、低产田和已建成的高标准农田范围内的耕地。

（6）国务院规定应当划为永久基本农田的其他耕地。

各省、自治区、直辖市划定的永久基本农田一般应当占本行政区域内耕地的 80% 以上，具体比例由国务院根据各省、自治区、直辖市耕地实际情况规定。

下列耕地不得划为永久基本农田：

（1）根据国家规定需要退耕还林、还牧、还草、还湖的耕地。

（2）坡度大于 25 度且未采取水土保持措施的耕地。

（3）因生产建设或者自然灾害严重损毁且不能恢复耕种的耕地、河道两岸堤防范围内不适宜或者难以稳定利用的耕地。

（4）严重污染纳入农用地严格管控且无法恢复治理的耕地。

（5）位于自然保护地核心保护区的耕地。

（6）国务院规定不得划为永久基本农田的其他耕地。

国家坚持科学规划、保护优先、从严管控、用养结合的耕地保护原则，确保耕地数量不减少、质量有提高、生态功能稳定。

二、永久基本农田的保护

永久基本农田保护的目的，就是要保证在一段时间里，保证农业生产的粮食产量，保证人们对农业生产的需要。为此，应从多个角度对永久基本农田进行保护。不但要保证产品的数量，还要保证产品的品质。我国一直以来都是通过行政的方式来维持永久基本农田的数量，在执行有关的法律和法规时，都会把永久基本农田的数量减少与否作为评价其保护成效的一个主要指标，这样做更便于操作，在实际操作中取得更好的成效。然而，随着我国城市化进程的加快，城市在发展过程中，不但占用了大量的耕地，还产生了大量的废弃物，这些废弃物给我国的生态环境带来了很大的危害。我国长期基本农田面积虽未大幅减少，但其质量呈下滑趋势，人们日益意识到，长期基本农田也应纳入保护体系。

在此基础上，提出了一种新的、可持续发展的新思路。1994 年，国务院发布的《基本农田保护条例》详细规范了基本农田保护工作的各个方面，相关部门和各级政府都出台了相关的配套措施，进一步细化了基本农田保护工作，20 余年的发展，使我国的基本农田保护法律体系日趋健全。中国共产党的十七届三中全会在全国范围内提出了“永久基本农田”这一概念，并在全国范围内得到广泛的应用。2019 年 8 月修正的《土地管理法》第 33 条规定[1]将基本农田保护制度修改为永久基本农

---

〔1〕《土地管理法》第 33 条规定：“国家实行永久基本农田保护制度。下列耕地应当根据土地利用总体规划划为永久基本农田，实行严格保护：（一）经国务院农业农村主管部门或者县级以上地方人民政府批准确定的粮、棉、油、糖等重要农产品生产基地内的耕地；（二）有良好的水利与水土保持设施的耕地，正在实施改造计划以及可以改造的中、低产田和已建成的高标准农田；（三）蔬菜生产基地；（四）农业科研、教学试验田；（五）国务院规定应当划为永久基本农田的其他耕地。各省、自治区、直辖市划定的永久基本农田一般应当占本行政区域内耕地的百分之八十以上，具体比例由国务院根据各省、自治区、直辖市耕地实际情况规定。”

田保护制度。这一制度应当是以《土地管理法》《基本农田保护条例》为核心，并以此为依据的各项法律、规章等制度的总和[1]。

三、永久基本农田保护制度体系

永久基本农田保护的制度体系主要由以下制度组成。

1. 永久基本农田划定实施

永久基本农田划定以乡（镇）为单位进行，由县级人民政府自然资源主管部门会同同级农业农村主管部门组织实施。

永久基本农田划定成果，由省、自治区、直辖市人民政府组织自然资源、农业农村主管部门验收确认。

永久基本农田划定技术规程由国务院自然资源主管部门会同国务院农业农村主管部门制定。

2. 永久基本农田入库、公告

永久基本农田应当在县级、乡（镇）级国土空间规划中标明具体位置，并落实到地块，纳入国家永久基本农田数据库严格管理。

县级人民政府自然资源主管部门应当建立本行政区域内永久基本农田档案，明确保护责任，并抄送同级农业农村主管部门。

乡（镇）人民政府应当将永久基本农田的位置、范围向社会公告，并设立保护标志。任何单位和个人不得破坏或者擅自改变永久基本农田保护标志。

3. 永久基本农田不得擅自占用

永久基本农田一经划定，不得擅自占用或者改变用途。严禁通过擅自调整国土空间规划等方式规避永久基本农田农用地转用或者土地征收的审批。

4. 永久基本农田建设

县级以上地方人民政府应当采取措施，稳定永久基本农田规模布局，提升永久基本农田质量，改善生态环境。

推进永久基本农田集中连片整治，通过土地开发整理复垦和高标准

---

〔1〕 参见臧俊梅、王万茂、李边疆：《我国基本农田保护制度的政策评价与完善研究》，载《中国人口·资源与环境》2007年第17期。

农田建设等，促进零星分散的永久基本农田集中连片。整治涉及永久基本农田布局调整的，应当编制调整方案，由省、自治区、直辖市人民政府自然资源主管部门会同农业农村主管部门负责审核，按法定程序修改相应的国土空间规划。

国家提倡和鼓励农业生产者对其经营的永久基本农田施用有机肥料，合理施用化肥和农药。利用永久基本农田从事农业生产的单位和个人应当保持和培肥地力。

5. 永久基本农田利用

永久基本农田应当重点用于粮食生产。禁止将永久基本农田转为林地、草地、园地、农业设施建设用地等其他农用地。

6. 法律责任

将永久基本农田转为林地、草地、园地、农业设施建设用地等其他农用地的，由县级以上人民政府自然资源主管部门责令限期改正；逾期不改正的，按占用面积处耕地开垦费2倍以上5倍以下的罚款；破坏种植条件的，由县级以上人民政府自然资源主管部门、农业农村主管部门等按照职责责令限期改正或者治理，可以并处耕地开垦费5倍以上10倍以下的罚款和《土地管理法》第75条的规定处罚。

第二节 我国永久基本农田保护制度现状及问题

一、我国永久基本农田保护制度的现状

在2008年，党的十七届三中全会提出了“永久基本农田”的概念，它是一种在任何条件下都不能改变其性质的基本耕地。从确立思想上看，建立永久性基本农田制度，是为了增强全社会对基本农田永久性保护的认识，增强“耕地红线”的认识，确保我国粮食安全和稳定。从设定的目的来看，永久基本农田是指按照法律、统筹规划的原则，促进国土规划清晰、有序地发展。

2014年，国土资源部发布了《关于强化管控落实最严格耕地保护制度的通知》（国土资发〔2014〕18号），明确了耕地保护要从量上提

升到质的高度，这也是党的十八大和十八届三中全会提出的“严格保护耕地”的重要内容。

之后，国土资源部又从国家国土空间体系视角出发，加强对生态环境的保护，同时会同农业部发布了《关于进一步做好永久基本农田划定工作的通知》（国土资发〔2014〕128号），其中明确提出要将远离城区的优质耕地作为永久基本农田，防止被侵占。该文件颁布后，我国各地相继进行了关于永久基本农田的划定工作。2016年，国土资源部和农业部共同提出，要从整体上统筹考虑，落实新的要求，落实新一轮的永久基本农田保护工作。在2017年，全国范围内的永久基本耕地调整和划定工作已经完成，并将其细化到了各个级别，初步实现了计划的目标。

随着我国经济建设进入了一个快速发展的时期，对永久性基本农田建设的重要性日益突出。《关于加强和改进永久基本农田保护工作的通知》（自然资规〔2019〕1号，已失效）明确提出要建设绿色生态农业，促进公平、优质的永久基本农田保护风气，达到完善保护措施、强化监管的目的。

目前，我国关于永久基本农田保护的相关法律、法规、政策正不断完善。同时，我国也在不断地进行着关于永久基本农田保护的实践工作，有些地方已经取得了显著的成效。

广西壮族自治区提出，要对永久基本农田的保护现状进行调整，让其与国土空间规划有机结合，从而对区域内的土地利用进行整体布局。在此基础上，提出了连带责任机制，完善动态监管与评估机制，强化激励与补偿机制及政策宣传与引导。

上海市在高速发展的同时，也十分注重对农业领域的永久基本农田的保护，并自发、高效地建立和落实了耕地保护目标责任制。为了掌握耕地保护工作的进展，各级政府都会通过签订考核任务书的方式，把任务层层下达，把保护责任落实到每个层次，这样才能形成一个规范的体系，确保保护措施的落实。与此同时，各级政府在基本农田、公益林和水源地等方面，通过行政、法律和市场等多种方式，将生态方面的因素都考虑进去，并在较富裕的地区建立基本农田保护基金，通过一系列的激励措施，引导农户和乡村进行集体管理。长江流域内的永久性基本农田建设，应坚持协调、绿色、生态协调的原则。黄淮海地区的问题，就是要注意各种开发和建设状况的有序管理，对土地进行合理的规划，实现土地的集约利用，改变粗放式的使用方式。

黑龙江省农垦三江分局为解决东北地区永久性基本农田的问题，在国家林业和草原局的支持下，不断地向国家林业和草原局提出更多的保护指标，并将其扩展到了更广的区域，以此来使农业效益得到更好的发挥，更好地保护永久基本农田。

二、我国永久基本农田保护制度的问题

（一）保护制度体系尚未成熟

目前，我国在划定永久基本农田时所采用的保护性设计体系还停留在“量化”层面，尚缺乏较为完善的、系统性的耕地质量监测体系，因此，在对其进行保护的过程中，缺少足够的、科学的质量指标可供参照，难以准确、真实地对其进行评价。与此同时，在对农业结构调整进行管理和调控的政策体系方面，也出现了一些农户私自更改耕地种植结构的行为，因此，永久基本农田所报数据的准确性就会大大降低，而现实中的情况，通常比上报的情况还要糟糕。

（二）永久基本农田建设水平不够高

近年来，在国家国土空间规划实施过程中，对永久基本农田保护工作的关注程度一直没有达到人们的期望。为了达到这个目标，在城市发展的时候，管理者把分散在边境线上的零星耕地，都划入了永久基本农田的范畴。随着时间的推移，永久基本农田的质量很难得到很好的保障，即使是在空间布局上，也会和建设用地发生冲突。所以，执行部门应该始终将国家层面颁布的永久基本农田划分和保护的制度和政策作为行动指导。

（三）耕地本位功能被建筑指标异化

从执行层面来看，目前各级政府都十分关注林地建设，为了满足上

级下达的森林建设指标，基层政府往往会错误解读政策，将易于开垦的耕地改造为林地，严重影响了耕地和永久性基本农田的保护。与此同时，在建设林地的过程中，还存在许多资金和技术方面的问题。

我国长期基本农田的高质量发展空间格局不稳，存在布局调整的风险。2016 年，国土资源部在全国范围内划定 15.460 亿公顷的永久基本农田，并将其细化到点，为国家实行高标准永久基本农田保护制度提供了技术支持。然而，我国长期基本农田的布局面临着分割、边缘、碎片和退化等风险。例如，2009—2019 年，中国的高铁、公路和农村等线状基建项目新增了 2400 多公顷的土地。这类直线建设跨越了永久性基本农田保护区，造成了对永久性基本农田的调整、分割和破碎，影响了其布局的稳定性。我国在 2030 年还将继续实施重要基建项目，永久基本耕地空间布局的稳定问题仍然存在。

（四）对农民的奖励补偿体系局限

永久基本农田的保护是一项多层次的法定职责。为了保证任务的顺利进行，必须有足够的资金支持。在保护工作中，当地政府特别是具体到某些乡镇单位的时候，因为他们没有实际的监管权限，所以不能有效地进行永久基本农田的监管。此外，政府对耕地的开发进行了限制，但是却没有一个合适的补偿办法来解决农民的损失。在此背景下，农户不可避免地会出现一些消极的心理，不自觉地就会对长期基本农田的保护工作产生抵触情绪。为此，我们必须保证地方政府能够得到足够的永久基本农田的专项资金，通过实施政府调控工作，对因长期基本农田保护而蒙受损失的农民进行有效安抚。

由于长期基本农田的保护效益不高，使农户对其的保护缺乏积极性。粮食生产成本逐年上升，耕地粮食生产亏损面积不断扩大；《全国农产品成本收益资料汇编》显示，2009—2018 年，我国三大主要农作物平均净收益从 2009 年的 186.39 元/亩下降至 -85.59 元/亩。在当前农业收入水平下降及 55—65 周岁年龄段劳动力退出的背景下，我国农地（含三大平原）的粮食生产效益将继续下降，并有进一步“非粮化”“非农化”的风险。

第三节 国外永久基本农田保护制度考察

一、国外基本农田保护内涵

基本农田，英文“prime farmland”，但也有译为“basic farmland”。国外没有特别针对永久基本农田保护的研究，基本上都纳入农地保护的范围。国外学者在农地保护的内涵和目的研究中存在如下两种意见：第一种意见认为农地保护目的以针对环境或者土质为主，注重环境质量和土地有关要素的研究。多数经济学家对耕地变化的研究多侧重于耕地损失对环境的影响，侧重于探讨宏观经济政策和土地利用行为的改变对耕地资源质和量的影响及土地景观生态的维护等；杜克和海德（Duke and Hyde）通过对美国特拉华州进行问卷调查，发现农地保护的主要原因为维持农业生产生活方式和保护水资源质量。第二种意见认为农地保护以粮食安全考量为主旨，注重对土地自身数量质量进行经验研究。克里格（Krigger）认为美国芝加哥各地区农地保护最主要的原因在于保障未来食品供应、保护家庭农场以及控制开发[1]；马克西姆·肖沙尼（Maxim Shoshany）对以色列1950—1990年人口密度提高的必要性进行了研究，建设用地扩张占所需区域50%以上[2]。北美、欧洲等国家的学者对耕地非农化进程的环境效应进行了较深入的探讨，而亚洲、中美洲等国家的学者则更多地关注其对食物供应的影响，并提出相应的政策建议[3]。

二、国外基本农田保护相关主体及内容

基本农田是指具有较大生产潜力和较高质量的耕地。在国外，土地

---

〔1〕 Krigger D. (1999), April, *Saving Open Spaces: Public Suppor for Farmand Protecion* Working Papr Series WP99 - 1, Center for Agriculture in the Environment, Chicago.

〔2〕 Naftaly Goldshleger et al., *A Step Ahead of Time: Design, Allocation and Preservation of Private Open Space in the 1920s— the Case of a Garden Suburb in Israel*, Geo Joural, Vol. 67, p. 57 - 69 (2006).

〔3〕 参见唐健：《当前耕地保护工作的对策与建议》，载《中外房地产导报》2003年第7期。

保护的主要倡导者与执行者是国家与政府。罗森伯格（Rosenberger）把耕地保护问题简单地归结为国家部门对耕地的保护，而忽视了另一种在这一过程中扮演着重要角色的机构，那就是私人的非营利农业保护协会。杰弗里·克莱恩和丹尼斯·威切恩斯（Jeffrey Kline and Dennis Wichelns）进一步探讨了私人农地保护协会在农地保护活动中相对于政府部门所具备的独特优势[1]。可以说，在国际上，土地保护的主要主体是“国家+民间”的土地保护组织。关于作为耕地保护主体的农户的耕地保护意愿，多数学者［如欧文和博克斯泰尔（Irwin and Bockstael）］认为目前农户对其支持和保护耕地的意愿较高，但鲜有研究其具体动机。[2] 2003年，辛西娅·L. 和赫哈恩（Cynthia L. and Herhahn）等人回答了这个问题，在对农户进行调研的基础上，他们发现农户对耕地的保护意愿更高，这主要是因为他们对乡村风景、野生动物栖息地、耕地和空地等的需求比较大[3]。

三、耕地保护客体

在国外，选择耕地保护的对象通常是基于农地的划分，而这种划分的准则决定了哪些农地会被纳入农地的保护范围内。在国外，四种常见的农地分类标准涵盖了土壤类型、环境影响、区域的重要性以及地理位置，这些标准通常是通过公共投票来确定的。B. 詹姆斯·迪顿、帕特里夏·E. 诺里斯、约翰·P. 霍恩（B. James Deaton, Patricia E. Norris, John P. Hoehn）等从农地的分级标准出发，采用实地入户调查的方法，探讨了农地分级保护标准是否会影响公众对农地保护的支持程度，并提出了如何改进农地保护规划标准以更好地激发公众对农地保护规划的支

---

〔1〕 Jeffrey Kline & Dennis Wichelns, *Public Preferences Regarding the Goals of Farmland Preservation Programs: Reply Land Economics*, Madison, Vol. 74: 4, p. 566 – 569 (1998).

〔2〕 Irwin E. G. et al., *The Problem of Identifying Land Use Spillovers: Measuring the Effects of Open Space on Residential Property Values*, American Journal of Agricultural Economics, Vol. 83: 3, p. 698 – 704 (2001).

〔3〕 Cynthia L. & Herhahn et al., *Modeling Agricultural Production Strategies in the Northen Rio Grande Villy, New Mexico*, Human Ecology, Vol. 26: 3, p. 503 (1998).

持。研究表明，农地分等是一个非常重要且复杂的问题，它直接关系着农民和政府之间利益分配格局的调整，也会影响农村社会经济发展目标能否实现。以美国农地的分类标准为例，这些农地将被纳入保护名单，并且在美国，每年都有很多资金被用于农地的保护工作[1]。

四、国外耕地保护方法

将各国耕地保护的途径归纳起来，可以归纳为三种类型：一是由国家通过法律或行政授权，划定城镇发展界限，城镇建成区和农业区，迫使农业区的农用土地不得转为非农业；二是在耕地上设置限制其非农使用的他项权利，也就是将耕地原有的开发权按照各种方法，以各种形式一次次地转移出去，从而永久地丧失了耕地作为城镇建设用地的开发权；三是以都市规划的方式，限制农地的流动，以改善都市基础设施的使用，并以此为副产物，以保护农村的美景，并产生耕地的保育。除以上常见的三类保护方法外，新的农地保护方法也在探索研究之中，弗兰岑（Franzen）和唐·贝姆（Don Behm）对华盛顿的新农地保护策略进行了研究，目前华盛顿正在思考采纳一种创新的农地保护方法："working lands enterprise areas" 计划，与一次性购买不超过5000英亩的农地相比，这种农地保护计划实际上是农地发展权购买观念的一种演变。

五、国外耕地保护农户利益补偿政策

（一）直接耕地保护农户利益补偿政策

1. 美国：土地休耕保护计划

19世纪中期，美国在西部大开发期间，由于开垦荒地给生态环境带来了严重的损害，美国政府推出了"休耕"计划，其目的是解决这一问题，即在农业生产过程中，对农业生产进行补助。美国农业部对易受水

---

〔1〕 B. James Deaton & Patricia E. Norris et al., *Setting the Standard for Farmland Preservation: Do Preservation Critetria Motivate Citizen Support for Farmlan Preservation?*, Agricultural and Resource Economics Review, Vol. 32: 3, p. 272 - 280 (2003).

土流失影响的农田，实施 10 年以上的退耕还林或永久退耕的计划。为了激励这一举措，美国农业部对参加项目的农民每年给予一笔补贴；对部分永久退耕还林的农户，美国农业部门给予补贴，补助金额为其造林总成本的 1/2。到 2009 年为止，在美国，已有 3370 万公顷的耕地被纳入休耕制。[1]

2. 欧盟：土地环境补贴

欧盟土地环境补贴的主要措施有改变种植方式补贴和休耕补贴等。改变种植方式补贴的主要包括：对因减少施用化肥、农药和灭草剂而遭受经济损失的农户进行补助；对使用价值低的土地进行粗放式耕种的农户，和对有损耕地环境的农户，以及对于那些选择退耕还草或不使用排水灌溉来开垦荒地的农户，应当给予相应的赔偿；并对那些每年只种植一次的农户进行经济补偿。如果是长期休耕，则按实际损失金额计算补偿。休耕补贴的核心条款包括：首先，每年进行一次休耕，并且每年都需要向上级机构提交申请。大型农场需要休耕的比例为 10%，而小型农场则可以得到休息。此外，每年的休耕补贴与粮食补贴持平。其次，长年性休闲，最少休闲 10 年，100 公顷以内的可休闲 5 公顷，100 公顷以上的可达 10 公顷。

3. 日本：土地改良补贴

日本是一个土地资源匮乏的国家，日本对耕地的保护非常关注，并以高额的财政补助来改善日本的农业环境。土地改良补助是指用于建设农田水利工程，建设道路和排水设施的农业补助。属全国性工程，如大型水库等大型跨区域工程，产权属国家，其建设投资由国家承担 70%，剩余部分则由当地都道府县及土地改造区承担；在工程的运行管理上，对技术要求较高的工程由国家管理，运行管理费用由国家负担。

综观以上几个发达国家的补贴政策，我们可以看到，发达国家的耕地保护补贴正朝着“绿色化”的方向发展，主要由生态补偿性补贴和公

[1] 参见黄川：《直接补贴政策对耕地可持续利用的影响分析》，载《中国农业银行武汉培训学院学报》2010 年第 2 期。

益服务两部分组成，这对于提高农民收入，防止农产品过剩，提高农业生态环境具有积极的意义。这为我们今后制定耕地保护农民利益补偿政策提供了有益的参考。

（二）间接耕地保护农户利益补偿政策——农业补贴政策

近期，面对全球，尤其是发展中国家对农产品贸易补贴的抗议，美国、欧盟、日本、澳大利亚等实施农业补贴的主要国家和地区，不断修订其农业补贴政策。这些调整使他们的补贴政策经历了若干变化。

1. 美国

美国自1930年开始实行农业补贴，但随着时间的推移，其也在不断地调整补贴政策。过去，它主要是以农民为对象，实行差价补贴。为了与世界贸易组织（World Trade Organization，WTO）的新规则相匹配，美国两院于2002年5月修订了1996年的美国《农业法》。新法令提高了对农业的补助，并指出，到2013年，政府财政支出将达1900亿元，其中90%将用于五大作物，如小麦，大豆，玉米，大麦和棉花，并加大对农产品出口信贷的投资，改善出口市场。它的农业补贴政策变得更灵活、更规范化。[1]

2. 欧盟

欧盟从1962年开始实行统一的农业补助政策，每年对农业生产进行补助，占总预算的60%—70%。1998—2000年，经济合作与发展组织（Organization for Economic Co - operation and Development，OECD）的成员，每年向农业提供的补助总额为8.02亿美元，较以往年份增加了475亿美元。近年来，欧盟在农业补贴方面出现了新的发展趋势：从2006年起，补贴金额逐步降低，但形式更为灵活，并逐步向WTO《农业协议》中“绿箱”[2]的方向转变。

---

〔1〕参见黄燕：《从农产品补贴政策看我国农业的发展》，载《中国流通经济》2018年第1期。

〔2〕“绿箱”政策：WTO反对由于价格补贴造成的农产品价格扭曲，因此《农产品协议》对补贴有比较详细的规定，并将直接刺激农产品生产与没有直接影响的支持措施区分开来，分别对待。对农产品贸易没有产生影响或仅产生微小扭曲的补贴属于“绿箱”政策，这里的绿色与交通信号灯中的绿灯一样，是成员方可以自由使用的。

3. 日本

从1960年开始，日本就开始制定国民所得倍增计划及农业基本法，并以行政令的形式，对稻米进口实施严格的进口配额及关税管制。日本政府迫于压力，于2005年对其农业补助政策进行了大刀阔斧的改革：明确改变长期实行的农业保护主义政策，转向以出口扶持为主的农业政策，也就是通过积极促进和帮助本地农产品和食物的出口，提高日本的农业竞争力，从而促进本国有关行业的发展。

4. 澳大利亚

澳大利亚在世界农业生产中占有举足轻重的地位。澳大利亚政府在某些主要农产品上实行了不同程度的补助，并通过政府资助生产了21种农产品（如大麦、棉花、新鲜园艺制品、谷类、玉米、烟草）。其农业补贴政策的特征是：将培训和补贴有机地结合起来，保证长期使用资源，使农业结构调整进程中采取的政策和方法能够成功地施行，从而保证农业的可持续发展；再加上加强农业国际竞争力和资金资助的改革。

从以上几个主要国家和地区对农民的农业补贴来看，他们都是充分运用WTO“绿箱”和“蓝箱”[1]两种政策，逐渐降低“黄箱”[2]对农业的扶持，合理增加对农业的补贴，持续提升国内农产品的竞争能力，把自己的农产品源源不断地出口到全球，让自己的农产品在全球经济中立于不败之地。中国也应在WTO框架下，充分运用“绿箱”政策，在一定范围内增加对“黄箱”政策的扶持，以增加农民的收入，保证农民的生产热情不会受到影响。

---

〔1〕“蓝箱”政策：WTO允许一个国家给予那些被要求限制生产的农民以某种直接支付，这些补贴与农产品限产计划有关，成员方无须承担削减义务。包括按固定面积和产量给予的，如休耕补贴；按基期生产水平的85%或85%以下给予的补贴；按固定牲畜头数给予的补贴等。

〔2〕“黄箱”政策：政府对农产品的直接价格干预和补贴，包括对种子、肥料、灌溉等农业投入品的补贴，对农产品营销贷款的补贴等。这些措施对农产品贸易产生扭曲，成员方必须承担约束和削减义务。

第四节　完善我国永久基本农田保护制度的对策

一、完善永久基本农田的划定制度

（一）制定刚性的规划标准

在规划时，当地政府基于对耕地的需求，以及今后当地经济发展建设中占用耕地的手续，将原本属于永久基本农田的一部分划归为普通耕地，以便在今后的经济建设和城镇化发展中，能够绕开严格的审批手续，而占用这一部分永久基本农田。要想避免出现这样的状况，就必须根据基本农田的需求，将其分为不同的级别，并根据不同的级别来划分，这样在确定永久基本农田的时候，就必须要有一个客观的标准，而不是一个相对难以掌握的划定原则。

在对耕地进行分级时，必须确立一套合理的评估方法，将其划分为不同的等级。科学、合理地确定永久基本农田的分级标准，是开展该工作的依据。要在第二次全国土地普查的基础上，根据生态环境、土地生产能力、水利资源环境、交通便利环境和土地经济效益产出等因素，确定一个统一的划分标准。各因子的稳定性较高，能够较为科学地反映出该地区的耕地级别。

（二）建立永久基本农田储备区制度

永久基本农田储备区是为了在永久基本农田被占用时，可以快速补划而准备的，是对永久基本农田数量的预备保障〔1〕。当永久性基本耕地面积下降时，应及时补充，以确保其总量的均衡。在制定土地利用总体规划时，要使区域耕地保持动态平衡，把一定比例的高质量耕地列入永久基本农田储备库，以储备为主，达到占补平衡的目的。规划划定后，需在储备区中补划。

---

〔1〕参见姚敏、杨帆、黎韶光：《永久基本农田储备区的划定及管理》，载《中国土地》2019年第10期。

在划分永久基本农田保护区前，首先要对该区域的耕地潜力进行分析，并根据其潜力来决定每个地区的可用量。储备区的划分应以国土调查及永久基本农田区划成果为依据，对拟纳入储备区的耕地进行核查。是否列入永久基本农田保护区，应依据实际情况及污染情况，按有关规定进行。若储备区确实不能满足，则可不划储备区。各地因经济建设需要而需占用的，应在其范围内予以补充，以保证其质量不发生变化。建立永久性基本农田保护区，可以保证规划的稳定性，避免大规模的计划调整，从而保证计划的稳定性。建立永久基本农田保护区，不仅能使其在规划中得到更好的稳定性，还能提高其灵活性，使之更适合我国经济发展的需求。

二、加强占补平衡的执行

（一）依法加强监管

国家对永久基本农田实行“占多少补多少”的制度。然而，这是一种较为笼统的规定，没有具体的执行细则予以保证。在补充的具体过程中，并没有相关的法规来对其进行规范，造成了大量的先占后补现象，使我国的永久基本农田的面积和质量都在持续下降。

首先，必须严格审核涉及永久基本农田的建设项目，实施“先补地，后占地”。在办理建设占用永久基本农田的审批申请时，需要申请人首先补齐一片具有相同品质的耕地，再按照一定的标准对其进行核实，达到相应的标准，才可以批准。如果没有达到相应的要求，就不能批准使用，这应该是一个必要的步骤，从而达到对土地使用的严格控制。其次，对擅自占用永久基本农田的，应当及时予以恢复，并给予相应的惩罚；要把政府的责任落实到位，有些地方为了自己的经济发展，在没有经过批准的情况下，就已经开始着手办理相关的手续，所以，要对有关人员进行问责。最后，健全公共参与体系，以农民为主体的永久基本农田，主要由农民承担，他们是直接的监督者，一旦被侵犯，他们将是最先发现的人，并设立相应的举报机制，对非法占用耕地的行为进行严厉打击，确保永久基本农田的保护真正落到实处。实行先补后占制度，可以很好地解决长期基本农田因先占而引发的种种难题，从而使我国的永久基本农田免遭侵犯。

（二）建立异地占补制度

我国幅员辽阔，从南到北跨越了近五十个维度，并且有很多的高山，这就造成了土地资源的分配不均匀，而且各个地方的经济发展也不均衡，南部的经济比较发达，对经济的发展也有很大的需求，但这里山多地少，可利用的土地比较少。西北方向的经济发展水平比较低，对耕地的需求比较少，但土地资源丰富。根据现行的法规，补占的耕地应以县内的补充为主，以全省的补充为辅，根据我国的土地资源分布广泛、差异较大的情况，如果仅仅在一省范围内进行补充，将会对发达区域的经济发展造成制约，同时也增加了对土地违法行为的治理成本。我国在实施耕地保护规划时，存在“以量抵质”等问题。所以，我们可以在全国范围内构建跨省永久基本耕地的法律体系，并通过政府的统一协调，使跨省永久基本耕地均衡发展。

由于我国的特殊国情，异地占补制度已成为我国一项重要内容。异地占补制度要以省级为单位进行，要充分考虑每个省份的具体条件，并结合当地的经济发展水平，建立一个以市场为导向的占补方式。如果建设单位无法负担占补平衡，可以通过占补市场的方式来购买，接收占补成本的地区或国家机关，要对其实施实际补偿，从而使我国的永久基本农田达到“占补平衡”的标准[1]。

实施永久基本农田跨省占补平衡制度，既能缓解经济发达地区用地紧缺的现状，又能让耕地面积大的欠发达地区通过有偿出让永久基本农田指标从中获利，促进区域经济发展，建设永久基本农田，避免在欠发达地区出现土地闲置撂荒等现象，逐渐形成全国各地的资源互补与经济共同发展。

三、建立永久基本农田补偿制度

（一）进行国家层面的立法

当前，我国立法只是对永久基本农田的使用进行了管制，将其限定

---

〔1〕 参见苑韶峰、李胜男、杨丽霞：《基于可转移发展权的耕地占补平衡问题新思考》，载《中国国土资源经济》2019 年第 2 期。

为农作物，从而失去了将其用于他途的预期收益，但并未对其提供相关的补偿制度，同时，由于对承包经营的时间有一定的限制，也无法进行流转，因此，在耕种的时候，他们只注重眼前的利益，而不注重对土地的长期发展。[1]然而，我国目前尚无全国性的土地征收补偿法律体系，因此，我国在这方面的法律法规并不多见，相应的补偿机制亟待完善。目前，部分市县已经出台了关于永久基本农田保护的规范性法律文件，但大多以通知和意见的形式存在，立法层次不高，执行力度不大。为此，应进一步完善我国永久基本耕地保护补偿制度。

在此基础上，我们可以选择一些地方作为试点，对试点的实际情况进行总结和吸收，建立一套比较健全的补偿体系，然后在全国范围内进行复制。可以修改《基本农田保护条例》，这是一部比较高级的中央政府规章，增加对永久基本农田的补偿，专门设立一章，对补偿的主体、标准、范围以及资金的来源进行详细的界定，为今后的保护补偿工作的开展奠定基础。地方各级政府要结合本地实际，制定本地的永久基本农田保护补偿办法，并对其做出具体的规定，并根据当地的实际情况，做好相应的工作。

（二）明确补偿主体

由于我国的特殊国情，我国的耕地保护存在许多问题。农民是我国长期基本耕地保护的主体。在此基础上，提出了一种新的制度安排，即在不占用耕地的情况下，将其作为一种社会福利来对待。同时，补偿主体承担的长期基本耕地保护责任为社会创造了诸多积极利益，但在支付维护成本的同时，并未获得与之相对应的利益。这就要求对施予者给予赔偿，使施予者得到补偿。

长期基本农田的保护，使全社会都能享受到保护所产生的积极外部效应。为此，全社会都要对生态环境进行生态补偿。人民政府作为人民的代表，被赋予了国家行政权力和社会公共服务职能，应当对其进行补

---

〔1〕参见姜磊：《我国基本农田保护补偿法律问题研究》，海南大学2016年硕士学位论文，第6页。

偿。保障国家食物安全同样是政府的职责，但政府将其转移到了农户或集体经济组织身上，所以，应该给予赔偿的对象是农户和集体经济组织。由于农户是永久性基本耕地的直接使用人，因此，其利益分配的首要对象就是农民。因为土地是集体的，所以集体经济组织也在某种程度上保护了永久基本农田，因此，它也应当成为被补偿主体。

（三）统一补偿标准

补偿标准的制定是一个十分关键的问题。科学地制定补偿标准，有利于调动农民的积极性，促进长期基本农田的保护，反之，则会产生相反的效果。在确定赔偿标准时，应运用经济分析的方法。[1]永久性基本耕地的拥有者和使用人放弃了为他用的用途，就丧失了从永久基本农田转为商业性土地或建设土地而获得的利益。另外，从目前的经济发展情况来看，农作物的收入比较少，比转型后的收入要低得多。因此，补偿标准应该按照当地的经济发展水平来确定，其补偿标准应该是土地转用后获得的利益和实际获得的利益之间的差额。赔偿的目标是对未改变其用途的永久基本耕地所有者造成的损失进行补偿。

永久基本农田保护的补偿标准应该与其质量挂钩，越是高质量的永久基本农田，其所能得到的补偿就越多，从而鼓励了农户提升永久基本农田的质量。对破坏或占用永久基本耕地的，应取消其补偿资格，在其恢复永久基本耕地之前，不得再给予补偿。

（四）稳定补偿资金来源

不少城市都出台了相应的补偿措施，但最重要的是，在资金方面，各地的做法都不一样。有些是以土地收益为经费来源，有些则是以财政收入为主，以财政转移支付的方式予以补偿。比如，佛山市、成都市就将补偿资金纳入了土地出让金，当补偿资金不足时，就需要当地政府自行筹措，这样就会增加当地本来就不宽裕的财政负担，无法调动地方政府保护永久基本农田的积极性。[2]这样的制度也不利于补偿制度的实施

---

〔1〕 参见仝凯：《基本农田保护法律问题研究》，河北地质大学2019年硕士学位论文，第29页。

〔2〕 参见吴胜利：《永久基本农田保护补偿制度构建研究》，载《农村经济》2012年第7期。

落实。

此外，许多地区在征收土地后，对土地征收后是否可以重新征收的问题，都有时限性要求。例如，汕头市，征地补偿协议实行 4 年，期满后按评估结论决定；广州市实行 3 年。这充分说明了目前我国土地征收补偿基金的保障并不是一种稳定的方式，因此必须先确定一个期限。要实现生态补偿制度的长效运作，就需要建立一种稳定的生态补偿机制。

从以上分析可以看出，我国的耕地保护制度应该是由中央与各省的政府共同承担。另外，税费附加也是一个重要的来源，因为永久基本农田的保护受益人是全社会，因此，我们应该对此给予充分的支持。我们可以参照美国的教育附加税，设立永久基本农田保护附加税，按一定的比率收取，并设立一个固定的基金，这样就能为永久基本农田的补偿发放提供一个稳定的资金来源。同时，征收土地补偿费还能增加土地占用费用，从而实现整个社会的土地资源节约。此外，还可以开发其他的收入渠道，如发行彩票，可以考虑建立一个全国性的土地保障彩票，用一部分彩票收益作为补充耕地的储备,〔1〕既可以宣传土地保护的价值理念，又可以从中获得比较稳定的资金支持，做到取之于民用之于民。

四、加强对基本农田污染的治理力度

（一）理顺基本农田污染防治的管理体制

从世界各国的环保行政制度来看，其都有一个共同的特点，那就是实行中央领导的制度，将环保权力集中在一个部门，由一个部门来统一行使。在控制基本农田的污染方面，可以建立一个对全国范围内的基本农田进行统一控制的机构，打破部门间的界限，改变各个部门管理的无序状态。〔2〕

在现实生活中，由于地方保护主义的影响，地方政府往往只注重招

---

〔1〕参见奉婷等：《我国耕地保护补偿机制问题与建议》，载《中国农业大学学报》2014 年第 5 期。

〔2〕参见幸红、林鹏程：《浅析土壤污染修复治理中的地方政府责任之立法完善》，载《政法学刊》2020 年第 1 期。

商引资，而忽视了对环境污染的治理。这是因为，地方政府的政绩很大程度上取决于经济的发展，而环境污染带来的损害往往很难被察觉。许多地方政府，只顾追求 GDP 的高速增长，而忽略了对土地资源的保护。究其原因，在于地方政府在经济发展上的“过多”责任，既要履行本地区的职责，又要承担起本地区的经济发展责任。政府既要发展经济，又要保护企业，一旦出现矛盾，当地政府就会偏向于发展经济，而对那些污染者视而不见。

当前，我国主要是以生态环境部、农业农村部为主，同时也包括自然资源等部门。在基本农田污染防治工作中，不同部门的职责重叠，如果管理的主体过多，就会导致多部门执法，并且在遇到问题时，还会互相推卸责任，很难让不同部门的工作得到很好的配合，这就妨碍了基本农田污染控制工作的顺利进行。由于基本农田污染防治工作的复杂性，其治理工作既要涉及多个部门，又要有一个主体部门来承担。在长期基本农田治理中，生态环境部的责任最大。然而，当地的经济发展任务很大，很难克服地方保护主义的困扰。因此，应在省一级设立耕地污染控制领导小组，对辖区内的耕地污染问题实行集中领导，消除当地政府的不良影响。

（二）加大政府的污染治理责任

《土壤污染防治法》明确了“污染担责”的原则，然而，这种“污染担责”的原则却与我国目前的实际情况不符。永久基本农田大部分都是农民自己管理的，他们在生产和经营过程中会使用农药、化肥、地膜等农用物品，若使用不当，则会对永久基本农田造成污染。不能将农产品的使用引起的土壤污染都归咎于他们，一方面，他们使用农产品是为了正常的农业生产，而不存在污染的主观故意；另一方面，如果追究所有农户的耕地污染问题的法律责任，那么执法的成本就会非常高，同时还会降低农户参与农业生产的积极性，进而影响整个农业市场的正常运行，同时也会导致农村社会不稳定，这与国家的乡村振兴战略是不一致的[1]。

---

〔1〕 参见赵腾宇：《〈土壤污染防治法〉下的农用地污染防治》，载《黑龙江省政法管理干部学院学报》2019 年第 4 期。

在此基础上，进一步完善生态补偿体系，加强对农户的科技支持，促进他们科学管理就具有十分重要的意义。[1]

规范管理是防控耕地污染的基础工作，要通过制定、实施有关基本农田污染的环境标准，限制生物技术和化学品的使用，规范农业生产者和农业生产经营组织的农业生产行为，以达到限制有毒有害污染物流入农田的目的，进而保护基本农田的土壤生态环境。在农业生产过程中，要从源头上进行治理，严格执行农药、化肥、地膜等农用产品的准入，严格执行污染控制标准。目前，《农用污泥污染物控制标准》和《农药安全使用规定》等中都有关于基本农田污染防治的具体标准。该标准在控制基本农田中取得了一定的成效，但也存在一些问题。一是标准制定得太早，没有及时地进行更新，污染物的类型不多，指标也比较老旧，应该跟上目前的科学技术的发展，适当地进行调整，增加目前的新型污染物。二是对于基本农田的污染防治，目前还没有特别的规范，所有的耕地都是统一的，而且要比一般的耕地受到更严格的保护，所以要有特殊的治理标准。为此，应根据上述排放标准，对基本农田建立污染标准。

（三）完善污染防治的公众参与制度

保障民众的参与，能为环境治理提供更多的社会依据，并能更好地执行。要想达到土壤污染控制的目的，就必须调动全社会的力量，积极地参与到生态保护和建设中去。[2]

治理基本农田不能只靠政府一家之力，而是要通过全社会的力量，调动广大群众参与防污控污的积极性，特别是发动农户对耕地的保护，让全社会都参与进来。目前，我国永久性基本农田污染源众多且分布广泛，通过动员群众参与治理，既能激励全民参与基本农田治理，又能有效地保护乡村生态环境，还能强化社会舆论监督，提高政府工作的透明

---

〔1〕 参见刘淑华：《新环保法视野下的土壤污染防治分析》，载《南方农机》2019 年第 15 期。

〔2〕 参见王璇、郭红燕、宁少尉：《中国土壤污染防治公众参与现状及完善对策研究》，载《环境污染与防治》2019 年第 7 期。

度与效能。

在治理永久性基本农田污染的过程中，可以通过如下措施增强公众的参与意识：第一，要让公众知道，各级生态环保部门会将基本农田的土壤信息定期发布给社会，如永久基本农田是否被污染，污染物的种类等，并采用合适的方法，让公众能够查阅。第二，鼓励市民主动举报有关部门，如有任何违法行为，应立即上报，并予以物质上的奖赏。第三，在涉及农用地的周边建设项目实施环评前，应当召开听证会，听取群众的意见。在制定有关的法律、法规和标准时，也要征求群众的意见。第四，加强公众监督，对某些环保部门和执法部门偏袒企业、放任污染耕地，或者在管理基本农田时因管理不善、疏忽大意而导致耕地受到污染的问题，要保证公众的监督和举报权利，并鼓励广大人民群众通过检举、揭发等方式开展监督，营造一个良好的执法环境。

第六章　建设占用耕地管制制度

耕地问题是关乎国家百姓生计的根本问题，耕地保护的成果是关系我国数亿人吃饭的大事，科学有效的耕地管制制度是中华民族持续发展、人民幸福安康的制度基础。自中华人民共和国成立以来，党和政府对耕地保护问题一直保持着高度重视的态度，在我国不同的发展阶段和经济时期，制定了符合当时国情的耕地保护制度，维护了国家发展与耕地保护之间的平衡，缓解了经济与生态间的冲突矛盾。长期以来，中国农业以耕地保护为中心，保障着中国粮食安全。中国的耕地面积仅占世界的7%，而中国人口却占世界总人口的近20%，1949—2022年，中国人口由5.4亿增长到14.1亿，增加了1.6倍，面对如此庞大的耕地需求，我们必须执行严格的耕地保护措施，来保障我国的粮食安全。

党的十八大以来，党中央和国务院对耕地保护问题反复强调：要坚决守住18亿亩耕地红线。2023年7月20日召开的中央财经委员会第二次会议指出："新时代新征程上，耕地保护任务没有减轻，而是更加艰巨。"从国土面积来看，中国是世界第三大国，但根据第三次全国国土调查结果，截至2019年年底，我国耕地面积为19.18亿亩，人均耕地面积只有1.36亩，不足世界平均水平的40%，我国耕地资源面临着总体质量不高，人均耕地面积少，全国耕地资源分布不均等一系列问题。[1]而随着经济的迅速发展，建设用地需求的增加使本就紧张的土地资源更为紧张，此时需要更加科学合理的制度对土地资源进行规划管理，以维持建设用地与耕地数量和质量的平衡。

第一节 建设占用耕地管制制度概述

为了保障国家粮食安全，我国实行严格的耕地保护措施，但随着我国城市化进程的加快，大量人口流入城市，城市也面临着住宅、商业、公共设施等一系列建设用地需求的激增，部分地区出现"空心村"现象。建设用地资源是居民进行非农活动的重要基础，更是我国经济发展建设的重要依托，改革开放以来，为了满足我国现代化与城市化发展的需求，土地资源浪费的现象频发，土地资源的稀缺与经济发展对建设用地的高度需求产生了尖锐的冲突，城市发展只能向农村"要地"。面对此种现象，我国已采取一系列开源与节流措施，严格限制城镇用地并切实保障耕地后备资源。一方面，科学控制建设用地扩张速度与范围，强化城镇土地集约利用能力，努力解决土地利用无序粗放状态；另一方面，及时补充建设占用的耕地资源，实现"占优补优"，切实保护耕地资源。

一、耕地占补平衡制度

根据《土地管理法》第30条的规定，国家保护耕地，严格控制耕地转为非耕地。国家实行占用耕地补偿制度。非农业建设经批准占用耕地的，按照"占多少，垦多少"的原则，由占用耕地的单位负责开垦与所占用耕地的数量和质量相当的耕地；没有条件开垦或者开垦的耕地不

---

〔1〕参见《19.18亿亩：耕地保有量实现规划目标》，载中国新闻网，https：//www.chinanews. com. cn/gn/2021/08－27/9552347. shtml。

符合要求的，应当按照省、自治区、直辖市的规定缴纳耕地开垦费，专款用于开垦新的耕地。根据占用耕地补偿制度的立法演进历史，该制度的主要内容可以概括为以下几点。第一，数量平衡。建设用地占用耕地后，需要补充开垦相等数量的耕地，以保持耕地资源总量不变，即占多少、垦多少。第二，质量平衡。补充开垦的耕地质量，要与建设占用耕地的质量保持一致。数量平衡与质量平衡相辅相成，两者缺一不可。第三，以缴纳耕地的开垦费作为补充耕地的替代方案。此种方案通常用于占用耕地的单位缺乏开垦同质同量耕地的条件与技术，只能通过缴纳开垦费用来替代责任履行。第四，先补后占。建设单位在项目经有关部门批准前，必须先履行开垦补充耕地的责任。第五，未经国务院批准，不得跨省进行占补。第六，等级折算与以质抵量。以补充耕地的质量和数量来等级折算补充耕地的总量面积，或者通过对现有耕地的改造来提高其质量，使其成为更高级别的耕地，以此抵消占用耕地的数量。第七，异地补充耕地。包括耕地占补平衡指标省域内交易和耕地占补平衡国家统筹。第八，耕地占补平衡指标市场化交易。将以土地开发、整理和复垦获得的耕地指标，通过市场机制进行流转。

二、建设用地审批制度

我国《土地管理法》第 44 条规定，建设占用土地，涉及农用地转为建设用地的，应当办理农用地转用审批手续。基于我国土地资源紧缺、耕地面积稀缺的基本国情，对于土地的开发利用必须经过严格科学的审查与规划。通过法律赋予有关部门相应的审批权力，对建设用地的有关主体、目的、程序进行审查批准。其中农用地专用审批制度涉及建设占用耕地问题，也是建设用地审批制度的重要构成要素。

在符合土地利用总体规划的条件下，经有关部门的审查批准，部分农用地可以转变为建设用地。农用地转用审批制度的宗旨就是审查转用行为是否符合总体规划和年度计划，具体分为对单独选址项目和大型项目的审查。对于前者，需要审查建设用地指标契合因素、建设占用的耕地是否已完成补充开垦等。对于获得省级政府批准的大型基建等工程和获国务院批准的大型项目，如果该建设项目需要占用农用地，需要由国务院进行审查批准。倘若是在土地利用总体规划所明确的用地范围内转用，为达成该规划，由原批准机关或者授权机关分批次批准。若是处于已批准的转用范围，那么就可以由县市级政府批准具体项目，上述以外的由省级政府进行审批。

面对建设用地需求的不断增长，农用地的占用量也随之增多，通过将建设用地审批权下放至基层可以缓解此种矛盾，以基层对信息获取的直接性促进审批程序的科学性与高效性。2020 年，国务院发布《关于授权和委托用地审批权的决定》，该决定主要围绕以下两方面进行改革：第一，国务院可授权的永久基本农田之外的农用地转用可由省级政府负责审批；第二，永久基本农田转用、国务院批准的土地征收审批事项委托给部分试点省级人民政府。

三、临时用地管理与征收制度

对于部分特定的建设活动，临时用地资源的提供是必不可少的，必要时也可以对耕地进行临时占用。《土地管理法》等法律对临时用地的相关程序都做出了明确规范，尤其强调了对占用耕地行为的管制。2021 年，自然资源部发布《关于规范临时用地管理的通知》，对临时用地的范围、选址、期限和恢复活动等方面做出了进一步的说明，并强调坚持“用多少、批多少、占多少、恢复多少”的原则，尽量不占或者少占耕地，使用后土地复垦难度较大的临时用地，要严格控制占用耕地。

耕地征收是一种具体的行政行为，在符合国家公共利益的前提下，部分公共建设项目需要建设用地时，可以对农民所有的土地依法进行征收，同时按照相应的标准给予补偿。《土地管理法》第 45 条、第 46 条对土地征收的范围、前提和程序进行了一系列的规范。具体而言，对包括耕地在内的农用地进行征收时，要先办理前述的农用地专用审批手续，对于征收基本农田以外的耕地超过 35 公顷的、其他土地超过 70 公顷的，需要国务院的批准。

第二节 建设占用耕地管制制度现状及问题

一、耕地占补平衡制度的现状及问题

根据有关结果的调查，自从实施占用耕地补偿制度起，我国在2001年实现了建设占用耕地与补充耕地平衡的目标。在2001—2015年，我国通过土地复垦整理补充耕地面积达6000多万亩，超过同期建设占用耕地和自然灾害损毁耕地面积之和。这得益于我国各地加强对建设占用耕地占补平衡制度的管理，占用耕地补偿制度不仅为我国的耕地数量与质量的保持提供了保障，也使对建设用地的需求更为科学和合理。但在具体的制度实施过程中，仍然出现了许多问题。

（一）单一目标的耕地数量平衡导致优质耕地快速流失

不同空间下的耕地的质量不尽相同，通常来说，优质耕地通常分布在城镇边缘，而补充耕地所在的地区通常有交通不便、地方偏远、耕作条件不完善等问题，导致两者的质量不可相比。而在城市化发展过程中，城市边缘的优质耕地无力阻挡，导致耕地边际化问题凸显，地方“占优补劣”问题突出，甚至部分高标准农田永久基本农田也被占用。虽然从总体数量上来看，耕地总量基本维持了平衡，但其中优质耕地的数量却在不断流失，单纯地依靠数量来平衡，无法填补优质耕地的亏空。

一些调研数据则具体地反映出了实践中“占优补劣”问题的严重性。在全省87个易地开发补充耕地项目中，大部分为中低等地力，其中旱地中等地力占38%，低等地力占62%；水田中等地力也只占30%，低等地力达到70%，导致中低产田的比重继续增大，耕地生产能力下降。[1]

（二）质量不平衡、生态不平衡问题危及耕地安全生产能力

从我国耕地的空间分布来看，我国耕地分布重心正在向西北方移动，东部耕地质量普遍比西北部地区耕地质量好，随着经济的快速发

---

〔1〕 参见张满红：《广东省耕地资源保护利用现状和对策》，载《广东农业科学》2010年第2期。

展，东部建设用地需求激增，耕地占用现象严重。首先，我国东部与南部地区经济发达，城市化水平高，但也伴有“非农化”“非粮化”的趋势，而建设占用耕地后的补充多在山区进行。东部与南部多为丘陵山地，受地形因素限制，补充开垦的耕地呈现碎片分散的特点，不仅使补充开垦的耕地质量无法与被占用耕地的质量相等同，也使山区耕地耕作不便，从而出现耕地闲置问题。其次，我国东北地区具有天然独特的地理优势，耕地资源充足，粮食产量丰厚，但这一先天优势也导致了东北地区耕地使用过度的问题，毁湿种地、毁林开荒现象普遍，大量的耕地质量退化，处于贫瘠化状态。虽然各地经济发展水平不同、天然地理条件有差异，但耕地质量退化问题却普遍存在，耕地的过度开发和闲置现象都会对我国总体粮食生产能力造成不良影响。在耕地占补平衡制度下，我们必须确保占补前后耕地质量的平衡。[1]

（三）“先占后补”严重损害耕地补偿制度的价值目标

根据《土地管理法》的相关规定，建设项目需要占用耕地时，如果符合相关的条件，则可以用缴纳耕地开垦费的方式替代补充耕地的责任。但在实践过程中，不少建设单位会利用此制度来逃避耕地补充责任，甚至出现只交钱不补地的情况，这与该制度的设计初衷是背道而驰的。而建设项目违法占地后，为了避免资源浪费，地方政府只能为这些项目补办手续，使非法行为合法化，这使耕地占补平衡制度徒有其表。例如，陕西周至非法批地案，周至县政府非法批地达 4 起，其中周至生态园用地面积达 6000 亩，未经批准就组织开工建设造成 191 亩土地被破坏，违法圈占土地 144 亩，强制拆迁引发冲突。该事件当时在社会中引起了广泛关注，造成了很恶劣的社会影响，但最终涉及违法占地的相关建设项目还是补办了手续并建设使用。这种处罚结果的惩罚性过小，建设单位的违法成本低廉，才使违法占地的现象屡见不鲜，严重损害了耕地补偿制度的价值目标。[2]

---

〔1〕 参见汤怀志等：《我国耕地占补平衡政策实施困境及科技创新方向》，载《中国科学院院刊》2020 年第 5 期。

〔2〕 参见《五大违法占地项目“复活”谁允许“先占后补”?》，载新华网，http：//news.xinhuanet. com/house/2005 – 06/27/content_3142556. htm。

二、建设用地审批制度的现状及问题

（一）农用地转用与土地征收审批程序混同

在满足一定条件的情况下，农用地转用审批与土地征收审批程序可以一起办理，该制度的本意是为了节约行政资源，精简审批程序，提高效率，但在实践中却并未达到预期的效果。首先，两者在审批程序和审查目的方面有所区别。对于农用地转用审批制度来说，土地使用应当严格按照土地利用规划，对土地用途的改变尤其是占用耕地的项目应当要严控。土地这一重要生产要素在市场经济下，很有可能被引入利润生成度更大的经营领域。[1]而就土地征收制度而言，其目的是保障被征收人得到相应的补偿，严格控制对土地的随意征收行为，只有在符合公共利益的前提下才可批准征收行为。所以对土地征收的审批，数量上可以从宽，但在程序上必须遵循个案审查，从严审查的原则。而农用地转用审批的审查标准为土地利用总体规划，程序要做到从宽，数量要从严。两者合并会使各自的目的都无法充分实现。从实际效率来说，两者指标运转方式不同，农用地转用指标在土地利用年度计划中已经确定，无须再逐级上报。但是建设占用耕地需要征收时，征收方案需要层层上报，基层政府无权直接决定能否征收耕地，逐级上报不仅导致行政效率低下，两个审批程序的合并办理，也使农专用指标的运转固化。[2]

（二）农用地转建设用地审批权限下放过程中相应的职能配套体系缺失

为了缓解建设用地与耕地保护之间的供需矛盾，我国将农用地转建设用地审批权下放，但对此次下放总体还是呈现有限且保守的态度。第一，审批权下放仍然以耕地保护为底线，并未突破耕地保护的红线，仅对审批主体和程序做出一定的改变。《关于授权和委托用地审批权的决定》强调各地必须严查涉及占用永久基本农田、生态保护红线的用地。这也体现了此次审批权下放的最终落脚点是希望通过更加高效的审批程

---

〔1〕 参见钱智慧：《土地征收审批制度改革研究》，湖北大学 2014 年硕士学位论文，第 20 页。

〔2〕 参见邹爱华：《完善土地征收审批制度的基本思路与具体对策》，载《国家行政学院学报》2011 年第 2 期。

序与职责分工来进一步实现耕地保护的目标，并不意味着地方政府对审批用地可以随意妄为。[1]第二，此次权力下放仅到省级政府，且限制了省级政府进一步下放审批权的权力，这也反映了中央政府对于审批权下放的谨慎态度。

但这一谨慎态度也使此次审批权下放存在一定的局限性。在本次审批权下放中，由省级政府承担事前审批职能，但是从实践中来看，政府等级越低接触到的第一手基层信息越全面，所以理应由基层政府承担起审批职能，这样设置更为合理，但实际中省级以下的政府并未得到授权。从根本上来看，目前尚未建立起与农用地转建设用地审批权下放给基层地方政府相适应的配套体系。单纯的权力下放可能会在具体实践过程中产生混乱，使制度达不到预期的理想效果，权力与责任是需要相匹配的，且需要相应的执行体系与监管体系作为制度基础。总之，此次审批权限的下放存在配套体系建设不匹配，中央与地方权力划分不到位的问题。

三、临时用地制度与征收制度的现状及问题

（一）相关标准划定不明确

临时用地使用规模缺乏相关的标准，我国土地政策一直贯彻节约集约用地的原则，在事前审批、资源供应、使用监管等全过程中，国有土地的流转都必须在相应的指标下严格进行，不能随意更改土地用途。可是在临时用地的使用规模方面还没有具体确定的标准，导致了临时用地的申请不受约束，这与我国对于节约集约用地的要求是不符的，特别是在无须复垦的建设用地方面，无限制地随意申请情况突出。[2]

用地补偿标准不明确。临时用地需要向原土地使用者支付一定的补偿，但具体如何确定补偿数额和补偿方式还没有相关文件进行规定，不同性质的土地、不同性质的所有权会导致补偿费用有所差异。例如，可

---

〔1〕 参见于霞、于倩：《农用地转建设用地审批权下放的双重影响及治理策略研究》，载《理论探讨》2020年第6期。

〔2〕 参见王延强、岳永兵：《略谈临时用地的使用和管理问题》，载《中国土地》2021年第12期。

以适当提高耕地甚至永久基本农田的补偿，以显示我国对耕地保护的重视，若对国有土地、集体土地等实行相同的补偿，则无法体现耕地的重要性。

（二）用地后土地复垦问题

在土地整治项目中，不同地区在土地复垦的各项要求、标准和技术方面基本都做出了完整且详细的规定，整体已形成了一套体系化、规范化流程，且在验收过程中对复垦土地的数量和质量都形成了精细的要求。对于临时用地的复垦土地验收，通常只流于形式，只要目测复垦后的土地形态与之前相似，就可以验收通过。但在实际过程中，可能只是对该块土地进行了简单的去硬化处理，使其表面上看起来与先前无异，但实际的土壤条件根本无法与原有耕地等同，不仅破坏耕地质量，更使后续的种植失去土地条件。在强调耕地保护的土地政策背景下，临时用地复垦违背了耕地保护的初衷。

临时用地到期后实施土地复垦工作主要是根据土地复垦方案，对于复垦方案的编制流程，不同地区也有不同的流程。但在实践过程中，部分类别的土地在使用前后的规划方向如土地用途、土地位置等出现了巨大的差异。例如，有些耕地在经过复垦方案规划后变成了其他农用地；复垦方案中规划的复垦面积与地类一致，但位置发生了变化；部分原本作用是便民出行的乡间道路，复垦方案中却未提及。

第三节　国外建设占用耕地管制制度

一、美国建设占用耕地管制制度

美国的土地资源丰富，拥有世界上13%的耕地资源，在世界粮食供应市场上占据了巨大的份额。在先天土地资源优势下，美国在早期忽视了耕地保护问题，粮食产量过剩。随着城市化的到来，建设用地需求大量增加，逐渐挤占耕地资源，导致耕地数量在短期内大量下降。在二十世纪六七十年代，美国农用地转用的速度增加了3倍，数量由11万英亩增长到310万英亩。自然资源受到严重破坏，对生态环境也造成了极大的威胁，美国政府开始意识到耕地保护问题亟待解决，环保意识也在公众间逐渐加强。[1]为了顺应社会和生态发展的需要，美国逐步颁布了一系列以美国《农地保护政策法》为代表的关于耕地保护的法律制度，为耕地保护提供了一系列制度支撑，激发起农民保护耕地的热情。

（一）对耕地实行税收优惠

为了激发农民对农业生产的积极性，美国部分政府通过减免耕地税收的方式来激励农业，促进农业生产。加利福尼亚州制定了《加利福尼亚州土地保护法》（《威廉森法》），里面就涉及了关于耕地的税收优惠政策，农地所有者可以获得耕地征收的不动产税与耕地转用作建设用地后征收的不动产税之间的差额，这部分差额由州政府支付给县政府，县政府再转交给农地所有者。但农地所有者在享受这部分税收优惠的同时，必须保持 10 年耕地用途不改变，否则需要补交该部分税收差额。但是该项制度实际实施并未达到预期效果，州政府支付的补偿金额过低，无法弥补县政府少收的税收差额。同时，建设项目开发商通过支付更高价的方式向农地所有者买地，农地所有者在利益的驱动下会选择退出该项制度，导致耕地保护的效果并不显著。[2]

（二）实行土地发展权转移制度

土地发展权转移制度是美国实现耕地占补平衡的重要手段，具体而言，在整个国家范围内建设用地的指标总量是恒定的，出让区的土地发展权可以通过买卖或转移的方式出让给受让区，但完成转移后原出让区内的农业、生态景观等便被永久保护，不得再开发利用。此时受让区可以取得两个区的建设用地指标，受让区可以大力开展建设项目。

在土地发展权转移制度的具体实践过程中，购买和转移是实现土地发展权转移的两种重要手段。第一，购买发展权。通过购买方式获得发展权最早是由地方政府进行的，根据公众意愿决定需要购买的土地发展权的数量，然后使用地方税收或者通过发行债券的方式购买。后来购买

---

〔1〕 参见李凤梅：《中国城市化进程中农地保护法律制度研究》，中央民族大学 2010 年博士学位论文，第 31－32 页。

〔2〕 参见臧俊梅：《农地发展权的创设及其在农地保护中的运用研究》，南京农业大学 2007 年博士学位论文，第 12 页。

主体范围得到扩大，越来越多的社会团体与私人机构，如农场协会、农地基金会等也获得了购买土地发展权的资格。部分地方政府还规定，非农建设项目用地在占用农地时，建设项目的开发商必须购买相同面积的土地发展权。第二，转移发展权。有些政府在对城市建设以及农地保护进行规划时，会将土地进行分区，成片开发，在规划方案中预留一些建设面积、高度等。开发商可以通过向农民、私人机构购买他们拥有的土地发展权来取得对这些预留用地的开发利用的权利。

土地发展权制度使农地流转的速度和质量都得到显著提高，农地所有权通过出售、转让可以享受到税收优惠，农地所有者获得直接的经济利益，参与该项制度的热情也被大大提高。同时，土地发展权制度使农地的价格下降，专门的农业从事者可以以更合理的价格获得农地、开展农业活动，使农地的经营规模得到扩大，经营模式变得更为科学合理，降低了农地的闲置率。另外，政府通过购买、转移土地发展权，使经济发展过程中对建设用地的需求得到满足，推动了城市化进程，也对耕地起到了保护作用。

二、德国与荷兰建设占用耕地管制制度

德国与荷兰在耕地保护的进程中都非常重视土地整理的作用。德国的土地整理进程可以追溯到 13 世纪，也经历了从分散性、局部性到系统性、全面性的发展过程。第一次世界大战之后，德国的经济迅速发展，对建设用地的需求在城市化的进程中不断增长，为了满足建设用地与耕地间的平衡，德国颁布了《农地整理法》，希望通过土地整理明确土地用途，提高闲地荒地利用率。在完成通过土地整理保障耕地稳定，提高农业综合生产能力后，从 20 世纪 70 年代起，德国土地整理的重心逐渐由农地转为自然生态区域，开始提高对生态环境、景观保护的重视程度，大力进行村镇改造，促进村镇发展。

荷兰人均耕地面积只有 0.9 亩，且临近海洋需要做好长期洪涝防治措施，地势低洼，有过半数居民居住在低洼地区，面对此种不利地理因素，荷兰对土地整理工作也保持着极高的重视程度。20 世纪初荷兰颁布《土地整理法》，希望通过系统的土地整理工作，提高农业生产效率，普

及农业机械化生产，并通过不断修改该法进一步提高土地整理程序的科学性和系统性，提高土地审批效率。但随着国家对农业用地重视逐渐升高，忽视了对自然生态的保护，在随后的时间里，荷兰乡间的自然景观不断受到破坏，促使荷兰政府转变土地管理目标，将自然生态保护纳入目标范围内。[1]

第二次世界大战后，随着粮食安全逐渐趋于稳定，荷兰与德国一样，将土地整理的重心由农业转到了自然环境与景观生态保护上来。1954—1985 年，两次修订荷兰《土地整理法》，颁布了荷兰《自然和景观保护法》等，明确将自然环境保护育养、户外休闲与景观保护纳入土地整理的重要目标中，加强对农村地区结构调整，着重以土地综合利用为目的的农村开发工作。

在全球经济快速增长的背景下，由于环保意识的薄弱，农业的现代化机械化发展对生态环境造成了极大的破坏，建设用地大量占用耕地，荷兰于 2005 年再次修改荷兰《土地整理法》，将土地整理的权限从中央下放到省级乡村规划部门，以便省级政府根据当地实际情况制定出将农业生产和自然景观保护进行统筹的政策。

荷兰对于土地开发利用过程中出现的问题处理得非常及时，会迅速地、有针对性地在法律制度中做出相应的调整和完善。土地整理在德国与荷兰的耕地保护工作中都占据着不可或缺的重要地位，是解决经济发展下建设用地与耕地需求矛盾的重要手段。

三、日本建设占用耕地管制制度

日本耕地面积稀少，人口密度大，受天然地形影响很大，在 1999 年时人均耕地面积仅有 0.585 亩。在这样的自然地理条件下，日本却是亚洲地区第二次世界大战后发展最快的国家之一。在日本的城市化进程中，耕地面积总量也波动不定。日本由于地形劣势，对粮食安全问题需要投入更多的精力，所以日本政府非常重视耕地保护，已经形成了相当

---

〔1〕 参见廖蓉、杜官印：《荷兰土地整理对我国土地整理发展的启示》，载《中国国土资源经济》2004 年第 9 期。

完善精密的土地管理体系，国家颁布的有关土地管理方面的法律共有130部之多，其中农地保护的法律就达到百余部，涵盖了土地保护的方方面面。

日本实行土地私有制，在农地保护方面，日本已经形成了一套有逻辑联系、完整系统的法律体系，每部法律有自己明确的立法目的与规范作用。首先，以日本《农地法》作为在农地保护方面的基本法，对农地权属等基础问题作出规定，为其余法律铺垫制度基础。其次，以日本《农业基本法》来保障农民的基本经济地位，以日本《农业振兴地域整备法》为土地用途规划设立标准，明确划分农业振兴区，防止非农建设项目占用耕地。最后，以日本《农业经营基础强化促进法》划分农业经营规模与范围，规范耕地流转程序，提高农业经济的活跃程度。以日本《土地改良法》提高土地质量，提高土地利用效率。

在耕地保护方面，日本采取“开源”与“节流”并举的措施，不仅科学合理地使用现有耕地，尽力提高现有耕地的利用效率，避免浪费耕地，而且对建设用地占用农用地做出了严格的限制，日本《土地改良法》与日本《农地法》并列构成日本农地保护的核心制度。在土地改良制度中，进行土地改良的主体既是责任人也是受益人，同时也需要自己承担改良土地的成本。具体改良的内容非常广泛，包括改良区内农业用水设施管理、农业用地的开垦工作、维护农用地的配套设施，如农道的修建工作、灾害后农用地的恢复工作、农用地之间的流转合并等一系列改良农用地所需的工作。

为了实现耕地保护目标，限制占用耕地问题，日本通过划分农业振兴区，以供耕作使用，通过法律严格限制城市用地，严禁城市建设占用耕地。日本的农地根据不同的标准有不同的用途，不同类型的农用地之间不得随意转用。一类农地主要包括土地质量好，农作物产量高的耕地以及用公共资金进行改良过的农地，这类土地除了为满足公共利益需要，不得转作他用。三类农地包括土地利用区划内的农地，上下水道等基础设施内的农地，铁路、轨道码头等交通设施需占用的农地等，是可以转用的。其余的属二类农地，在满足一定的条件下，可以转做其他用途。

在处理乡村用地和城镇化问题上，日本的主要做法是：一是对后备耕地进行开发、耕地整理和村庄合并。在城镇化快速发展过程中，日本大幅减少行政村的数量，从1950—1955年的5年间，行政村减少了5849个，减少幅度达70%，而城市数量则净增加了242个，增加幅度达95%。二是大规模填海造陆 118×10^{4} 公顷，主要为工业发展提供土地。三是走典型的集中型城市化发展道路，太平洋东岸的东京、名古屋和大阪神户三大都市圈，以10%的国土承载了近60%的人口，商品批发的占70%，工业生产的占55%。

综观各国在土地管理、耕地保护问题方面都依据自己的国情做出了具有特色的制度，主要手段可以概括为运用经济与财政手段激励农民自下而上的耕地保护积极性，如美国对耕地实行的税收优惠减免政策，土地发展权制度；通过法律规范和促进土地整理工作，提高土地的利用效率和科学性，如德国与荷兰的相关立法；对农地进行分类，根据不同的类别采取不同的保护措施，科学控制城市扩张，防止城市范围扩张过程中占用耕地。

第四节　完善我国建设占用耕地管制制度的对策

一、完善占补平衡制度，落实“占优补优”目标

（一）开展土地整理，大力补充耕地

通过总结德国和荷兰的经验，保护耕地最有效最直接的方式就是增加耕地数量，满足耕地需求和建设用地的供给，而土地整理是非常高效的手段。根据我国的地形条件，我国国土面积大，通过土地整理能有效地掌握我国土地整体情况。从德国的发展来看，土地整理的目标不能仅仅局限于促进农业生产效率，优化农业生产经营条件，最终应落脚于农业效益与生态效益的结合上。而荷兰的土地整理则是在更高层次上统筹考虑农业生产和自然景观保护的关系，简化和统一土地整理程序与土地所有权保护的关系。此外，日本也是通过不断的土地整理工作来扩大耕地的数量面积，补充建设占用的耕地。据测算，在我国，通过实施拆村

并居、复垦“空心村”、退宅还田等土地整治复垦措施，可以有效增加不低于4000万亩的耕地面积，这是我国全面推行城乡建设用地增减挂钩可以借鉴的域外经验。[1]

(二) 以科技创新为支撑，提高耕地占补平衡政策实施效能

首先，要加强耕地资源系统认知，根据不同地区的经济发展水平、人口数量、地形等条件划定不同的耕地“红线”。对于经济发达的地区，要改变以往粗放无限制的土地扩张模式，通过限制和稳定耕地保有量来促使耕地利用的效率提升，达到总体土地利用布局稳定的局面。例如，以北京、上海等为代表的大都市应不允许退耕，并实行耕地零减少；部分沿海发达地区要尽可能提高耕地保有量和永久基本农田划定比例。对于粮食主产区如东北、华北和长江中下游地区来说，这些地区阳光、温度和水土等自然条件较好，应尽量将耕地特别是永久基本农田向此类地区转移。对于西北干旱区和南方丘陵山区等地，此类区域自然条件处于劣势地位，生态脆弱，不适宜大力发展农业，不能致力于提高耕地数量，应着重土地改良工作，提升和修复已有的耕地质量，在条件允许的情况下推出一部分边际耕地。

其次，要加快研制土地生态工程技术体系，推进实施全域土地综合整治。对于未利用的土地要谨慎开垦，在耕地占补过程中宁可保留耕地资源不开发，也不可滥开发，以次充好。在补充耕地的过程中严格执行高标准农田建设工作，将耕地补充的质量与数量放在相同的高度，实现“占优补优”的稳定局面。

(三) 以经济激励为耕地保护工作核心

耕地保护是关系国家粮食安全的重要问题，在国家战略规划中占据着举足轻重的地位，建立耕地保护补偿和激励计划是实施农用地保护政策的主要途径。在美国，为了激励和保护农业生产，激发对农业生产的兴趣，对保留用于农业的耕地采取了税收抵免和税收优惠等优惠措施，以现金和实物形式支付给耕种的农民，在经济上激励农民保护他们的耕

---

[1] 参见胡传景、张玲：《统筹城乡发展 促进土地节约集约利用——城乡建设用地增减挂钩试点工作有待加强和完善》，载《国土资源》2008年第9期。

地。这些国家的平衡和激励制度有助于政府在耕地保护领域取得良好进展，也为我国提供了制度建设的思路。在中国，保护和补偿耕地的经济激励措施在很大程度上仍未得到落实，对行政手段进行耕地补偿的依赖程度更高。利用市场激励机制来补偿耕地的制度仍然不能令人满意，特别是在耕地异地补偿方面。如何建立耕地异地补偿机制，让承担更多耕地保护责任的区域享有耕地保护责任相对少的地区的工业化、城镇化发展成果，是值得研究的。

研究结果表明，中央和地方在农用地保护方面的价值取向明显为负向，中央政府对耕地的保护措施很严格，关于保护农田的政策文件数不胜数，地方政府作为耕地保护工作的直接责任实施主体，本应在耕地保护工作中发挥重要作用，但为了保证当地经济发展，试图追求更多的土地开发指标，征用了更多的集体土地。在政府领导下的土地资源主管部门，常常陷入经济优先还是耕地优先的两难困境中。在市场主导的经济发展模式下，各个对耕地保护负有责任的主体开始违背耕地保护制度的价值取向，在此种情况下，经过复垦后的耕地重新回归用于耕种已无法得到保证，耕地复垦的保护责任机制亟待建立。

耕地复垦的保护责任制度或许可以按以下顺序设立三道防线。第一，以复垦耕地的承包人为第一责任人，复垦后的土地只能恢复其耕地用途，若该承包人将其挪作他用，集体组织可以单方解除承包合同，另行发包，同时该承包人应该承担相应的民事责任甚至刑事责任。第二，以集体组织作为第二责任人。集体组织作为耕地的所有权人，应当承担相应的监督责任，对于违背耕地保护原则的耕地使用行为应当及时处理，保证耕地用于耕作。第三，以县（市）人民政府为第三责任人，可以赋予其对将复垦后的耕地转用于其他用途的行为予以行政处罚的权力。通过三道防线的严格把控，或许可以为控制复垦土地真正适用于耕种提供新的手段，加强复垦耕地监管力度，使增减挂钩制度达到其理想效果。[1]

---

〔1〕 参见蒲杰：《占用耕地补偿制度研究》，西南政法大学2017年博士学位论文，第134页。

二、改进用地审批程序，贯彻公平效率原则

（一）分离农用地转用与土地征收审批程序

根据《土地管理法》的相关规定，在满足一定条件时农用地转用审批手续与土地征收审批手续可以合并进行，在农用地征收审批程序中，需要先行完成农用地转用审批手续，但在征地程序中，土地征收审批程序是最后一项程序。两者在顺序上是有冲突的，目前对这个问题却没有相应的政策予以解决。

除此以外，两者在审批程序和审查目的方面有所区别，两者合并会使各自的目的都无法充分实现。从实际效率来说，两者指标运转方式不同，逐级上报不仅导致行政效率低下，两个审批程序的合并办理，也使农专用指标的运转固化。涉及建设用地的审批主体为各级政府与国土资源管理机构，两类主体在审批过程中需要各自层层上报，而对审批的时长没有相关的限制，在实践中会导致总体审批时间冗长。所以我们可以尝试将两项程序由国土资源管理部门单独管理，再在该管理部门内部分别设立农用地转用审批部门和征地审批部门。前者负责对土地用途严格审查，以国家土地利用的总体规划为原则，将耕地转用数量控制在指标范围内。后者的工作重心在于个案审查，对征地目的进行实质性审查，并保障被征地对象的日常生活和经营。

（二）进一步推进建设用地审批权限改革，建立完善的配套体系

为了充分发挥农用地转用审批权下放改革的正面影响，相应的配套措施需要建立并实施，以保证改革的有序稳定进行，以后也要细化审批权下放内容。中央政府与省级政府应当主要承担规划与监督的职能，而基层政府负责事前审批和直接执行工作。中央政府和省级政府从国家土地资源总体利用规划出发，对基层政府的执行工作提供政策支撑，并对其监督。基层政府由于接触到的行政信息更全面，在行政工作中更高效，更适合承担事前审批的职责。在具体审批过程中，要按照中央或省级政府做出的土地规划、相关的法律法规进行审查。

在此基础上，也要配套权责划分合理的职能体系。一方面，下级政府要理解法律法规，明确自己的职权范围，中央政府和省级政府在不定

期抽查、检查、控制用地的工作中，下级政府也可以根据自身信息和执行优势提出合理的建议，各级政府分工共同开展土地管理；另一方面，需要适当的改革制度，以适应形势的力量和经济实力，以防止地方当局在资助系统不完善的情况下无法履行其义务。地方政府的行政事务权力远远超过财政支配权力，只能依靠土地资金来产生预算外收入来履行其任务。在这种情况下，地方政府总是希望获批更多数量的建设用地以获得更多的财政资金，这与原来的改革目的不符。因此，要充分利用建设用地审批改革的积极影响，就必须完善相应功能的配套体系，否则就会产生与政治初衷相悖的消极影响，造成不必要的损失。此外，各地在推进改革的过程中也可以通过先行试点的方式，完善好更为科学高效的改革方案和落实配套措施制度后再在全区域内推广。

三、完善临时用地管理与土地征用制度，减少土地使用纠纷

（一）明晰土地产权制度

综观世界各国的土地所有制类型，既有公有制，又有私有制，也有多元所有制并存。美国实行多元的土地所有制，私人所有制的土地约占58%，农地基本上属于私人所有。日本、韩国均实行土地私有制，土地所有权由农户享有，并在第二次世界大战后确定了自耕农制度。荷兰实行土地私有制，私有土地占90%。上述国家的耕地面积都能在长时间内保持稳定平衡，究其根本，明确清晰的土地权属制度是基础。

没有客观清晰的土地权属，所有权和内容的不确定性将阻碍和影响农用地保护和农业发展。正如刘俊教授指出的那样，“我国农村集体的土地所有权在法律上并不能称其为所有权”[1]。我国在推行土地家庭联产承包责任制期间，土地的所有权属于农村集体，而真正需要土地的农民却没有农业用地的权利。其影响是农业生产效率低下，农业发展严重停滞，全国贫困率高。

为了解决临时用地和征地问题，政府必须完善土地产权制度，确保其符合土地所有权的真实性质。首先，应进一步划分国家、政府和社会

---

〔1〕 刘俊：《土地所有权国家独占研究》，法律出版社2008年版，第291页。

团体在法律层面的法律权利和义务，从个人的角度科学区分这些主体的权利和义务，[1]使他们在土地问题中积极履行自己的权利和义务，并为解决土地问题做出贡献。此外，通过改善土地所有制，可以解决将土地资源集中在个人手中的情况，促进有关政府机构对土地使用的管理和控制，并允许土地作为公共资源发挥作用。

根据宪法和法律，我国农村土地属于农村居民集体所有。农民是保护农业用地的重要力量，然而农民的主导地位早已丧失。他们无力应对耕地被占用的行为，甚至还会出现管理人员联合勾结侵犯村民使用承包土地的权利。因此，我国农用地权属从形式上看似明确，但集体土地所有权的内容其实是虚空的，应赋予承包经营权更多明确的含义和内容，给权利人留出更多空间，捍卫农用地谈判权和管理权，更好地调动农民保护农地的主动性和利益。

（二）引入市场机制，遏制征地冲动

随着经济社会的发展，在城市化发展过程中建设用地的需求量会不断增长，在土地面积总量不变的情况下，只能将农用地甚至是耕地转化为城市建设用地，征地问题的法律要对两者间的冲突矛盾做出平衡。对世界各国耕地征收的立法进行考察，土地征收作为对公民私人实体剥夺权利的法定手段，不仅在宪法中明确规定，而且在个别法律中也明确规定了目的、目标、宗旨、程序、建立方法、土地被随意征收的补偿标准和争端解决程序，防止土地征收损害土地所有者的利益。

我国土地征收的法律目标很简单，虽然“公共利益”这一概念已经通过宪法和基本法立法确立，但政府不仅是土地使用行为的实施者，更是裁判者，有权解释土地征收的目的，立法存在固有的缺陷。在补偿标准方面，目前还没有市场化的补偿标准，只是按照当初使用土地的目的提供补偿，农用地所有者不能从土地出让的行为中获益。在征收程序方面，我国没有相关的救济程序，拥有耕地权利的人不能合法地为自己辩护。因此，我们应通过土地征收立法来完善保护耕地的观念。

---

〔1〕 参见谢耀州：《临时用地管理与土地征用存在的问题探讨》，载《西部交通科技》2020年第8期。

临时用地管理与土地征用中，要积极采取必要的处理措施，加快土地的市场化。各种土地市场化活动，都需要以土地的产权制度为基础，保障土地资源能够得到最为有效的利用。此外，土地市场化还需要突破传统国有土地与集体土地的产权限制，保障土地可以在一定的约束下实现土地流转，发挥土地资源的最大价值，实现土地交易形态的转变，使临时用地与土地征用成为土地价值创造的一种重要途径。

（三）完善征地补偿制度，确定补偿数额

在临时土地使用和土地征用的过程中，由于土地地理位置的差异，在补偿时有必要充分审查土地的前期情况，保证被征地人能得到合法合理的征收补偿。一般情况下，临时用地、用地补偿应超过居民生活水平，特别是要保障弱势群体基本权益。目前，在我国许多地区，补偿制度是以土地的原始产值来衡量的，在一些农村地区，补偿主要是以农用地的价值来衡量的。根据这个考核制度，福利待遇很低，很难达到居民的正常生活水平。因此，在制定土地估价制度时，不仅要考虑农用地的价值，还要考虑土地的后续收入和价值，并努力提高其补偿标准，避免临时用地、征地中补偿过低引起的纠纷，保障临时用地与征地制度的有序发展。

第七章　耕地开发复垦整理制度

耕地开发复垦整理制度是为了落实中共中央《关于全面深化改革若干重大问题的决定》第20条所明确的“最严格的耕地保护”理念，是为了践行中共中央《关于坚持和完善中国特色社会主义制度　推进国家治理体系和治理能力现代化若干重大问题的决定》第9点“坚持和完善共建共治共享的社会治理制度，保持社会稳定、维护国家安全”中规定的建设“社会治理共同体”这一路径，是为了早日实现在中国共产党第二十次全国代表大会报告第10点“推动绿色发展，促进人与自然和谐共生”中提出的“（三）提升生态系统多样性、稳定性、持续性”[1]这一目标。近年来，国内外学者对耕地开发复垦整理制度展开了一系列的研究，也取得了较为丰富的成果。

---

〔1〕 参见习近平：《高举中国特色社会主义伟大旗帜　为全面建设社会主义现代化国家而团结奋斗——在中国共产党第二十次全国代表大会上的报告》，载中央人民政府网，https：//www. gov. cn/xinwen/2022－10/25/content_ 5721685. htm。

第一节　耕地开发复垦整理制度概述

一、耕地开发复垦整理制度的法律概念

耕地开发复垦整理制度是我国土地管理的重要组成部分，旨在保护耕地资源，提高土地利用效率，保障粮食安全。该制度主要包括耕地开发、复垦和整理三个方面。首先，耕地开发。耕地开发是指在未利用的土地上进行耕地建设，包括荒地、沙地、石漠化地等。我国耕地开发的主要目的是增加耕地面积，提高耕地质量，以满足农业发展的需求。耕地开发的具体措施包括土地平整、改良土壤、水利设施建设等。其次，耕地复垦。耕地复垦是指对已破坏或废弃的耕地进行恢复、重建，使其达到可耕种状态。我国耕地复垦的主要任务是治理水土流失、治理石漠化、恢复矿区耕地等。耕地复垦的具体措施包括植被恢复、土壤改良、水利设施建设等。最后，耕地整理。耕地整理是指对现有耕地进行优化调整，提高耕地利用效率。我国耕地整理的主要目标是实现耕地规模经营、提高耕地质量、优化产业结构。耕地整理的具体措施包括土地流转、土地托管、农田基础设施建设等。

而根据《耕地保护法（草案)》（征求意见稿）中的相关规定，耕地开发复垦整理制度是指县级人民政府应当按照国土空间规划，组织对未利用地进行开发，对生产建设活动和自然灾害损毁耕地进行复垦，对闲散地和废弃地等进行整理。

二、耕地开发复垦整理制度的历史沿革

耕地开发复垦整理制度始于20世纪初，当时国家面临着对耕地资源的大规模开发和利用的需求。为了有效保护和合理利用耕地资源，初期的耕地开发复垦整理制度主要以土地整治、耕地保护和耕地复垦为主要内容，旨在提高土地的利用效率和保护耕地资源。在此阶段，政府出台了一系列政策和措施，鼓励农民进行土地整理和复垦，以促进农业生产的发展和提高粮食产量。但在此阶段，由于农民很长时间里都处于流

离失所的状态，对于饮食，他们的要求是只要能够填饱肚子即可，并无其他太多的追求，这段时间，即使政府出台相关的政策，他们也很难去贯彻实行。

随着社会经济的发展和环境问题的日益突出，耕地开发复垦整理的政策也发生了一系列变化。在不同历史时期，政府对耕地开发复垦整理制度进行了多次调整和改革，以适应新的社会发展需求和环境保护要求。在政策变化中，不仅关注耕地资源的数量和质量，更加注重对环境保护和可持续发展的要求，提出了一系列新的政策措施和法律法规，以规范和引导耕地的开发和利用。在中华人民共和国成立之后，工业、农业都处于萌芽探索阶段，由于特殊的历史时期，我国走了一段时间的弯路，对国民的经济以及耕地等的开发和使用造成了极大的破坏，此段时期的政府政策也是形同虚设；改革开放以后，人民的生活水平有了显著的提高，此时国家也在继续加大对农业的扶持力度，全国陆续进行大规模的耕地开发和复垦，此时的农业已成为人民的主要生活来源。

三、耕地开发复垦整理制度的理论基础

（一）土地资源稀缺理论[1]

土地是人们从事生产活动所需要的基本的要素，没有土地的支持，人们的一切活动便无法开展。全球土地的面积和数量是有限的，而其中可以作为耕地的面积更是少之又少，具有很大的稀缺性。耕地兼具土地资源的自然属性和经济属性。在自然属性方面，耕地的生态系统是很容易被破坏的，如水土流失、荒漠化、盐碱化等，这些都可能导致土地资源不再具有其原有的特性。耕地的经济属性促使耕地可以在市场上进行交易流通，把耕地转化为非农用地，甚至在耕地上开发一些建设用地，建设高楼大厦，这些都具有不可逆转性，会让耕地原有的功能丧失，加剧了耕地资源的稀缺性。

耕地资源的稀缺性决定了我国要实行可持续发展战略。随着我国人

---

〔1〕 参见张强：《农地弃耕的法律对策研究》，兰州大学2019年硕士学位论文，第3页。

口数量的不断增加，每增加一个人，既会对土地资源产生额外的用地需求，又会对土地资源产生额外的生活需求（如产出更多的粮食），人地矛盾加剧。在此国情下，我们要充分认识到耕地资源的稀缺性，使用多种途径节约用地，加强耕地保护，最终实现人与耕地的和谐相处。

（二）现代产权理论

罗纳德·H. 科斯是现代产权理论的奠基者和重要代表人物。现代产权理论因私人成本和社会成本不一样的原因，造成社会福利的损失同时也表现为社会成本大于私人成本。土地问题并不总是关于分散的，且耕地具有很强的外部性特征，耕地的合理使用给我们带来较高的经济价值和社会效益，但过度使用化肥、农药等有害物质，会严重破坏土壤，引发一系列的食品安全问题。如果其他人破坏了耕地，使耕地的原有功能大幅度减少，此时他人对耕地所产生的影响却由我买单，此时我买单的意愿如何实现呢？科斯回答说，在利益冲突的情况下，产权人之间的议价将得出最有效率的结果，即尽量减少交易成本。[1]

由于土地资源的公共物品的属性，所以耕地的产权是十分复杂的，包括所有权、使用权、经营权和收益权等，政府对耕地的征收应包含耕地产权的所有价值，但事实并非如此。应由政府做媒介，让那些因耕地保护而获得较多社会效益的受益者对那些因保护耕地而造成一定损失的承担者给予一定的补偿，让更多的农民主动参与到耕地的保护中来，确保耕地产权的可持续利用。

（三）帕累托最优理论

意大利著名经济学家帕累托在论述社会福利最大化时曾提出一个“帕累托最优”理论，即在不减少其他人福利的条件下，增加至少一个人的福利时，整个社会的资源配置就处于最优的分配状态。当资源的进一步改变不再可能使任意一人的处境变好或变坏时，资源的使用便达到最有效率的程度，资源的配置便会使社会福利达到极大值。耕地保护充满着帕累托最优的特性，其既可以满足中央政府全局性的利益诉求，又

---

〔1〕参见［美］保罗·罗宾斯、［美］约翰·欣茨、［美］萨拉·A. 摩尔：《环境与社会：批判性导论》，居方译，江苏人民出版社2020年版，第45－48页。

可以维护农民正当的耕地权益，通过耕地产权外部性的内部化实现农民增收和耕地的高效保护，[1]还可以协调未尽到义务的地区与超额承担义务的地区、建设用地区与耕地保护区间的利益关系和用地需求，同时还不让耕地保护的各方利益主体蒙受损失，实现各方利益主体的共赢。

第二节　耕地开发复垦整理制度现状及问题

一、耕地开发复垦整理制度的现状

土地复垦工作进程的缓慢，引起了相关部门的重视，他们认为缺乏有效的法律法规保护，土地复垦工作是很难开展下去的，于是在之后的几十年时间里，有关部门制定了多部法律法规。在20世纪中后叶，许多矿区进行大规模的工业开发，使许多耕地被破坏，难以再进行农业生产等活动，为合理地进行耕地复垦、防止新的耕地被破坏，国务院于1988年通过了《土地复垦规定》，在此“规定”中明晰了土地复垦实行的是“谁破坏、谁复垦”的原则，为今后很长一段时间的土地复垦提供了法律依据。因不适应时代变化发展的需要，该“规定”在2011年被《土地复垦条例》所取代。

为加强土地管理，切实保护耕地，全国人民代表大会常务委员会也在1986年通过了《土地管理法》，在今后的多年时间里，该法经过3次的修改，每次的修改都对土地复垦的相关规定重新进行描述，以促进土地的可持续发展，在2019年最新一次的修正中，主要突出了“特殊保护耕地”的管理制度。[2]这些法律法规确立了耕地保护的基本制度，但是当前严峻的形势也反映出现行法律法规体系存在缺乏统筹集成、有效衔接和与时俱进等一些弊端，亟须加快完善。如今，为健全完善最严格的耕地保护制度，根据党中央、国务院的部署，由自然资源部起草的

〔1〕 参见欧名豪、王坤鹏、郭杰：《耕地保护生态补偿机制研究进展》，载《农业现代化研究》2019年第3期。

〔2〕 参见《〈中华人民共和国土地管理法〉解读》，载留坝县人民政府网2022年4月8日，http://www.liuba.gov.cn/lbxzf/zcjd/202204/2f22f65df1684ed29c6ced7141508d46.shtml。

《耕地保护法（草案）》（征求意见稿）已经出台，现在正处于立法研究阶段。

二、耕地开发复垦整理制度的问题

目前，中国的耕地开发复垦整理制度在一定程度上取得了成效，但也存在一些问题。

（一）配套法规不健全

我国对土地复垦作了规定的法律法规并不多，仅在以下法律法规中做了简单的介绍：

（1）2009 年《矿产资源法》第 21 条、第 32 条；

（2）2011 年《土地复垦条例》；

（3）2016 年《煤炭法》第 25 条；

（4）2019 年《土地复垦条例实施办法》；

（5）2019 年《土地管理法》。

当前我国对耕地复垦所作的规定都是原则性的，并没有详细介绍该如何实施。从上述可以看出，首先，有关土地复垦的法律条文分散在多部不同的法律之中，耕地复垦自身并未形成一个协调统一的法律体系，各个法律法规之间的衔接性不足，且各个法律条文之间的权责关系并不明晰，对于各类法律法规的适用范围有待厘清。其次，土地复垦的实施无法仅依靠自身来解决，需要借助行政规章和地方性法规，这些法律法规的权威性较弱且缺乏可操作性和约束力，其实施的法律效果并不明显。最后，对土地复垦缺少一些法定的审查、审判和监管措施，在对土地复垦投入较大的精力和资金的情况下，收效甚微。综合多部写到“复垦”的法律法规来看，并没有很好的干预手段来督促那些造成破坏和损毁的单位和个人合理地履行土地复垦的义务。

（二）监管机制不协同

因受国土管理重点工作、中心工作的影响，复垦管理工作往往被忽视。目前，我国耕地复垦整理制度尚不完善，在复垦工作中缺乏全过程的监督与管理。

首先，我国已有的耕地复垦相关规定尚未形成一个完整的工作流程，缺乏专门化、体系化的监管责任机制。由于耕地复垦整理是一个技术含量较高的工作，有大量的技术性事务需要一定的组织机构去完成。但我国现阶段没有一部专门规定耕地复垦整理工作的法律，也没有一个专门的部门来对耕地复垦工作的实施情况进行监督。所以各地区土地复垦整理工作的实施较为混乱，缺乏统一监管责任机制，复垦整理工作更多的时候是流于形式，无实际效用，耕地的面积也并不因土地复垦工作的开展而增加。

其次，部门执法协同程序笼统，过程监管不完善。在我国现有的法律体系中，耕地复垦整理工作主要是依靠自然资源主管部门主导，其他部门参与，但尚未详细划分各个部门的职责。如在《土地复垦条例》中给予了相关主管部门以代履行等强制执行手段，[1]但许多行政机关并没有好好利用这来之不易的权利。在耕地复垦整理的过程中，许多企业并没有按照相关部门制定的方案来实施耕地复垦整理工程，行政部门也没有监管，当对耕地复垦整理工作进行验收时，才发现不符合要求，但此时却很难让有关企业再复工，不利效果只能自己承担，对耕地的保护是十分不利的。

最后，耕地开发复垦整理部门监管职能割裂。耕地开发复垦整理工作是一项整体性的耕地修复工程，需要多个部门前期的系统规划。由于中央政府对耕地开发复垦整理工作的制定是从宏观的角度出发，着眼于全局进行耕地恢复和生态保护，保持生态与经济协同推进；地方政府对土地复垦整理工作的制定与实施是从取得经济的角度出发，收取一定的耕地复垦整理工作的费用，促进当地经济的发展；而农民则是从自身的利益出发，企图获得一定的经济利益。中央政府、地方政府以及农民之间的利益诉求并不相同，它们的监管与实施方式也就不尽相似，各地的实施效果差异很大。与耕地复垦整理工作有关的部门之间，它们各自的监管职责过于笼统，加上各个监管部门之间缺乏有效的互动，监管职责呈现出一种碎片化的特点。

---

〔1〕 参见付颖琦、杨朝霞：《我国环境行政公益诉讼的问题和对策——基于 2019 年 127 份典型裁判文书的分析》，载《环境保护》2020 年第 14 期。

（三）法律责任不明确

首先，耕地开发复垦整理制度主体责任的认定规则模糊。耕地开发复垦整理工作的首要任务是明确各个环节的责任主体。如企业，它们作为耕地复垦的直接义务人，必须按照耕地利用总体规划的要求，承担恢复耕地生产力的义务。若企业不依法履行复垦义务，行政机关可采取罚款、责令停产停业等行政处罚，但在此过程中，即便是明确了责任主体，但在执行过程中仍存有较大的问题。这是因为由于存有较多的历史遗留问题，对耕地开发复垦整理制度的辐射范围有限，确定耕地开发复垦整理的主体难度较大。其次，由于对部分耕地的利用情况了解不明，加之耕地损害具有较长时间的滞后性，导致耕地开发复垦工作往往需要投入大量资金，且一些企业承担耕地生态修复责任的意识不强、能力不足，因而耕地复垦工作进展缓慢。

（四）资金投入不足

要对耕地进行开发复垦整理，需要各方共同努力并投入大量的资金。在耕地开发复垦整理工作实践中，资金往往是很难落实的。大多数地区尝试采取的做法是由当地政府承担耕地开发复垦整理工作的资金支出任务，而政府主要的资金来源是土地出让收入、建设用地有偿使用费等一些和土地有关的交易费用。由于耕地开发复垦整理工作所依赖的资金并未纳入当地政府的年度财政预算之中，无法从国家层面获得资金的支持。土地的市场价格也呈现波动状态，其稳定性和可持续性都难以保证。

由于之前对耕地的传统耕作方式破坏太严重，进行复垦开发整理难度极高，需要大量的资金支持，但目前政府方面资金投入不足。如果单从政府财政收入中专门使用一笔资金用于耕地开发复垦整理工作，国家和地方政府均承担不起。即使从当地一些经济效益较好的企业收取了一定的耕地开发复垦整理资金，由于多种原因的交杂，这笔资金也很难被迅速地用于耕地开发复垦整理工作上，会影响复垦整理工作的进展。如果过度的依赖土地财政的收入，会打消有关人员的工作积极性，不利于耕地资源的开发利用，更不利于耕地开发复垦整理工作的顺利开展。

第三节 国外耕地开发复垦整理制度

一、美国耕地开发复垦整理制度

美国是世界上耕地面积排在首位的国家，人均耕地面积高于世界平均水平，也是世界上耕地资源极其丰富的国家之一。但美国自18世纪末19世纪初开展工业革命以来，工业化、城市化的进程不断加快，原有的土地资源已不能满足人们日益增长的生产生活的需求，城市扩张的速度导致耕地面积大幅度减少。美国的矿产资源储量较为丰富，一直是美国联邦政府赖以生存的支柱性产业之一，但大规模的矿产资源开发也带来了一系列的环境问题，如环境污染和生态破坏、矿区坍塌、表土流失严重，美国多地民众逐渐意识到耕地面积等的大幅度减少对自己生活带来的不利影响，开始呼吁改善这一状态，当时美国的罗斯福总统也曾说过："毁掉自己土地资源的国家，最终必然要毁掉自己。"[1]

（一）法律法规

早在20世纪30年代，美国就开始实行农业保护规划，制定了美国《水土保持和国土资源配合法》，其具有里程碑式的意义。在3年后，即1939年美国的西弗吉尼亚州率先颁布了美国联邦有关土地保护的法律——美国《复垦法》，该部法律的唯一监管机构是州行政主管部门，到1975年，全美共有38个州制定了相关的土地复垦法规或土地复垦管理条例，[2]这些在各州实际情况下制定的土地管理法律法规，对各州的土地保护和耕地复垦起了极大的促进作用。1977年，美国结合各州的实际情况，制定了美国《露天采矿管理与复垦法》，这是美国全国性的土地复垦法律法规，该法一经颁出，即在全美建立起了一个统一的关于土地复垦的标准，使美国在很大程度上在耕地复垦上做到了有法可依。后经

---

〔1〕 刘峰：《耕地征收补偿制度重构视角下的耕地保护研究》，载《江淮论坛》2017年第3期。

〔2〕 参见于左：《美国矿地复垦法律的经验及对中国的启示》，载《煤炭经济研究》2005年第5期。

过1990年、1992年两次大规模的修改，该法不仅适用于矿区土地的开采和复垦，也适用于地下开采。在之后的几十年时间里，美国联邦政府制定了美国《农地保护政策法》、美国《联邦农业发展和改革法》、美国《联邦土地政策和管理法》等，联邦法律与州地方法律的相互呼应与协调，让耕地在资源的配置中更加合理高效。

（二）耕地政策

在美国，绝大部分的土地是由私人所掌控的，大农场主作为耕地的所有者对土地享有充分的产权，对这些耕地可以自由地经营、流转和处分，通过耕地之间的自由交易而获得较大的经济收益。美国政府对这些土地也具有一定的征用使用权，当联邦政府为了社会的公共目的而对土地行使征用、管理权时并不是无偿的，需要以此时市场的价格来对土地的原有所有人给予一定的补偿，对征用土地的最终使用用途也需要符合最初的利用规划。以上政策，一方面体现了美国政府对耕地的管理、控制权，另一方面也体现了美国政府对耕地私有权的充分保护。

（三）重要规定

美国对耕地开发复垦实行的是保证金制度，对于某些领域的土地开采和耕地破坏，需要在开采前缴纳一定数额的保证金，该保证金的具体数额依整个工程的最大数量来进行，并根据缴纳保证金的数额来确保未来对耕地的复垦。当一项工程完成后，若耕地的相关复垦工作也完成，在工程开始之前所缴纳的保证金将全额归还；相反，若企业没有完成该复垦任务，则该复垦保证金不予退还，交给有关部门作为专门的复垦资金。同时，在对某块土地进行开垦时，须提前向有关部门报备，取得土地许可证，该土地许可证的制定是经过广大公民长期论证得到的。土地开垦目的、土地开垦的各个环节进度、土地复垦计划等均需在申请表中列明，并随时接受群众的监督。

当然，当耕地被破坏后，想恢复至之前的原状是很困难的，所以在耕地被破坏之前需制定一个严格的耕地复垦整理标准，该标准中应规定，被破坏而复垦的耕地应恢复到原来的水平或比原先的状态更好，而整理后的耕地需和被破坏前大体一致。在耕地开发过程中，待复垦的耕地很容易遭受水土流失和土地污染，耕地的效用大幅度降低。所以对于待复垦的耕地，需把开采的土壤严格仔细保护，当复垦工作开始时，按照开采的顺序依次回填至原先状态，并可在复垦后的耕地上种上一些植被，以维护当地的生态平衡。

（四）美国耕地开发复垦整理的经验启示

美国对耕地开发复垦整理的措施采取的是“谁开发，谁复垦”，在耕地开发复垦整理的过程中，不仅只重视耕地的动态平衡问题，还考虑到了对当地生态环境的影响。美国的特殊国情让更多的主体参与到了耕地的开发复垦整理工作中。美国是一个联邦制的国家，更多的耕地资源掌握在一小部分的农场主手里，在进行耕地开发整理过程中，不断吸收这些农场主参与，听取他们的心声，同时鼓励一些专家和“小农民”参与到耕地开发复垦整理的过程，接受他们的监督。美国以上的种种措施，保证了公众的参与权，各种措施更易被公众接受，得到各方的认可，实施起来会更加得顺利。

二、澳大利亚耕地开发复垦整理制度

截至2023年9月，澳大利亚全境人口有2682万人，广阔的地域面积使其成为一个人少地多的国家，境内绝大多数是一些低缓的、海拔较低的土地，适合农牧业的发展，澳大利亚的耕地相关政策和其他的资本主义国家相比是极具特色的，其国内的近九成的土地是公有土地，只有那一成多的土地是私有土地，国家是土地资源的最大持有者。澳大利亚的土地管理权限下放至各州，由各州根据各区域的实际情况设置一些专门的土地管理机构，负责处理本行政区域内的一系列土地矛盾纠纷。

（一）法律法规

澳大利亚在各级政府历来就相对重视对土地资源的管理，不断建立和完善各种土地管理法律法规和相关的配套政策，以加强对土地资源的集约管理。1858年在南澳大利亚州的《不动产法》中出现了“托伦斯产权”的概念，这是一项规定土地的登记和转让制度，存有土地所有权登记册，即在澳大利亚几乎所有的不动产都归属于托伦斯产权。[1]进入

---

〔1〕 参见梁仲科、段淇斌：《赴澳大利亚学习培训的收获与启示》，载《甘肃农业》2014年第7期。

20世纪中叶之后，大规模的矿山开采、资源掠夺、耕地破坏，让耕地原有的功能效用大大降低，为把被破坏的耕地恢复至原有的生产能力，澳大利亚逐渐加强了对耕地开发复垦整理工作的监督管理，在之后的几十年时间里，已制定了与土地管理有关的法律法规近40个，如澳大利亚《土地税管理法》、澳大利亚《环境保护法》等都对土地管理作了描述，这些土地管理法律法规明确规定了耕地开发复垦整理的目标、原则、程序和责任，为耕地开发复垦整理工作提供了法律依据。

（二）耕地政策

如前文所述，澳大利亚的土地政策是公有土地管理模式，绝大部分的土地掌控在政府的手中，其他利用主体需要通过承租或取得使用许可证的方式来获得部分土地的使用权。当取得土地使用权后，除非是在极其特殊的情况下才需征得土地管理部门的许可，一般情况下可以将取得的土地进一步分割、转让使用，当政府因公共利益的需要，需重新获得流转出去的土地时，应对相关主体给予适当的补偿。[1]耕地复垦工作的开展，也是和相关土地的开采或破坏同时进行的。在澳大利亚的各州及地方政府，是由资源开采部负责耕地复垦工作的，设立专门的管理机构和人员同步进行监督，随时向有关主管部门报告工作。

（三）重要规定

澳大利亚对耕地采用的是“边开发，边复垦”的方案，十分重视耕地开发复垦的措施和技术运用，他们在开发前会对原先的土壤样态进行取样分析，妥善保存原有的植物品种，复垦后即重新移植回去。在对耕地开发复垦前，会委托专门的人员前去调查研究，组织专家研讨和群众论证，听取专家和群众的意见，论证该项目实施的可行性；也会进行较为严格的环境影响评价，看在耕地开发过程中是否会对环境产生不利的影响，是否有应急方案以及对事后的复垦整理工作有无计划，只有以上几点都同时具备了，才会对耕地进行开发。在开发前也会收取一定数量的保证金，当耕地开发后被完全复垦，所交保证金才会全额返还，每年

〔1〕参见金丹、卞正富：《国内外土地复垦政策法规比较与借鉴》，载《中国土地科学》2009年第10期。

所需缴纳的保证金数额也不尽相同，是根据上年度的完成情况来制定的。

（四）澳大利亚耕地开发复垦整理的经验启示

澳大利亚的耕地采用的是开发与复垦并举政策，会在开发前进行一系列的准备工作，把耕地上原有的植物和农作物移除并妥善保存，对该片耕地的土层逐层及逆行取样分析，当项目完成后，对原有耕地进行复垦，复垦后的地方几乎看不到曾经被开发过的痕迹。澳大利亚无论是在耕地开发复垦整理的事前准备工作还是在事后的效果监督工作中，都会吸引较多的公众参与，接受人民群众的全过程监督，会根据公众的意见及时调整技术与方案，争取取得更好的效果。澳大利亚的土地信息系统中有关于土地的产权信息、法律法规和水文气象等的记录，相关部门可以随时登录该系统查看信息，借鉴其他州的先进管理经验，看是否在本州同样适用。截至目前，耕地开发复垦整理工作已经成为澳大利亚相关公司与企业的自觉行为，是责任，也是义务。

三、日本耕地开发复垦整理制度

日本作为世界上经济较为发达的国家之一，其粮食的供给却一直无法满足自身的需要，日本每年需要从国外进口众多粮食，是世界上最大的粮食进口国之一。日本政府很早就认识到耕地资源在保障粮食安全、促进经济发展和维护社会秩序等方面的重要性，在国内各地找寻可以开发的新土地，可以复垦整理的老耕地。

（一）法律法规

日本在耕地开发复垦整理方面经验丰富，采取中央集权式的土地管理制度，由中央政府对土地进行立法，全国土地的统一规划管理权限则交由国土厅。在日本，目前耕地开发复垦整理等尚未进行立法，而是包含在与土地有关的法律中，从 20 世纪中叶开始，制定了超百部有关土地管理的法律法规，其中以日本《农地法》为核心，该法是日本为了巩固自耕农体制，于 1952 年制定的土地法，规定了土地的所有权和使用权，该法的颁布，同时也意味着日本有关土地的法律制度体系正式形成。在之后的几十年时间里，陆陆续续又颁布了日本《农业振兴地域整备法》、日本《农业经营基础强化促进法》、日本《国土利用计划法》等众多有关土地管理的法律法规。截至目前，日本是世界上对耕地用途管制规定最严格的国家之一，严格限制耕地转化为非农用地，努力对耕地进行开发复垦整理，以强硬的手段保证耕地的用途，维护耕地所有者的合法权益。

（二）耕地政策

日本重视新型农业的发展，利用技术手段参与农业的发展，为现代化农业的发展提供技术支撑。先进技术手段的使用，一方面大大提高了耕地的利用效率，另一方面也为耕地的集约化、机械化的利用提供了广泛的空间。农业的发展也离不开资金的支持，日本政府以国家财政的形式定期向农户发放补贴金，扶持农业的发展，同时对那些充分发挥耕地效用、提高耕地质量或主动对一些耕地进行开发复垦整理的农户，给予一定的奖励。若在耕地的开发复垦整理过程中遇到一些难以解决的问题，政府会主动参与到耕地开发复垦整理的相关活动中，与耕地的所有者进行合作，最大限度地保护耕地在开发复垦整理过程中不受到外界更多的损坏，也会以税收平衡的形式维持耕地的总体质量。

（三）重要规定

日本政府重视对土地用途的规划。随着日本人口的不断增多，对土地的需求也急剧增加，但日本本身国土面积又很小，在城市建设中存在大量的侵占耕地资源的现象，为有效保护耕地资源，化解人地矛盾，对特定区域内的耕地开发需要获得有关部门的许可，并列明一个未来的长期用途计划，看能否取得群众的信任。日本多地成立了农业委员会，对当地的一些闲置耕地资源进行整理，对农户遇到的难以解决的问题派专家去帮忙解决。日本政府鼓励耕地大规模的经营活动，如规模化的耕地买卖、租赁和交换，对那些主动进行耕地开发复垦整理的个人或企业给予奖励，也鼓励那些具有高素质的青年人才主动投入耕地的开发复垦整理等保护工作中。

（四）日本耕地开发复垦整理的经验启示

日本和耕地有关的法律法规多达几百部，对耕地的各方面均作了详细的规定，已形成了一整套法规体系，且各个法规之间可以相互弥补不足，具有很强的操作性。

第四节　完善我国耕地开发复垦整理的对策

一、重视生态价值理念

通过研究我们可以发现，国外的耕地开发复垦整理绝大部分是以恢复生态环境为主，而我国则是在最大限度范围内使用耕地资源。我国民众追求耕地的利用效率、耕地的经济价值固然没有问题，因为经济是人们良好生活的基础，但同时我们也不能忘记了生态价值是经济价值的基础，只有有了良好的生态环境才能更好地实现经济的发展。[1]如果一味地以牺牲生态环境为代价来追求所谓的经济发展，那么最终也只会导致经济更加崩溃、环境更加恶劣、社会更加不稳定。在党的二十大召开后，生态文明价值理念更加值得我们关注。我们需不断向外界进行生态文明价值理念的宣传教育，在保证耕地质量的基础上合理进行一些开发，在耕地开发复垦整理工作中把经济效益、社会效益和环境效益结合起来，共同发展、共同进步。

二、建立耕地开发复垦保证金制度

保证金是指在合同关系中，为保证合同的履行，当事人一方或双方留存于对方或提存于第三人的金钱。保证金是经济学中的概念，目的就是要保障合同履行，保证当事人利益不受到不合理的损害。耕地开发复垦整理保障金制度的设立依据就是有关合同法的相关规定，将耕地开发复垦整理看作我国公共事务管理者——政府与复垦义务人之间签订了一份合同，这份合同要求复垦义务人必须完成复垦义务，否则政府有权扣留开发复垦整理保障金，以弥补因复垦义务人不履行义务给我国耕地资源带来的损害。借鉴美国、澳大利亚的复垦保证金制度，我国政府在批

---

〔1〕 参见牛彦斌、陈召亚等：《供给侧改革背景下的耕地保护补偿机制研究》，载《安徽农业科学》2018 年第 9 期。

准利用耕地之前，应当要求申请人提供相应的复垦计划、环境影响评价报告，并由政府依据申请人提供的计划、报告，结合耕地的质量、地理环境等因素，要求申请人以耕地面积为单位缴纳一定数量的复垦保证金。[1]在申请人履行复垦义务后，政府归还复垦保证金；若申请人不履行复垦义务，则除了扣留保证金外，还将在其以后申请利用土地的过程中，不再允许其利用耕地资源。

三、健全耕地开发复垦整理法律法规体系

（一）完善已有的《土地管理法》

现行的《土地管理法》是2019年修正的，随着经济的快速发展，很多内容已明显不适应土地管理新形势的需要。在耕地开发复垦整理工作中，如何正确处理耕地开发复垦整理工作与经济发展的关系问题是重中之重。目前有些地方新开发补充的耕地质量差、数量不足，并不能很好地实现最初订立的目标。因此，需要从土地利用规划、建设用地审批、土地征收、土地产权制度建设、土地市场建设等方面加大对《土地管理法》的修改力度。同时，《土地管理法》的修改要进一步体现如何强化地方政府耕地开发复垦整理责任，从体制机制上解决土地违法问题产生的原动力，如改革干部政绩考核标准和完善财税政策。在审批制度上，也需要通过修改《土地管理法》解决中央和省级政府审批过多、监管不足的问题。

（二）制定专门的耕地保护法

近年来，有关耕地开发复垦整理的条例、办法、通知等越来越多，耕地开发复垦整理的要求越来越严格，但有关耕地开发复垦整理的内容只是散见于《宪法》《土地管理法》《农业法》等相关法律条文或章节中，没有形成系统的专门的法规，而且不同的法律法规之间在耕地开发复垦整理的条文内容的表述方面还存在不一致甚至冲突之处，对耕地开发复垦整理工作的开展会造成不利影响，目前《耕地保护法（草案）》

---

〔1〕 参见田孟：《耕地占补平衡的困境及其解释——基于国家能力的理论视角》，载《南京农业大学学报（社会科学版）》2015年第4期。

（征求意见稿）继续实行的是“谁破坏，谁复垦”的基本原则以及“谁复垦，谁使用，谁收益”的优惠政策。对不正常用地实行耕地占补平衡制度，要求对耕地的占用必须进行补偿，同时补偿的耕地必须与被占用的耕地在数量和质量上达成基本的一致，不会影响耕地开发复垦整理工作的开展；也可以制定耕地复垦相应的配套制度，针对农用地复垦的范围、权属、规划、立项、实施的程序、违反复垦规定应当承担的法律责任及免责条款等作出规定，并明确有关监督检查方面的规定，如针对不同类型的土地制定复垦标准，具体来说，可以将农用地破坏前的质量作为开展复垦工作的标准要求。

（三）健全耕地开发整理复垦法律责任的相关规定

法律责任是指由于违法行为、违约行为或基于法律的规定应当承担的某种不利法律后果。法律责任条款设立是认定违法行为的判断标准，是追究法律责任的依据，因此，任何法律规范、政策文件都包含了法律责任的内容，土地管理法也不例外。例如，《土地管理法》第76条规定“违反本法规定，拒不履行土地复垦义务的，由县级以上人民政府自然资源主管部门责令限期改正；逾期不改正的，责令缴纳复垦费，专项用于土地复垦，可以处以罚款”。该条款具备了法律条款成立的三要素，为追究法律责任提供了前提。但实践中，不履行土地复垦义务除拒绝履行外，还包括不能履行的情形。

目前，我国《土地管理法》中，并未对不能履行复垦义务的情形作出规定。法无禁止即自由，我国法律未对不能履行土地复垦义务应当承担的法律后果作出规定，实践中，不能履行就意味着不用履行，且不必承担任何责任，这导致拒不履行的人千方百计要狡辩为不能履行，不能履行的人则不去履行。依据“谁开发、整理、复垦，谁受益”的原则，负有开发整理复垦义务的人自然会选择价值较高的耕地资源进行开发。[1]这不利于耕地总量动态平衡的实现，也不利于土地利用总体规划目标的实现。同时，有些法律法规的部分条款规定了土地开发整理复垦应履行

〔1〕 参见秦静：《开展耕地生态保护补偿的几点建议》，载《中国国土资源经济》2020年第12期。

的法定义务，却未规定不履行义务应当承担的法律后果。因此，在相关立法中应细化有关土地开发整理复垦法律责任的规定，以增强条文的可操作性，并在法律责任条款中增加不能履行复垦义务的内容，明确不能复垦的情形、负有监督职责的行政部门及应当承担的法律后果。

四、建立耕地开发复垦整理新机制

首先，需要明晰耕地产权。耕地产权模糊是目前学界的一个共识，应加强农村集体土地产权制度研究，依法确认农村集体土地所有权和使用权主体，为耕地开发复垦整理提供必要的产权基础〔1〕。过去，农民作为耕地的直接使用者对耕地的处置没有发言权，同时在征地中农民一直处于被动接受地位，无法有效维护自己在耕地上的权益。广大农民耕地开发复垦整理的主观愿望与客观条件不对称，影响了广大农民对耕地开发复垦整理的积极性。在现有的法律框架内，应根据不同地区的实际情况，通过产权保障，增强农民的耕地开发复垦整理意识，调动农民耕地开发复垦整理的积极性，使农民成为耕地开发复垦整理的真正主体。

其次，要探索耕地发展的新模式。自 20 世纪中叶以来，美、英、日、澳等国为了保护土地、控制城市用地规模进一步扩张，陆续建立了农用地发展权制度。通过市场化的方式促使耕地资源流转起来，更好地保护农民及其集体的土地财产权益，更好地保护耕地资源，防止滥用耕地资源。通过增加耕地转为农用地的成本，减少耕地转为非农用地的需求，实行耕地保护有偿原则，使农民在耕地保护过程中、在耕地开发复垦整理过程中获得土地增值的收益。

最后，进一步改革和完善宅基地的产权制度。我国现行的农村宅基地使用权制度，已与当下中国的社会经济基础和现阶段发展的公共政策目标严重不符。在我国城市化的进程中，大量的农民进城务工，有了一定的资金储备之后也会在城市里购买房屋。农村大量的楼房因无人居住打扫而坍塌，空置的宅基地无法得到及时的整理和复垦，大量的土地资源被闲置，造成土地资源的严重浪费。应在坚持土地用途管制的前提

〔1〕 参见王姝宇：《城镇化进程中耕地保护问题探究》，载《吉林农业》2014 年第 6 期。

下，完善农村宅基地使用权制度，使该用益物权能够得到充分的保障；构建完善的宅基地使用权流转市场，使农村宅基地能够得到更有效的利用，充分实现农村宅基地的财产价值。建立和完善宅基地的复垦和整理制度，做到农村集体土地集约节约利用，以更加有利于耕地开发复垦整理。

除了以上几点外，在耕地开发复垦整理的过程中，还应当注重对生态环境的保护。发达国家在土地资源管理方面的历史较长，经验较为丰富，除对耕地资源数量、质量的保护外，目前更为关注耕地开发整理复垦过程中的生态环境保护。我国还处于耕地保护的初级阶段，更加偏重于耕地数量的保护。我国可以借鉴有关生态环境保护的规定，在耕地保护的法律规范中加入有关生态环境保护的内容。

第八章 耕地质量保护制度

现有耕地保护制度数量多，但较为分散，没有产生耕地保护的制度合力。中国式现代化的实现需要体系化的耕地保护制度，体系化的耕地保护制度与中国式现代化的实现具有内在逻辑关系。当前，耕地保护制度体系化面临一系列问题，如耕地数量保护制度厚度不足、耕地质量保护制度呈现碎片化及耕地保护救济制度力度不足等。因此，要了解耕地质量概念、我国耕地质量保护现状以及分析如何优化我国耕地质量保护法律制度，并分析国外耕地质量保护制度，从中提取可供我国借鉴的经验。

第一节 耕地质量保护制度概述

一、耕地质量的概念和特征

（一）耕地质量的概念

2023 年 7 月 20 日召开的中央财经委员会第二次会议指出：“切实加强耕地保护，全力提升耕地质量。”“全力”这个词，充分体现了耕地质量的分量，把耕地质量摆上了前所未有的重要位置。耕地的质量涵盖了以下几个方面：当耕地被用于特定农作物的种植时，耕地的适宜性、生物生产能力（耕地的地力）、利用后的经济回报以及耕地环境是否受到污染。耕地的适宜性和耕地地力均属评价范围，二者有不同的含义，但它们之间又存在密切的联系。耕地对作物的适合度是指在耕地上种植的作物品种及其适合度；耕地肥力是指在一定时期内，以千克/公顷为单位的耕地的物质生产能力；经济效益是指通过市场交易获得的单位面积的物质产出的经济效益；耕地地力评价是从数量上衡量耕地利用价值的方法，其主要目的是根据不同地区的自然条件、社会经济状况及农业生产技术条件等因素确定不同区域的合理耕作强度。当我们从环境的视角讨论耕地的质量时，我们是在谈论耕地是否受到了污染物的污染，以及这种污染的严重程度；耕地地力评价就是对耕地质量状况及其变化情况进行综合评定的过程。耕地的适宜性与生物生产力的大小在含义上是一致的。经济效益是建立在生物生产力之上的。因此，我们可以将耕地的质量总结为耕地的物质生产力与其环境质量的综合体现。

随着经济的发展，大量的耕地被整治改造，耕地产能的经济属性认知逐渐被世人接受；这也加大了人们对食品安全、人类健康、生态文明的关注，耕地也越来越多地体现了自然、生态、社会三性合一的特征。

（二）耕地质量的特征

1. 耕地质量的动态性。耕地质量由自然地质条件和土壤环境条件构成，[1]耕地的品质不仅涵盖了耕地的生产能力，还与耕地的环境条件紧密相关，并呈现出明显的动态差异。通过合理的管理手段，我们可以有效地提高耕地的质量，但如果管理不当，也可能导致耕地质量的下降。在我国，由于不恰当的土地利用导致的耕地退化，如次生潜育化、次生盐渍化、沙化、营养缺乏、水土流失和环境污染等问题，已经达到了非常严重的程度。来自省、市、县三个层级的土壤肥力监测点的数据显示，耕地的基础土壤肥力正在下降，土壤中的养分含量也在减少，耕作层变得更浅，而土壤的容重则在增加。退化的质量已经变成了限制耕地生产能力的关键因素之一。

[1] 参见刘友兆、马欣、徐茂：《耕地质量预警》，载《中国土地科学》2003年第6期。

2. 耕地质量调控的滞后性。考虑耕地质量的不断变化，人们进行了多种形式的动态监测。然而，这些监测通常是在耕地质量出现退化之后才开始的，以便通过这些监测数据来识别问题并采取适当的治理措施。在这种情况下，耕地的生产性能和利用效益已经受到了一定程度的影响。因此，有必要加强对耕地质量的预警机制，通过深入研究和掌握耕地质量的变化规律，预测一段时间内的变化趋势和程度，并结合作物的生长和发育需求来进行相应的调控。这样可以有效地防止耕地退化，确保耕地质量的持续提升并保障耕地资源的可持续利用。

3. 耕地质量改造的艰难性。近年来，国家加大了退耕还林的力度，但大量的实践证明，退耕还林的土地在短时间内还达不到高标准水平。以耕地污染为例，消除污染是一个必要的但又非常困难的任务，需要采取包括生物技术、化学技术和工程技术等多项措施，经过长期的工作方能取得一定的效果。

二、耕地质量的影响因素

1. 政策环境

政策环境是国家、地方政府出台的土地管理、土地保护和农业政策等法律、标准和规定，以及政府的投资和支持政策等。政策环境对耕地质量的影响是全面的、长期的和深远的。在耕地保护政策方面，主要包括耕地保护红线划定、耕地占补平衡制度、基本农田保护制度和耕地质量监测评价等内容。在土地管理政策方面，主要包括土地利用总体规划、土地流转等方面的政策，土地管理政策对土地的使用和流转起到了规范和保障作用。在农业生产政策方面，政府为促进农业生产和发展的支持和引导而制定的政策法规，包括农业补贴、农村基础设施建设、农产品价格保护和农业保险等方面的政策。在环境保护政策方面，通过土壤环境保护、水资源保护和生态保护等内容，防止生态环境破坏对耕地质量的影响，保护生物多样性和生态系统完整性。通过制定和实施相应的政策，可以保障耕地的安全和稳定，提高耕地的生产力和利用效益。

张晏维和卢新海[1]运用马尔可夫区制转换向量自回归模型分析得出耕地保护效果具有明显的二区制特征，在经济增长缓慢的阶段，需要强化经济刺激手段和指令性控制工具的应用；而在经济增长稳定的时期，则应当加强对宣传引导手段的运用。

2. 自然环境

耕地质量受到气候、土壤、水文等自然环境条件的影响，自然环境恶化将对耕地产生直接或间接的影响。气候条件的变化可能导致土地干旱、水涝、土地侵蚀，甚至导致病虫害暴发等问题，从而影响耕地的利用率和产出。土壤是耕地生产的基础，土壤结构、物理性质、化学性质和土壤质量受到地形、地质等因素的影响。水文环境包括水资源的状况、水文地貌、水文气象等。水文环境的改变可能导致水土流失、水土保持能力下降，进而导致耕地的质量下降和生态环境恶化，也可能影响耕地中的生物群落和生物多样性。李强等[2]研究发现，气候变化会导致茶园土壤有机质和有效养分含量降低，并改变茶树体内营养元素的平衡，若降低钾、镁、硫、铁、锌等矿质营养元素的含量，则茶叶产量和品质会下降。

3. 社会经济环境

社会经济环境的变化会影响耕地的经营模式和管理水平，如耕地利用方式、种植方式、种植技术、机械设备和基础设施等，进而作用于耕地质量。施园园等[3]研究发现，耕地的多功能与经济社会发展协调模式随着经济的发展，由高生产—中社会—低生态的正三角形态向低生产—中社会—高生态的倒三角形态演变。李茹[4]研究发现，2006 年—2018 年，义乌的社会经济进步与耕地面积的减少之间存在显著的逆向相关性。杨肖杰等[5]研究发现，耕地利用的压力指数通常与国内生产总

---

〔1〕 参见张晏维、卢新海：《差异化政策工具对耕地保护效果的影响》，载《资源科学》2022 年第 4 期。

〔2〕 参见李强、韩文炎等：《气候变化对茶园土壤质量和茶树营养元素含量的影响》，载《中国茶叶》2020 年第 8 期。

〔3〕 参见施园园、赵华甫等：《北京市耕地多功能空间分异及其社会经济协调模式解释》，载《资源科学》2015 年第 2 期。

〔4〕 参见李茹：《义乌市社会经济发展与耕地面积变化的协调性研究》，载《湖北农业科学》2020 年第 18 期。

〔5〕 参见杨肖杰、秦明周等：《河南省耕地压力与经济发展耦合特征的时空分析》，载《地域研究与开发》2020 年第 3 期。

值和人均国内生产总值的重心转移路径保持相似。

4. 生产管理方式

生产管理方式是指农民在农业生产活动中采用的一种管理方法，它对耕地的质量起着决定性的作用。主要包括耕地利用方式、作物轮作方式、机械作业方式、灌溉施肥措施等。农业生产者所采取的生产管理方式很大程度上与其年龄、受教育程度、经营规模等相关。高瑛等[1]研究发现，主导农户对生态友好型土壤管理技术选择的关键因素包括对生产技术的认识、接受态度以及耕地的特性。此外，国家政策和农业收益对他们的采纳决策也起着重要作用。吕杰等[2]研究发现，农户年龄及相关培训数量显著影响农户采用地力提升关键技术。

三、耕地质量保护的具体措施

（一）高标准农田建设

1. 提高建设标准

以提高耕地地力 0.5 个等级以上为目标，按照“旱涝保收，高产稳产”要求，分区域、分类型确定建设标准，项目投资按照实际工程量审核确定，各级政府及相关部门要按照各自投入任务和亩均投入不低于 1500 元的标准，足额落实相应地方配套资金，力争用 2—3 年时间，使高标准农田建设标准有明显提升。鼓励各地整合涉农资金、新增土地出让收入，发行地方债券，开展金融贷款贴息，引导社会资本投入，利用“两项指标”交易收入等，多渠道筹集高标准农田建设资金，稳步提升建设标准。积极开展示范创建，真正建成遇旱能灌、遇涝能排、高产稳产的高质量高标准农田。坚持农水结合、农林结合、农地结合，按照渠道不变、用途不乱原则，实现项目相互配套，提升总体效益，确保项目区耕地质量、水资源利用率、粮食综合生产能力明显提升。

---

〔1〕 参见高瑛、王娜等：《农户生态友好型农田土壤管理技术采纳决策分析——以山东省为例》，载《农业经济问题》2017 年第 1 期。

〔2〕 参见吕杰、马新阳、韩晓燕：《不同经营规模农户地力提升关键技术行为及影响因素研究——基于辽宁省不同玉米主产区的调查》，载《中国农业资源与区划》2020 年第 3 期。

2. 突出建设重点

结合实际，突出农田水利设施、高效节水、耕地质量提升等重点。坚持因地制宜、分类施策，区分不同区域、不同类型，合理确定建设重点，把有限的资金用在刀刃上。坚持“以水定田”，农田水利设施和节水节能措施投资比例原则上不低于总投资的60%，陕南地区和旱作农业区可适当调减。落实“藏粮于地”战略，用于秸秆还田、增施有机肥、种植绿肥和深翻深耕等提高地力措施的投资，原则上亩均不低于200元。关中地区要灌排结合，完善水利排涝设施。陕北地区以水网建设为重点，结合坡耕地治理、固沟保塬、侵蚀沟治理、淤地坝等工程措施，推动黄土高原宽幅梯田的建设，强化雨水收集利用，发展高效雨养农业。陕南地区田间生产道路尽量满足宜机化要求，但不得将田间生产道路建成通村路。高标准农田的建设应尽量与建设用地耕层的剥离和再利用有机结合，加速地力恢复和改善。

3. 严格项目监管

加强项目前期工作，完善高标准农田项目储备库，随时申报、随时入库、动态管理、及时批复。坚持择优遴选原则，所有批复项目全部从项目库中产生，未入库项目一律不列入年度计划。工程竣工后，要及时对工程进行勘界测量，并设置永久标识，对施工内容，工程质量，资金到位，使用和管理制度的执行情况进行充分的核实，并及时完成资产移交手续。强化全程技术指导，开展常态化质量评估，加强督查指导和激励奖励，发现问题及时整改，确保高标准农田建设高质量推进。

4. 创新体制机制

进一步优化顶层设计，实行项目申报、审批、建设、验收、监管常态化、规范化。在立项阶段，严格核定在永久基本农田范围内实施，同步考虑新增耕地数量和新增粮食产能“两项指标”交易，优先安排新增耕地指标、产能提升空间较大的项目；在建设阶段，积极推行规划设计、工程建设、资金筹措等一体化推进模式。鼓励支持县（市、区）政府与有意愿、有实力、有基础的专业化企业或第三方机构开展合作，可由企业或第三方机构先行建设，并优先纳入当年建设计划；在建后管护阶段，积极探索“建管用”一体化试点，因地制宜落实管护责任。通过体制机制创新，优化完善工作流程，逐步形成“省级抓总、市县落实，技术统筹、闭环管理，投入多元、模式多样”的高标准农田建设新格局。

（二）轮作休耕与新技术运用

1. 轮作休耕技术

轮作休耕技术是为提高耕地质量和实现耕地可持续利用，采取以保护、恢复地力为目的的更换作物（轮作）或休耕的技术措施。通过合理利用农田和自然生态环境，轮作休耕可以使土地得到充分的恢复和休养，减轻土壤的耕作压力，提高耕地的利用效率和生产能力。上海稻作由1980年的一年三熟逐渐向一年一熟过渡，改善了农田生态环境和耕地质量，2019年休耕深翻—水稻轮作面积约48 000公顷，形成了注重生态、兼顾效益、种养结合的稻田轮作休耕制度和水稻绿色茬口模式。我国不同地域有其适宜的轮种与休闲方式。针对连作障碍地区，采取冬种绿肥、冬耕晒垡、增肥培肥、植豆制等多种轮种与休闲方式。在重金属污染地区，采取土壤改良、种植作物、科学灌溉等措施。地下水漏斗区则采用了季节性休耕和全年休耕的方式，其经济效益、社会效益、生态效益均可以显著提高。[1]

2. 新技术运用

（1）土壤改良剂施用技术

土壤改良剂是一种能改善土壤理化性状，提高作物产量的物质。施用土壤改良剂是快速改善土壤环境的技术措施之一，使用时需要注意土壤改良剂的种类、使用剂量和使用方式。土壤改良剂通常由多种成分组成，原材料种类较多，如秸秆、绿肥、珍珠岩、蛭石、高炉渣、污泥、木质素衍生物、多糖类衍生物、聚丙烯酰胺、聚乙烯醇类物质等。[2]按照其作用机理的不同，土壤改良剂又可细分为土壤结构性改良剂、固土

〔1〕参见黄国勤、赵其国：《中国典型地区轮作休耕模式与发展策略》，载《土壤学报》2018年第2期。

〔2〕参见赵记军、徐培智等：《土壤改良剂研究现状及其在南方旱坡地的应用前景》，载《广东农业科学》2007年第10期。

剂和调酸剂等。土壤改良剂能改善土壤的孔、气、水、酸、碱、瘠、漏、板、蚀等多种障碍因子。使用土壤改良剂不仅可以显著减少土壤的盐分含量、钠的吸附比率和 pH 值，还可以增加土壤中有机碳及其成分的含量，并提高土壤碳库的管理指标。[1]兰挚谦等人[2]经过测试认为土壤改良剂有助于提升番茄植株的相对生长速度、果实的品质以及土壤的肥力、根系活力、根系总表面积、果实糖酸比、果实可溶性固形物及维生素 C 含量，促进番茄提质增产。

（2）测土配方施肥技术

测土配方施肥技术是根据土壤理化特性，通过土壤分析确定土壤养分状况，再依据植物需求和施肥要求，科学合理施用化肥、有机肥、微量元素等肥料的技术。测土配方施肥技术可以提高施肥的准确性避免过量施肥导致土壤酸化、盐碱化等问题。测土配方施肥的具体措施根据土地类型、灌溉条件、作物种类、目标产量、施肥方式、种植模式等方面的不同而有所区别。周钦彩等[3]对水稻进行了测土培肥试验，结果表明，该方法对氮、磷、钾的利用率较常规施肥有较大的改善，能使化肥的使用量大大降低，增加了产量。张振等[4]研究发现，促进农户耕地保护与提高的关键因素是政府，经营规模、土地细碎化程度以及耕地质量是影响农户是否采用测土配方施肥技术的重要因素。

（3）绿肥种植技术

绿肥种植技术是通过种植具有固氮、改良土壤等功能的植物，达到增加土壤有机质含量，改善土壤质地，提高耕地质量的技术措施。大多数绿肥为豆科植物，其根系根瘤具有生物固氮功能，包括紫云英、豌豆、紫花苜蓿、蚕豆、田菁等。绿肥在培肥中起到了多方面的作用，它

---

〔1〕 参见冀拯宇、周吉祥等：《不同土壤改良剂对盐碱土壤化学性质和有机碳库的影响》，载《农业环境科学学报》2019 年第 8 期。

〔2〕 参见兰挚谦、郑文德等：《不同土壤改良剂对番茄生长和土壤肥力的影响》，载《河南农业科学》2019 年第 5 期。

〔3〕 参见周钦彩、朱明、胡正文：《不同土壤类型水稻测土配方施肥对肥料利用率的影响分析》，载《南方农业》2018 年第 36 期。

〔4〕 参见张振、高鸣、苗海民：《农户测土配方施肥技术采纳差异性及其机理》，载《西北农林科技大学学报（社会科学版）》2020 年第 2 期。

可以有效地提高耕地的肥力，提高化肥的施用效率，推动培肥景观的构建，还可以改善土壤的酸化。[1]绿肥种植需要因地制宜选择不同的绿肥品种和种植方式，以达到最佳的耕地保护与质量提升效果。张达斌等[2]在渭北旱塬地区研究发现，相较于夏闲期休耕，连续2年夏季种植并翻压豆科绿肥能够增加3.9%—11.8%的耕作层土壤有机质含量，提高4.5%—10.8%的全氮含量，增加2.7%—7.6%的土壤碳库管理指数。武江燕等[3]研究发现，不同类型的绿肥作物对改土培肥的作用效果不同，在会宁县山旱区种植红豆草，相较于箭筈豌豆、草木樨和紫花苜蓿，可显著提高土壤有机质、全氮和速效磷含量。

（4）农业工程技术

农业工程技术主要通过土地平整、合理归并、灌排设施建设、道路桥涵配套、农田林网建设、沟渠治理等工程措施，实现集中连片、田面平整、设施完善、生态良好、抗灾能力强的农田基础设施综合配套，满足现代农业发展需要。易铁坤等[4]采用层次分析法和特尔斐法对湖南省洞口县新增粮食生产能力田间工程项目区建设前、后的耕地质量指数和粮食产能进行测算，该工程实施后，增加了农田质量指数和综合生产能力，显著提高了农业机械还田能力，改善了农田灌溉、排水能力及障碍因子。

（三）黑土地保护

1. 科学设计制度体系

黑土地档案是黑土地保护的制度化产物，需通过制度体系推动落实。制度设计要既能兼顾全局，统筹规范整个建档活动，又注重个体实际，可针对性地规范具体业务行为。一是制定综合性档案管理制度。如

---

〔1〕 参见季卫英、单英杰：《基于绿肥种植的耕地地力培育模式探讨》，载《浙江农业科学》2020年第7期。

〔2〕 参见张达斌、姚鹏伟等：《豆科绿肥及施氮量对旱地麦田土壤主要肥力性状的影响》，载《生态学报》2013年第7期。

〔3〕 参见武江燕、任亮等：《适宜会宁县山旱区休耕地地力培育的绿肥作物筛选》，载《甘肃农业科技》2021年第3期。

〔4〕 参见易铁坤、李仟等：《基于田间工程建设项目的耕地地力评定》，载《湖南农业科学》2019年第11期。

黑土地档案三合一制度，从拟定档案分类方法、标识情况、归档范围、保管期限等方面，维护黑土地档案建设秩序，规范黑土地档案的建设行为，促进黑土地档案工作的开展。二是建立专业性档案管理制度。如黑土地土壤样品等特殊材质的实物档案，要考虑其特性，从存储环境、保存方式、日常管护、利用条件等方面确立科学的保护与管控制度，维持其初始化性状，发挥其考证价值。

同时，建立质量管控制度，以保障黑土地档案建设业务流程。一是质量标准前置。按照“源头治理”的原则，将通常设定在归档时的档案记录方式、载体、格式等标准要求，移至文件材料形成时加以约束，从根源上解决建设过程中校准滞后、重复性规范等问题。二是质量监督全程。从机制落实情况、档案质量情况、档案管控情况、档案服务情况等方面细化内容。依照“按时督导、及时整改、适时回访”的原则进行质量管控，有效监督黑土地档案建设全过程，促进流程的规范化运行。三是质量考核控尾。自 2015 年吉林省启动国家首批黑土地保护利用试点开始，“档案管理”就被纳入黑土地保护利用试点绩效考核指标体系中。在《黑土地保护法》公布后，吉林省又将“档案管理”自二级指标调整为一级指标，成为黑土地保护目标责任制九大考核指标之一。质量考核避免了档案管理流于形式，保证了建档流程落实的进度和准度。

2. 建立部门协作机制

黑土地保护工作涵盖农业农村、自然资源、环境保护、水行政、科技等部门，《黑土地保护法》要求建立黑土地保护协调机制。同样，黑土地档案的建设活动非一家之责，应全力整合各方力量，加强协调指导，推动构建黑土地档案建设的协调机制，促进档案资源的合理分配和最优使用。一是加强横向协作。要合力搭建黑土地档案建设的协调平台，以便增强各职能部门之间的政策协调、技术交互、环节衔接、资源共享。二是强化纵向协同。要深化省级建档单位总领、直属单位协同、上下联动的原则，探索垂直一体化模式，统一建设标准、统一组织实施，持续推进黑土地档案建设的协调发展。

第二节 耕地质量保护制度现状及问题

一、耕地质量保护制度的现状

（一）耕地质量保护制度发展历程

《民法典》第244条从宏观角度强调耕地保护且禁止违法征地；《乡村振兴促进法》第14条、第40条规定了耕地用途管制与休养生息制度；《土地管理法》第30—32条规定了如何实现耕地占补平衡，第37条、第40条、第75条明确了耕地用途的禁止性规定和法律责任。虽然上述法律规定勾画了我国耕地保护制度的基本框架，但仅仅依靠这些较为原则性的规定，既难以对耕地的质量和数量形成有效保护，又无法解决这些制度未体系化可能带来的制度抵牾、制度漏洞、制度失灵等问题：一是涉及耕地保护的法律条文存在“头痛医头，脚痛医脚”的倾向；二是有关耕地保护的法律条文高度分散，涉及条文数72条，分布在26部法律之中；[1]三是耕地保护制度的绩效面临严峻挑战。从宏观角度看，我国耕地保护制度是整体有效的，但存在的问题同样不容忽视。根据第三次全国国土调查的数据，2009年—2019年，我国耕地总面积共减少了1.13亿亩，这些减少的耕地又主要变成了城乡建设用地或者农用地。[2]有学者甚至认为，我国是耕地转变为建设用地最容易的国家。[3]

（二）耕地质量保护政策的演变脉络

1. 耕地保护政策制定起步期：耕地数量保护阶段（1978年—1997年）

1978年，中国在安徽凤阳的小岗村进行了一次大规模的内部改革。自此，依靠农业生产制度形式的转变和农业科学技术的发展，我国农村

---

〔1〕 参见肖顺武：《生物育种产业化的制度构造研究》，载《江西社会科学》2023年第9期。

〔2〕 参见韩杨：《中国耕地保护利用政策演进、愿景目标与实现路径》，载《管理世界》2022年第11期。

〔3〕 参见黄小虎主编：《新时期中国土地管理研究》（下卷），当代中国出版社2006年版，第54页。

耕地的产出大幅提升，有效缓解了粮食短缺的危机。然而，经济的快速发展也带来了新的矛盾，尤其是工业化和城镇化进程中耕地面积不断减少的问题。在此背景下，我国开启了对耕地保护在政策层面的探索，陆续出台了相关政策文件强调耕地保护的重要性，逐步形成了耕地保护的基本概念。1982 年 1 月 1 日，中共中央就“三农”问题发布了第一个中央一号文件，明确指出保护耕地是我国的重大国策。

1986 年是我国土地管理制度改革的重要一年，2 月成立国家土地管理局，标志着我国土地开始实现集中管理；6 月《土地管理法》的出台，标志着我国土地管理工作进入了法制化的轨道，这是一个新的历史时期。我国正式开启了耕地保护与质量建设的机制化、法制化和制度化历程。[1]此后，国家相继颁布了《土地复垦规定》（已失效）、《土地管理法实施条例》等一系列文件，旨在保障耕地面积和促进耕地多元化发展。[2]在 1994 年，基本农田的保护机制随之诞生。当时，中央把它作为一项重要工作来抓，强调要在全国范围内实行基本农田保护区制，并将其确定为国家对农业和农村经济发展具有全局性、战略性意义的重大决策之一。在 1997 年发布的《关于进一步加强土地管理切实保护耕地的通知》中明确指出，维护耕地不仅是我们的生命之源，而且必须严格遵循耕地总量动态平衡的准则，并严格限制对耕地的占用。

这一时期我国耕地面积呈下降趋势，其中 1978—1995 年耕地面积净减少 46 666.7 平方千米[3]。我国逐步开启了以耕地数量保护为目标的探索期，强调制止违法利用土地，从而保障粮食生产安全。

2. 耕地保护政策发展完善期：数量与质量并重阶段（1998—2012 年）

1998 年国家成立了国土资源部，建立了相对集中的国土资源行政体系，同年修订了《土地管理法》，标志着耕地“数量 + 质量”并重的目

---

〔1〕 参见韩杨：《中国耕地保护利用政策演进、愿景目标与实现路径》，载《管理世界》2022 年第 11 期。

〔2〕 参见赵谦、田皓婕：《耕地保护四十年：条款价值目标变迁论》，载《中国不动产法研究》2021 年第 2 期。

〔3〕 参见周利秋：《我国耕地保护制度变迁及其实施效果分析》，载《世纪桥》2017 年第 3 期。

标形成。在2001年发布的《关于进一步加强和改进耕地占补平衡工作的通知》（已失效）中，明确提出了通过对土地用途进行严格管制和实施耕地补偿来实现耕地占补平衡的方案，并对“耕地数量、质量和生态管护三方面协调统一”的原则进行阐明。2004—2008年，中央一号文件明确了提升耕地品质的目标方向。2012年，国土资源部印发了《关于提升耕地保护水平全面加强耕地质量建设与管理的通知》（已失效），明确提出要严守高品质耕地，提高耕地质量，严格落实占补平衡等有关制度，进一步强化耕地质量建设与管理。

这一时期在前期政策制定的基础上，对耕地保护的概念内涵、政策制度进行了强化，耕地保护政策体系初步构建，政策手段日趋多样化。该阶段所涉及的耕地保护制度与政策主要是围绕保障粮食生产安全和提高耕地质量这两个方面而制定的。随着人们对耕地保护认识的加深，我国的耕地保护政策也从以耕地总量为重点，逐渐向以耕地质量为重点的方向发展。总体而言，该阶段虽然处于耕地数量与质量并重阶段，但在耕地质量保护方面仍处在摸索阶段，相关规范的深化程度、可操作性均有待提升，从而影响了耕地质量保护的实际效果。

3. 耕地保护政策深化成熟期：数量、质量和生态并重阶段（2013年至今）

党的十八大以后，党中央和国家对可持续发展和生态环境的保护给予了极大的关注。耕地保护的目标逐步从“数量和质量并重”向数量、质量、生态“三位一体”的耕地保护理念进行转变。2014年的中央一号文件提出要兼顾高产高效和资源生态的永续利用，建立健全农业可持续发展的长效机制，努力走出一条具有中国特色的生态环境可持续新型农业现代化道路。2017年，《关于加强耕地保护和改进占补平衡的意见》强调了实施最严格的耕地保护制度和节约用地的重要性，提出了将耕地保护提升到与大熊猫保护同等的级别。该政策旨在坚定不移地保持耕地的红线，建立了一个涵盖数量、质量和生态的耕地保护的综合新框架。

这一时期，政府通过对耕地占补平衡、土地整治、高标准农田建设、轮作休耕等事项的积极引导，围绕数量、质量、生态“三位一体”的耕地保护目标制定各项耕地保护政策，构建了一套更加成熟的耕地质量保护体系，为落实“藏粮于地、藏粮于技”战略，保障国家粮食安全构筑了坚实的资源基础。

二、耕地质量保护制度的问题

（一）耕地质量保护制度呈现碎片化

耕地质量保护制度的碎片化主要表现在如下两个方面：（1）耕地质量保护立法的碎片化。自然资源立法调整领域的延伸和调整对象的细化，衍生出了许多专门立法。与耕地保护有关的现行法律除《土地管理法》之外，还有《农村土地承包法》《农业法》《土壤污染防治法》等法律法规，但是这些立法都是以耕地总量为重点，对耕地质量提高的规定比较零散。事实上，这种按资源品种进行单行立法的模式，最明显的结果就是“各扫门前雪”，难以在法律层面对耕地质量保护形成制度合力。（2）耕地质量保护对象的碎片化。就耕地质量保护与提升而言，虽然我国粮食主产区的分布、耕地等级、土地资源有所差异，但需要指出的是，对各地的耕地质量保护予以同等对待，理应成为不争的事实。在实际操作中，为了保护黑土地资源，提升黑土地的基本肥力，《黑土地保护法》于2022年6月24日正式颁布。应当说，该法为我国保护东北黑土地这种“耕地中的大熊猫”提供了重要依据，也非常必要。但我们也要认识到，东北黑土地仅仅是我国13个粮食主产区的一个部分，其他地方的耕地同样需要得到系统的保护。因此，如何将黑土地的保护和其他地区的耕地保护协同起来，从而保障我国的粮食安全，仍是我国耕地保护议程中的重要命题。

（二）耕地数量保护制度厚度不足

2022年11月28日，中共中央办公厅、国务院办公厅发布的《乡村振兴责任制实施办法》第5条就包括了“执行最严格的耕地保护制度，牢牢守住十八亿亩耕地红线”等内容。至此，坚守18亿亩耕地红线与耕地数量保护制度牢牢地捆绑到了一起。虽然18亿亩耕地红线制度总体上贯彻得较好，但当前耕地数量保护制度仍存在如下隐患：（1）耕地保护实践中往往存在“占多补少”“占优补劣”现象。换言之，占补平衡制度未能有效实现保护耕地数量的目标。事实上，第三次全国国土调查提供的数据表明，2019 年我国耕地总面积为 19.18 亿亩，与 2009 年的 20.31 亿亩相比减少了 1.13 亿亩。考其原因，城乡建设用地和农地转换的外延式发展很大程度上挤占了城镇周边优质耕地，经复垦补偿的耕地却多为低产田，并且劣于原有耕地的质量和等级，这种数量上的平衡很难达到耕地红线制度的本初目的。（2）优质永久基本农田的数量保护后劲不足。据《第三次国土普查公报》的数据，可计算出中高等耕地总面积为 14.74 亿亩，这与 15.46 亿亩的永久基本农田保护目标相比仍有差距。进言之，一定数量的低等级耕地可能被划入了永久基本农田。[1]由此看来，仅靠固守 18 亿亩耕地红线来确保耕地数量不减少，这个红线能否真正守得住、守得好，还值得进一步思考。这一问题产生的根源之一在于，耕地数量保护制度过于单薄、厚度不足，缺乏基于耕地“弹性空间”的保护制度，导致我国耕地数量实质上可能低于耕地红线制度的要求。因此，在耕地数量保护阈值下，究竟应当如何保护耕地才能确保耕地红线不被动摇，仍值得进一步探讨。

第三节　国外耕地质量保护制度考察

一、美国耕地质量保护制度考察

（一）美国耕地质量保护制度概况

尽管美国拥有更多的土地，但是美国近年来的人口增长与经济的发展，使美国的工业化与城市化进程加快，大片的土地被侵占。根据不完全的数据，单是都市化，美国每年就有 800 000 公顷的高品质农田流失，造成一系列的经济、社会、环境等方面的问题。为了应对日益严重的可耕种面积逐年下降，美国及州政府在这一问题上已经采取了一系列措施。

1. 法律措施

20 世纪 30 年代，美国通过《水土保持和国土资源配合法》，从

---

〔1〕 参见韩杨：《中国耕地保护利用政策演进、愿景目标与实现路径》，载《管理世界》2022 年第 11 期。

60年代起，农业用地的流转得到了充分的重视，并在70年代得到充分的关注。20世纪70年代中期，美国农业部重新成立了“土地使用理事会”，其主要功能是通过一系列的政策手段，对高质量农田进行保护。20世纪80年代，美国通过《农地保护政策法》，规定在土地保育项目中，向土地所有者发放补助。借由新农权法，农民可依市场状况，自行选择适当的耕地作为保护地，以享受后备地保育的补助。

2. 重点保护优质耕地

运用科学的手段对耕地进行动态监控，对耕地质量进行评价，对耕地进行保护。高质量耕地的保护，可以确保粮食、纤维和木材等资源的有效供应。加利福尼亚州建立了一个农业资源组织，以便进行更好的经营。该组织的第一项工作，是在高品质农地保护区范围内，划出高品质农地的位置与界线，并对高品质农地的不同用途做详细说明。

3. 科学合理利用土地

对土地进行科学评估，是对其进行合理开发、有效保护与治理的依据。根据全国范围的土地调查，美国的科学家建立了一套非常实用的土地容量等级，用来指示耕地的适宜范围和受限制的范围。美国的农场、牧场乃至全国，均将土地容量划分为对土地进行合理配置和调整的一个重要基础，其基点是使土地的生产力得到最大化，同时又能得到最大的开发。

4. 经济手段

在农地保护中，应采取“优选耕地”、“保护范围”、“税收优惠”和“税费减免”政策来保护耕地。根据土壤性质、地块面积、交通、排水等要素，划分出最有价值的地块，并在此基础上明确各地块的保护规模与次序。禁止农业用地的变更，包括优惠税收、延迟征税和限制协定。在最佳耕地四周划出一条缓冲区，仅用于农业生产和相关生产，禁止在耕地上建造住房等市政基础设施。

（二）美国耕地保护制度对我国的启示

1. 控制城市规模，防止优质耕地转变为城市建设用地

美国在加快城市化进程中，制定了一系列政策措施，切实加强了高质量耕地的建设，同时也通过保护优良耕地而实现了这一目标。

2. 把耕地保护与促进农村发展和农民持续增产增收相结合，使农民自愿参与耕地保护

美国农地保障制度的形成，是在农业发达、农业产业化、农民收入较高以及农户对耕地的积极维护的大背景下进行的。因此，我国对耕地进行保护，必须从战略、全局和长远的角度来进行政策设计，而不仅仅是为保护而保护，要将保护耕地与农业结构调整和农业产业化发展相结合。

3. 耕地保护要注重制度创新

一是改变现行单纯利用规划管制来保护耕地的做法；二是在建立永久基本农田保护区的同时，对保护区内的耕地实行一次购买开发权，并将其购置的资金用于土地收益中；三是对已丧失土地开发权的农地进行合理的流转，促进土地规模化、集约化经营。市、县政府也可以在城镇规划中预留用地密度和容积率，通过转让开发权对郊区和城镇周边的优质耕地进行保护。

4. 健全财政体制，深化行政管理体制改革

要从根本上解决“以农代农”问题，首先要对现有的财政体制进行改革，保证县（镇）两级财政支出，尤其是乡镇，要使财权和事权相结合；坚持“小政府，大服务”的思想；按照“政企分开”的要求，加速政府职能的转变，降低政府支出。

5. 耕地保护要全社会参与

耕地保护是政府的职责，但不是完全由政府来承担。除政府和农户应当在耕地保护工作中扮演更重要的角色外，在制定政策、制定规划、宣传教育、监督检查等方面，也要让广大的非营利性民间组织积极地参与到耕地保护工作中来。

二、韩国耕地质量保护制度考察

（一）韩国耕地质量保护制度概况

土地资源是人类赖以生存和发展的自然资源，任何一个国家都注重对土地资源尤其是耕地资源的保护，国家往往通过经济、法律、行政等多种手段强化对耕地资源的保护，借以提高耕地资源的利用效率。

韩国特别注重在现有的条件下强化对耕地资源的保护和利用，以满足经济社会发展对粮食和其他经济作物的需求。[1]如制定了韩国《国土利用管理法》、韩国《农地保护利用法》等专门性的法律法规。此外，还制定了一些比较有特色的制度，如农业振兴地域制度和农地开垦制度以及转用负担金制度等来保护有限的耕地资源。上述的法律法规和政策制度共同构成了韩国对有限的土地资源进行管理的依据，在耕地管理和利用中发挥着十分重要的作用。

1. 农业振兴地域制度

在高速发展的社会，韩国的经济快速增长，进一步加大了对土地的需求，致使大量耕地被占用，使农地利用出现了极不均衡的现象，带来了很多方面的社会问题。此外，由于韩国实行的是私人所有制，为了减轻由私人占有引起的耕地问题，对农业生产的规模化发展不利，韩国在20世纪60年代出台了韩国《农业振兴法》，在20世纪90年代出台了一套促进农业发展的地区体系。韩国农业的发展，一方面，要从提高农民的素质，提高农民的农业管理能力，提高农业科技含量等方面进行。另一方面，从法律上对土地的使用类型进行界定，并对其实施严格的使用管理体制，通过编制土地使用总体规划来限制可供使用的用地面积，有效利用和保护农地，使各项非农业建设占用耕地的总量降到最低限度，从而降低农地面积的负增长。

2. 农地开垦制度及转用负担金制度

农地开垦制度是为保持耕地的总面积不变，而准备开垦替代耕地的土地制度，从而保证粮食自给。耕地开垦费的支付对象为所有农业转移人口，其支付限额根据耕地种类和使用单位等级而定，一般为公布土地价格的20%。1993年，农作费用收取的基准为：水田为3600韩元/平方米，旱地为2160韩元/平方米。农地转用税费制度是一种对因农地非农化而导致地价上涨的受益方征收财政补贴的一种保护制度。在农地非农化过程中，对农地非农化产生一定的制约作用。韩国政府建立农地基

---

〔1〕 参见殷园：《浅议韩国耕地保护及利用》，载《辽宁经济职业技术学院（辽宁经济管理干部学院学报）》2008年第2期。

金，以确保农业结构的“占补平衡”具有较强的稳定性。这项政策始于1972年，它的资金是为了筹集开垦和发展耕地所需的资金，用以补偿农业用地的流失。农地资金主要由取代农地费用和资金使用所得收入两部分构成。农地资金的使用范围，主要有以下几个方面：取代农地经营、农业基本建设、资金使用与经营。农地资金是由农林部下属的农业基层公社所运用和经营。

（二）韩国耕地保护制度对我国的启示

1. 借鉴韩国的耕地利用许可制度

我国《土地管理法》将土地使用控制制度确立为国家的土地使用制度，并将其写入了法律。它的主要目的是通过制定土地利用总体规划、确定土地使用范围、划分用地使用区域、实施区域管控等措施实现对农业用地向建设用地的严格管控、建设用地总量的控制和对耕地的特殊保护。然而，我国并未形成充分的区域耕地保护补偿制度，导致当地政府利用其与中央之间信息不对称的“优势”，随意进行农用地转用。具体体现在：一是个别地方为了规避中央的审查，把耕地转为普通耕地，甚至把耕地变成了荒地；二是“化整为零”、分批报批，导致农地非农建设用地审批因当地利益而失效。对此，中国可以参考的地方在于，韩国于1972年就制定了韩国《农地保护利用法》，随后又制定韩国《农渔村发展特别措施法》、1996年制定韩国《农地法》全面规定了耕地保护及其利用的制度，其中耕地占用许可制度对耕地占用的申请、许可等程序都有着十分严格的规定。

2. 借鉴韩国的土地租赁制度

土地利用与租赁实质上是为了最大限度地发挥耕地利用的效果，提高耕地的收益。应当说中国在农村土地经营流转方面已经取得而且正在取得更大的成效，如我国制定了《农村土地承包经营权流转管理办法》（已失效），对流转的基本原则，以及流转的方式都作了规定。韩国政府在韩国《农地法》之中也有相似的规定，其中对中国具有借鉴意义之处在于，韩国的农渔村振兴公社主要对耕地规模化事业进行管理，公社通过在各地设立支社来进行地方性管理，它对耕地买卖、租赁等价格、购买资格等都进行审查。其运作模式仍然采取市场化的运作方式，自负盈亏，更有利于其按照市场经济的规律来运转。

除此之外，韩国土地利用管理法律制度中完善的土地立法、严格的土地执法等都可供我国研究。以土地投机为例，早些时候，我国开发商囤积土地的现象十分普遍，所以在这一方面，我国可以在分析自身土地法律管理制度的基础上，结合经验和教训，借鉴韩国土地公示制度、土地交易规章制度、土地租税制度、土地等级制度等方面的规定，采取有效的措施对土地投机行为进行管控。

三、法国耕地质量保护制度考察

法国政府考虑其对经济发展的重要性，将其提升为“国家战略”。法国对农业的发展十分关注，其农业经济呈现出蓬勃发展的态势，具有坚实的国民经济基础。

（一）法国的耕地质量保护概况

根据法国统计局提供的数字，法国是欧洲第一大农产品生产国，同时也是全球农产品最大的出口国，它的谷物产量超过了整个欧洲的1/3，而其农产品出口量仅次于美国。然而，随着法国人口都市化，乡村人口持续萎缩，2013 年法国农地总面积达 2774 万公顷，占法国土地总面积的 53%，62% 为可耕种土地，34% 为牧场，96% 为农户所拥有。

1. 土地征收制度

法国的农地是私人所有制，但同时也制定了相关的法律法规来保障农地的权益。法国现行的土地征收和赔偿体系，在很大程度上是由 1977 年的法国《公用征收法典》规范的。法国的“公用征收”，是指政府出于公益目的，依照法律规定的形式，并预先给予合理的补偿，通过法律手段，对私有财产进行强制性的获取。公共征用的法律原理在革命和帝国时代就已经形成，现在又受到法国《公用征收法典》的影响。根据法国《公用征收法典》和行政法庭的案例，公共征用仅在一定程度上是合法和有效的。有权利发起和进行公共征用的主体是有限的。只有国家才有征用权，但是，经公私法人的要求，国家可以对其进行征用。在公共征用的启动步骤中，原则上只有国有的、地方的组织、事业单位等公共事业单位才能提出公共征用。如果个人所从事的活动是公益的，并且法律规定对公共事业有征用权，则可以采用公共征用。例如，一些公用设施和公用事业的特许经营者（一般是私人公司），根据法定要求，为了特许经营，拥有对公用设施进行征用的权利。

2. 政府土地优先购买制度

为更好地掌握农地流转的方向，确保农地的农业用地不发生变化，国家应优先收购流转中的农地。拜占庭时代罗马法在租赁合同中规定了先买权，后又为法、德两国的《民法典》所承袭，得到了进一步的发展。法国最具代表性的“先买地”制度，指的是在出让土地后，由政府或其委派的组织对其进行优先收购；这一权利仅在地主同意放弃的情况下才能生效。法国政府早在1968年就开始实施了优先购买权制度，当地政府经常公开由于优先购买权而产生的收益，或者由于其他地主在别处随意出售而产生的收益。在我国，应确立国家的优先购买权，以约束农业用地转用，从而实现对耕地资源的保护。

（二）法国耕地质量保护制度对我国的启示

在20世纪50年代以前，法国可以说是一个完全的农业大国，在经济上处于落后的地位。但是，第二次世界大战之后，仅仅用了20多年的时间，它就完成了农业的历史性飞跃。法国在这方面取得的巨大成就，值得中国在这方面研究与参考。

通过研究上述制度，可以总结出如下特点：一是法国耕地保护制度较为系统固定。二是在法国的农地保护体系中，政府扮演了重要角色，建立了比较科学详细的评估机制，评估土地流转前后对公众利益的影响。三是法国在农地流转的过程中，制定了相关的法律，尽可能地保证了农地的稳定，从而保证了“粮食安全”。

第四节　完善我国耕地质量保护制度的对策

一、加强耕地质量保护救济制度

耕地保护救济制度是强化耕地保护治理能力和治理水平的重要抓手。事实上，耕地保护救济制度是整个耕地保护制度的落脚点，理由在于，如何规范耕地“非粮化”逐利行为和制止农村违法占地建房，是实现耕地保护制度价值的关键所在。要以《耕地保护法（草案）》（征求意见稿）的推出为契机，在立法跟进中实现耕地保护救济制度的体系化，确保耕地保护救济制度合理配置各类主体的权利与权力、义务与责任。易言之，要解决好耕地“非粮化”问题，需要及时回应如下问题：在制定“耕地保护法”的进程中，如何合理协调土地承包经营主体的经营自主权和具有公共产品属性的粮食安全两者之间的矛盾与冲突？如何在建构耕地保护与粮食安全法律机制的同时，保护好土地承包经营主体的基本权利？

（一）构建耕地“非粮化”的协同治理体系

一是建立清晰明确的跨部门协作机制。自然资源部和农业农村部可以定期联合开展耕地用途监测，加大耕地种植用途管制，编制好年度耕地“进出平衡”实施方案，尤其要注重监测分析永久基本农田和高标准农田的数量变化，防范“搭便车”或“打擦边球”情形。二是确定土地承包经营主体对耕地“种粮产粮”的义务和责任。此举在于强调土地承包经营主体对耕地享有的权利必须同耕地的粮食安全保障功能相一致。易言之，唯有土地承包经营主体明确自身所承担的耕地“非粮化”义务，耕地的粮食产能才能得到保证。当然，适度限制土地承包经营主体的耕地经营自主权，保障“非粮化”义务的落地，对其予以适当补偿也应是题中之义。三是发挥经济激励作用以维护相关主体的利益。从本质看，“非粮化”的原因是农民从事粮食生产所得收益较低。因此，应当建立健全耕地激励性保障制度，包括种粮农民收益保障制度、产粮大户直接奖励制度、粮食主产区利益补偿制度、耕地质量等级提升奖励制度、粮食生产机械化设施投入支持制度、科技种业技术推广制度等，以期落实“藏粮于地、藏粮于技”战略规划，激励耕地保护主体在保障粮食安全、提升产粮能力的同时增加土地经济收益。四是严把“考核关”，把好耕地保护责任目标考核制度落到实处，切实担负起防止耕地“非粮化”、确保粮食安全的重任。

（二）优化农村违法占用耕地建房的规制路径

一是运用科技手段强化耕地用途动态监管。自然资源部门可以积极开展“卫片监督与执法”，利用卫星遥感技术监察行政区域的土地在不同时段是否违法变更，对卫片图斑进行抽查和审核，并将实拍结果依法分类，推进监督模式向“源头发现、化解”方向发展。同时，扩大“耕地智保”场景应用范围，督促农村集体经济组织积极履行监督巡查责任，加强“人防”和“技防”的密切联系，织密耕地保护网，实现对农村违法占用耕地建房行为的有力监管。譬如，广西横州市依托无人机巡查，通过前后影像对比、图像叠加识别等方法，对耕地进行智能监控，及时制止了违法占用耕地建房行为。截至2021年，横州市耕地保有量125.08万亩，比2020年增加100万亩，实现了耕地净流入。[1]二是推进违法占用耕地建房行政执法和检察监督的有效衔接。为解决“裁执分离”情境下违法占用耕地建房行政处罚决定执行难题，有必要建立“行刑衔接”机制，充分发挥农业农村主管部门和检察机关的职能，特别是对违法占用大面积耕地建房的，理应建立规范长效的执法机制，实现案件的“早发现、早移送、早介入”。

二、以土地当量制度实现耕地数量与耕地质量的平衡

坚守数量红线与质量提升是实现耕地保护的“压舱石”。从耕地保护法律体系的内部定位来看，耕地数量保护与质量保护相辅相成，是一个具有系统性和层次性的概念。值得注意的是，研究耕地保护的数量红线与质量提升问题，我们不能局限于耕地红线与质量提升本身，而需要进一步站在土地当量制度的高度，从蕴含“市场机制、政府行为、配套制度”的体系化等宏观视角推动耕地数量红线巩固与质量保障提升。

（一）引入土地当量配额交易机制，发挥市场在耕地保护中的调节作用

要推进耕地保护数量红线的巩固和质量保障的提升，理应发挥土地当量的作用。如何界定土地当量？有学者认为，土地当量就是把具有粮食生产能力的各类耕地基于特定产出标准进行折算，从而使不同地域、

[1] 参见靳文辉：《空间正义实现的公共规制》，载《中国社会科学》2021年第9期。

资源禀赋和生产能力的土地能够统一核算、评估和交易。[1]该标准的优点是能够及时、准确地实施和推动耕地占补平衡“数字化”，并在某种程度上抑制了城市和农村建设用地的无序扩张。以“等额配额”制度运作，在“总量控制”和“市场调控”的前提下，发挥“政府”的作用。[2]本书拟从三个方面对耕地等效配额交易进行调控：一是利用市场机制对土地剩余空间进行合理配置，矫正政府对土地市场的过分干预，实现耕地保护“量”与“质”并举。二是将耕地视为一种稀缺的市场资源，不能被当地政府任意处理，其重点在于使用时要付出一定的代价。三是实施等价交易、限额交易，这是对耕地总量红线的一种补充，实际上是在“守住18亿亩粮食产能”的基础上，进一步强化了耕地总量保护制度。

（二）健全土地当量配额交易的配套制度

以土地当量制度实现耕地保护数量红线的维持与质量的提升，不仅需要土地当量交易配额交易机制发挥自身作用，还需要相关配套制度提供支撑：一方面，要加强立法保护。建议在《耕地保护法（草案）》（征求意见稿）中明确规定耕地数量保护与质量提升的范围和途径，以列举方式规定耕地保护数量红线维持与质量提升的禁止性行为，并将土地当量配额交易机制纳入立法，以因应耕地保护的体系化。另一方面，要激励地方政府保护耕地红线与提升耕地质量的积极性。要对现行财税体系进行适当变革，促使地方政府利用土地当量制度的正外部效应，处理好政府在耕地红线维持与质量提升中的“越位”和“缺位”行为。[3]同时，要保障好农户的利益，守住“农民利益不受损”的底线，并注重选择经济激励的方式，最大限度调动农户耕地数量红线维持与质量提升的积极性和自觉性。

---

〔1〕 参见阮熹晟、李坦等：《基于生态服务价值的长江经济带耕地生态补偿量化研究》，载《中国农业资源与区划》2021年第1期。

〔2〕 参见陈浮、刘俊娜等：《中国耕地非粮化空间格局分异及驱动机制》，载《中国土地科学》2021年第9期。

〔3〕 参见陈琛、孙安然：《自然资源部挂牌督办和公开通报13起重大典型土地违法违规案件》，载《中国自然资源报》2021年1月20日，第1版。

三、建设耕地质量动态数据库和信息系统

互联网作为一种重要的信息发布平台，通过互联网进行空间数据的发布，为用户提供浏览与应用，是一种必然的发展趋势。信息系统是一种基于系统的观点，利用计算机、网络等现代工具和装置，利用数学的方法，为人类在管理中的人机一体化提供服务的一种信息处理系统。它是指通过收集、加工、储存、管理、检索、传输等手段，为相关人员提供所需的信息。该系统的建立可以为耕地资源的合理利用、耕地质量保护的科学建设提供技术平台和管理工具，对今后耕地资源合理利用和耕地质量有效保护具有十分积极的意义。

（一）耕地质量动态数据库的意义

1. 为耕地保护提供科学依据。耕地质量动态数据库可以为耕地保护提供科学依据，明确各类耕地的优劣势和适宜用途，有助于制定科学的耕地保护政策和措施，提高耕地质量保护的水平。

2. 为土地利用规划提供基础数据。耕地质量动态数据库可以为土地利用规划提供基础数据，为农业生产和农村经济发展提供可靠的土地资源评价结果和土地利用方案。

3. 为农业生产提供科学依据。耕地质量动态数据库可以为农业生产提供科学依据，指导农业生产的选址、种植方式和施肥措施等，提高农业生产的效益和质量。

4. 为农村经济发展提供支撑。耕地质量动态数据库可以为农村经济发展提供支撑，为农村经济结构调整和农民增收提供科学依据。

（二）耕地质量动态数据库的建设

耕地质量动态数据库的建设是一个复杂的过程，涉及多个方面的知识和技术。具体来说，耕地质量动态数据库的建设可以分为以下几个步骤：

1. 耕地调查与评价。耕地调查与评价是耕地质量动态数据库建设的第一步，也是最为关键的一步。在耕地调查与评价过程中，需要对各类耕地的土壤肥力、生产力、地形地貌、水文特征、气候条件等进行详细的调查和分析，以便确定各类耕地的特征和等别标准。

2. 数据库设计与建设。数据库设计与建设是耕地质量动态数据库和信息系统建设的核心内容。在数据库设计与建设过程中，需要确定数据库的结构、数据表和字段等，以便存储和管理各类耕地的相关信息。同时，还需要选择合适的数据库管理系统和数据采集工具，以确保数据库的稳定性和数据的准确性。

3. 数据采集与录入。数据采集与录入是耕地质量动态数据库建设的重要环节。在数据采集与录入的过程中，需要将耕地调查与评价的结果进行整合和归纳，以便录入到数据库中。同时，还需要对数据进行审核和核对，以确保数据的准确性和完整性。

4. 数据分析与应用。数据分析与应用是耕地质量动态数据库建设的最终目的。在数据分析与应用过程中，需要对数据库中的数据进行分析和挖掘，以便得出科学的评价结果和利用方案。同时，还需要将评价结果和利用方案应用到实际工作中，为耕地保护、土地利用规划、农业生产和农村经济发展提供科学依据。

（三）耕地质量动态数据库标准的制定

耕地质量动态数据库标准的制定是耕地质量动态数据库建设的重要环节。在制定耕地质量动态数据库标准时，需要考虑以下几个方面的问题：

1. 数据库结构和字段。耕地质量动态数据库标准应当明确数据库的结构和字段，以便各地区在建设耕地质量动态数据库时可以按照标准进行设计和建设。

2. 耕地质量评价指标。耕地质量动态数据库应明确各类耕地的评价指标，以便各地区在进行耕地调查和评价时可以按照标准进行操作。

3. 数据采集和录入标准。耕地质量动态数据库应明确数据采集和录入的标准和规范，以便确保数据的准确性和完整性。

4. 数据分析和应用标准。耕地质量动态数据库和信息系统标准应明确数据分析和应用的标准和规范，以便确保评价结果和利用方案的科学性和可靠性。

四、构建体系化耕地保护储备制度

耕地保护储备制度既是保障粮食安全的重要议题，又是落实“藏粮于地”战略和耕地占补平衡制度的重要支撑。根据有关研究，为实现2035年“美丽中国”的远景目标，我国人均粮食需求量须在2030年后达到约460公斤才能符合耕地保护的阈值要求。[1]因此，为提升耕地保护的韧劲和后劲，有必要构建体系化的耕地保护储备制度。

（一）完善耕地保护储备制度体系

一方面，要为扩大耕地储备资源量奠定制度基础。从“为何储备—如何储备—如何保障储备”的思路出发，建议在《耕地保护法（草案)》(征求意见稿）中增加释明耕地保护储备的相关概念内涵与外延，确定耕地保护储备的范围、标准、途径、程序等，明晰耕地保护储备过程中土地所有、整治、保护主体的权责，合理架构耕地保护储备的制度体系。另一方面，要健全耕地保护储备的监管机制。设立耕地保护储备制度的初衷是构建国家耕地保护储备区。从防止储备耕地被侵占、不合规利用来看，强化耕地储备监管尤为必要。要以第三次全国国土调查数据为基础，建立区域耕地保护储备区面积、耕地等级、生产潜力的台账，县级党委和政府是本地区耕地储备监管的“一线指挥部”，要依托大数据、人工智能、卫星遥感等技术，打造精准化、全覆盖、全要素智慧监管平台，加强对耕地储备区的事中、事后监管和维护，防止违法变更储备耕地的用途。[2]

（二）加强耕地保护储备制度与相关制度的有效衔接

一是与耕地保护制度的有效衔接。实施耕地保护储备制度既是对耕地数量红线与质量提升的拓展，又是对耕地保护“弹性空间”的延伸，两者衔接旨在为夯实耕地数量红线、建设高标准农田提供制度支持，为耕地保护的体系化和耕地储备的规模化奠定制度基础。二是与用途管制

---

〔1〕 参见牛善栋、方斌：《中国耕地保护制度70年：历史嬗变、现实探源及路径优化》，载《中国土地科学》2019年第10期。

〔2〕 参见梁鑫源、金晓斌等：《藏粮于地背景下国家耕地战略储备制度演进》，载《资源科学》2022年第1期。

制度的有效衔接。从土地用途管制制度的实践来看，其注重对土地整体进行规制，范围过于宽泛，实践效果并不理想。耕地保护储备制度和用途管制制度的衔接，在制度价值层面是相契合的，既有助于深化土地用途管制制度的理论内涵，又有助于激励耕地储备制度的弹性和效能。[1]三是与耕地生态保护制度的有效衔接。耕地生态保护是基于耕地数量红线与耕地质量提出的新要求，即耕地数量、质量、生态“三位一体”保护。耕地保护储备制度亦关注储备耕地的生态条件、生产潜力等指标，因此，应实现耕地保护储备制度与耕地生态保护制度的衔接，以最大限度发挥耕地生态保护的合力。

---

〔1〕 参见杜国明、梁常安、李宁宁：《建立国家耕地战略储备制度的思考》，载《农业经济与管理》2022 年第 3 期。

第九章　耕地生态保护制度

第一节　耕地生态保护制度概述

一、我国耕地生态保护面临的形势

中华人民共和国成立以来，用占全球7%的耕地，解决了全球20%左右人口的粮食问题，对全球粮食安全做出了卓越贡献。[1]然而我国耕地在相当长的历史时期内却受到了严重的挑战，20世纪50年代末无视生态脆弱性与土地生产限度而盲目垦殖，改革开放后耕地由于城市建设与工业用地被大量侵占而锐减，城镇开发，工业发展造成耕地质量持续下降，生态恶化，尤其在21世纪初，随着中国城市化和工业化进程的加快，耕地数量减少且有扩张之势，而耕地质量却在降低，耕地生态正在受到损害。近年来，受实施最严格耕地保护制度及耕地保护措施等因素影响，耕地数量减少速度减缓，耕地质量及生态问题在一定程度上有所减轻。

《2022中国生态环境状况公报》显示，全国土壤环境风险得到基本管控，土壤污染加重趋势得到初步

〔1〕参见浦绍仙、金莲：《新中国成立70多年来土地制度改革与土地市场演进分析》，载《自然资源情报》2022年第2期。

遏制，全国农用地土壤环境状况总体稳定，影响农用地土壤环境质量的主要污染物是重金属，其中镉为首要污染物；我国的耕地污染包括农药和化肥污染、重金属污染、畜禽粪便污染、废弃秸秆污染、农膜残留污染、大气污染物沉降污染等；全国重点行业企业用地土壤污染风险不容忽视。另外，《中国耕地地球化学调查报告（2015 年）》也显示，东北黑土地有机质含量明显下降，南方耕地酸化和北方耕地碱化趋势加剧。综合来看，当前我国耕地污染加重趋势有所减缓，但仍存在耕地土壤污染防治与生态修复任务，亟待加强耕地生态系统完整性修复与耕地生态保护区建设。在高质量发展阶段，面对我国城镇化、工业化进程缓慢的现实，必须加速推进耕地数量、质量、生态“三位一体”的建设。

二、耕地生态环境问题

目前，我国耕地退化面积占耕地总面积的 40% 以上，[1]水土流失、土地沙化和荒漠化、盐碱化、土壤污染、土地肥力下降等问题，在局部地区表现明显。这里主要分析耕地土壤污染防治的特点和成因。

1. 耕地土壤污染的特点

耕地是农业生产的最根本因素，也是人的生存之本。耕地土壤质量的好坏直接影响着我国的粮食和人民的身体健康，也影响着我国农业的可持续发展。农田土壤污染是长期积累的产物，具有隐蔽性、难以控制等特征。耕地土壤受到污染后，污染物难以扩散、稀释、迁移或降解，更难以在作物中积累，并以作物为媒介，被人或动物摄入。相对于其他污染，耕地土壤污染具有地域广、人数多等特点，对农产品质量和人类身体健康造成了极大的威胁，同时也加重了农田资源的匮乏，限制了农业的发展。此外，耕地土壤的污染也使水体、空气的污染更加严重。一方面，土壤作为污染物的“接受体”，水体及空气中的污染物一旦进入土壤，就会对土壤造成严重的污染，进而影响作物的正常生长；另一方

---

〔1〕 参见潘林青、王宇：《我国耕地退化面积已超耕地总面积 40%》，载人民网，http://env.people.com.cn/n/2014/1105/c1010-25976348.html。

面，当土壤被污染后，污染物会以挥发、径流、渗透等形式进入空气中，从而造成水体和空气的污染。[1]

2. 耕地土壤污染的成因

耕地土壤污染是多种因素综合作用的结果。第一，化肥、农药、农膜的使用过度。我国化肥、农药、农膜的使用量高居世界之首，远低于发达国家制定的安全使用量标准，且使用效率较低。化肥、农药和农膜的大量使用，不但影响了农业生产的安全性，还造成了土地质量的下降。[2]第二，农村的生产、生活废弃物乱堆。近年来，我国的农村生活状况有所好转，但是大部分地区还没有建立起垃圾收集和处理设施，农民将生产生活中的垃圾随意堆放，垃圾中的有毒、有害物质渗透到土壤中，引起了土壤的污染。第三，非法排污的乡村产业企业。一些乡村企业为节省成本，对生产中的废水、废渣等污染物进行了简单的处理，甚至未经处理就排放，造成了农田土壤的污染。

三、耕地生态保护内涵和途径

耕地生态保护就是人类基于耕地资源的功能和特征，按照特定的社会经济目标，为了使耕地资源的可持续利用，维护农业、经济、社会的稳定、和谐、健康发展而采取的一系列的措施和行动，包括通过法律、行政、经济、技术等手段。主要途径包括土壤污染防治、生态修复和生态补偿。

农业污染会造成农产品中有毒有害物的含量超标，对人们的健康和生命安全构成了极大的威胁。为保证人民的健康和生命安全，有必要对受污染农田进行治理。耕地生态修复工程对于降低农业生产中的重金属污染风险、降低人体对重金属的累积、保护人类健康具有重要意义。[3]

---

〔1〕 参见董红、王有强：《我国耕地土壤污染防治立法探析》，载《西北农林科技大学学报（社会科学版）》2022 年第 2 期。

〔2〕 参见王学军、龙文静：《我国农产品产地环境安全法规和政策的现状与展望》，载《农业环境科学学报》2014 年第 4 期。

〔3〕 参见王翔：《乡村振兴背景下农村耕地污染及修复对策研究》，载《农村经济与科技》2023 年第 3 期。

耕地是一种特殊的生态资源，它不仅具有基本的食物供给功能，而且对维护生态环境具有重要的作用。耕地生态补偿法律机制就是以保护耕地为目标，通过建立一套协调各方关系的法律机制，对耕地生态进行有效的补偿，使其在法治的框架内有序运转，从而达到耕地保护的目标。

第二节　耕地生态保护制度现状及问题

一、我国耕地生态保护制度的政策规范体系

我国关于耕地生态保护的规范文件最早从2016年开始明文发布。从政策手段上看，具体可以分为四类，第一，《关于加强农田防护林建设管理工作的通知》《关于进一步做好受污染耕地安全利用工作的通知》《探索实行耕地轮作休耕制度试点方案》等政策文件，用行政手段对建设农田防护林、治理污染耕地、探索耕地轮作轮休、解决耕地污染防护与治理、建立科学轮耕轮作方案等试点实践工作提出了要求。第二，《关于健全生态保护补偿机制的意见》《关于深化生态保护补偿制度改革的意见》等文件采取行政手段与经济手段相结合的方式，建立耕地生态保护补偿机制，通过政策调节耕地相关主体之间的利益关系。第三，通过《国土空间生态保护修复工程验收规范》《国土空间生态保护修复工程实施方案编制规程》等技术规范，从生态修复实施和生态修复验收等方面，对耕地生态修复程序及标准进行规范。第四，通过《土壤污染防治基金管理办法》（已失效）、《关于鼓励和支持社会资本参与生态保护修复的意见》等规定的经济手段，建立耕地生态保护资金体系，并引导社会资本参与进来，为耕地生态保护工作提供更多资金保障和创新动力。[1]

二、我国耕地生态保护制度的法律制度体系

最近几年，国家对耕地生态保护进行了重点关注，并对其采取了相

---

〔1〕 参见李志、符平杰等：《近十年我国耕地保护政策的回顾与启示》，载《中国国土资源经济》2024年第1期。

关的措施。当前，耕地生态保护工作在防治耕地污染、探索科学利用耕地等领域取得了良好的效果，同时，还对社会进行了积极的引导，形成了一套较为健全的耕地土壤污染防治体系、耕地生态恢复体系和耕地生态补偿体系。在此背景下，通过构建耕地生态建设、污染防治等方面的标准，并将其纳入法规体系，为构建“数量—质量—生态”“三位一体”的耕地保护模式奠定了坚实的基础。[1]

（一）耕地污染防治

1. 我国耕地土壤污染防治立法状况

在治理耕地土壤污染的过程中，法律是最行之有效的手段，国家对立法工作给予了高度的关注，相继出台了一系列关于耕地土壤污染的法律、法规，这极大地推动了耕地土壤污染治理工作的不断深入，对保护和改善耕地土壤环境、推动耕地资源可持续利用具有重大意义。目前，我国制定了《环境保护法》《土壤污染防治法》《农业法》《基本农田保护条例》《土地管理法》《水污染防治法》《农用污泥污染物控制标准》《农田灌溉水质标准》《农药安全使用标准》等法律法规，形成以《土壤污染防治法》为核心的比较完善的耕地土壤污染防治法律体系。[2]

2. 我国耕地土壤污染防治执法机制

耕地土壤环境是一个非常广泛的概念，它包括粮食生产、国土资源的利用和保护、水资源的开发和保护等，按照现有的立法，在耕地和土壤污染防治方面，除生态环保部门拥有执法权之外，农业农村部门、自然资源部门、水利部门等也享有执法权，也是执法主体。另外，地方政府对耕地土壤污染防治的法律规制也不尽相同。可以看出，目前我国耕地土壤污染防治的执法体系属于“条块分割”，执法主体众多，执法权众多。[3]

---

〔1〕 参见李志、符平杰等：《近十年我国耕地保护政策的回顾与启示》，载《中国国土资源经济》2024 年第 1 期。

〔2〕 参见姜双林、姜群华：《浅论中国农业生态环境的法治保障》，载《浙江林学院学报》2005 年第 4 期。

〔3〕 参见张秀秀：《耕地污染治理责任主体类型化初探》，载《河北工业大学学报（社会科学版）》2015 年第 4 期。

（二）耕地生态修复

1. 我国耕地生态修复制度的发展趋势

从1999年开始关注农田污染的行政法规出台到2019年《土壤污染防治法》正式生效的几十年间，我国针对耕地土壤污染已经形成了较为完善的政策体系，这既与国家土壤污染加剧的严峻现状有关，同时也与我国推进环境保护的立法原则有关，越来越多的人开始关注土壤污染的治理问题，对立法演变的特点进行总结发现主要有以下四点：

其一，目前，我国的耕地和土壤污染治理的立法发展呈现由点到面的特征，其中的“点”是指个别的条款，“面”就是“特殊”的文件，立法的演化是有一个过程的，它必须要按照一定的顺序来进行，从最初单一的、浅显的规定，分散在不同的法律法规中，所涵盖的内容相对较少，到后来随着不断的发展，内容也越来越丰富，最终形成了专门的法律法规。比如我国的《土地管理法》中就只有个别的条文提到了关于耕地土壤污染修复的内容，随着耕地土壤污染形势的日益严峻，国家越来越重视对于耕地土壤污染治理的相关文件的制定。

其二，当前我国耕地土壤污染修复制度立法演变的特点是由边缘到中心。这主要与人们对耕地土壤污染的重视程度有关系，一开始，人们更多的是关注经济利益，然后才逐渐地转向了环境利益，但在重视环境保护的时候，却并没有把耕地和土壤的治理放在心上，所以，在制定的专项环保文件中，很少提到耕地和土壤的治理，有的文件中只零星提及，连耕地和土壤污染这个词都没有。耕地土壤污染治理长期以来都是一个被忽视的领域，既没有制定专门的文件，也没有召开专门的会议。随后，由于耕地土壤污染治理的问题越来越受到公众、立法机关和其他机构的重视，所以，耕地土壤污染防治才开始受到人们的重视，2008年，召开了专项会议，2014年，对其展开了专门的调查，2016年，国务院发布了《土壤污染防治行动计划》；2019年，《土壤污染防治法》正式开始施行……这体现了如今国家和公众越来越关注耕地土壤污染的防治问题，其也逐渐从边缘转向中心。

其三，我国耕地土壤污染治理体系的特征是从抽象走向具体。这很大程度上是一开始对其认识不足，所以发布的文件原则性太强，可操作性不强，而在当前耕地土壤污染问题日益严峻的背景下，《土壤污染防治法》的颁布成了一个重大转折，它概括了耕地土壤治理的各个方面，之后，各个省市相继制定了针对性的文件，并根据地方的实际情况，对其进行了详细的规定，使其操作过程更为详细。具体来说，主要有两点：一是制度设计逐渐完善，人们逐渐改变了思想，由重视事后的治理转向预防和治疗并重，建立风险管理机制，建立比较健全的评价系统，同时也十分重视恢复的效果。二是注重分类的政策，根据不同的用途将其划分为农业用地、建设用地，分别加以管理；并设定了污染级别，根据不同的污染类型，设定了相应的污染处理方法，这样的做法，可以根据实际情况进行相应的处理，相对于之前的规定，要更加细致。

其四，我国耕地土壤污染修复制度的特点还体现在由分散到统一。长期以来，我国并未对耕地土壤污染进行专门的立法，而是以《基本农田保护条例》和《危险化学品安全管理条例》为主要内容，对此进行了较为零散的规定。事实上，耕地土壤的污染是一个很大的问题，因为它与污水和垃圾的处理有很大的关系，所以分散在各个专项的法律之中。我国现行《土地管理法》对耕地土壤污染治理的相关规定大多不完善，通常只是笼统地提到，既没有设定具体的要求，也没有对责任主体进行具体的界定，还缺少相关的监督机制，难以对实践起到很好的指导作用。《土壤污染防治法》的颁布对上述文件中涉及的有关耕地土壤污染防治的条款进行了概括，并将它们集中在一起，实现了从零散到统一的转变。它不但提供了更加清晰的监督机制，还提供了相应的支持措施，加强了对耕地土壤污染防治的预防与修复，并对耕地土壤污染防治的法律体系进行了进一步的健全，从而建立起了比较健全的法制体系。

2. 我国耕地生态修复制度的主要内容

（1）规划制度

地方人民政府负责本行政区域内的土壤污染防治和安全利用，县级以上的人民政府应将土壤污染的预防和治理工作纳入国民经济和社会发展规划、环境保护规划，设区的市级以上地方政府及其主管部门应根据土壤污染普查和监测状况、土壤用途以及其他规定编制土壤污染预防和治理规划，通过官方网站或其他渠道公布后实施。

（2）标准制度

国务院主管部门依据土壤环境背景值、土地用途、土壤污染调查状况、人体健康风险、生态环境风险以及科学技术水平，经专家审查、论证和征求公众意见后，制定国家层面的土壤污染风险管控标准。省级人民政府可以对国家标准中未作规定的项目制定地方标准；对国家标准中已经作出规定的项目，可以从严制定地方标准。地方制定的管控标准应当在其网站上公布。法律还规定了主管部门应对土壤污染管控标准进行定期评估，并依据评估结果进行适时修订。

（3）监测制度

土壤环境监测制度是指国家为了解土壤环境质量状况所采取的一系列措施。国务院生态环境部会同其他主管部门建立土壤环境监测网络，统一规划、设置土壤环境监测站点，并制定土壤环境监测规范。对曾产出超标农产品、发生重大污染事故或者作为填埋用地的农用地块进行重点监测；对曾用于处置有毒有害物质、发生重大污染事故或者作为堆放固体废物的建设用地进行重点监测。

（4）调查制度

调查制度是指为了弄清楚地块的实际污染状况而采取的一系列举措。首先，由专家和技术人员成立调查顾问组全面负责土壤污染调查工作；其次，经专家论证后制定全国性的土壤污染状况调查方案；再次，严格按照相关规定进入调查环节；最后，依据调查结果形成土壤污染调查报告。地方人民政府及其有关部门可以根据本地区的实际情况组织开展土壤污染状况的详细调查，对用途发生变更的地块，相关监管单位必须开展调查并提交相应的报告。

（5）风险评估制度

风险评估是指区分不同的土壤利用类型，对污染地块中的污染物含量进行判断，是否超出法律规定的筛选值和管制值，制作风险评估报告。根据法律规定对超出法定标准的地块实行管控或修复，对未超出标准的地块实行监测。

（6）效果评估制度

效果评估指的是评价土壤污染修复活动完成的结果是否满足要求并

实现预期目标。根据土地类型的不同需要满足不同的要求，对其结果都应当形成文字报告，建设用地在备案的同时需要提交评审，其他用地仅备案即可。

（7）信息共享与公开制度

各级人民政府及主管部门建立土壤环境信息共享机制，实行数据动态更新和信息共享，依法向社会公开有关土壤污染防治的信息。

（8）责任制度

明确责任人机制，一般情况下谁污染谁负责。土壤污染责任人负责污染地块的管控和修复，如果出现了责任人无法明确的情况，由使用权人负责修复工作；各地的政府及有关部门可以根据土壤污染的实际情况组织实施地块的管控和修复工作。国家鼓励和支持有关当事人自愿开展污染地块的修复工作。

（三）耕地生态补偿

在2015年实施的《环境保护法》中，第31条是关于生态保护补偿制度的内容。虽然在该部法律中并未明确规定关于耕地生态补偿的内容，但是耕地生态补偿作为生态补偿的组成部分，为避免重复立法，可以将生态补偿的部分共通规定作为耕地生态补偿的法律依据。

《农业法》第31条规定了耕地保护制度，在该条中虽未明确提出耕地保护的生态补偿制度，但对于耕地进行生态补偿也是对耕地的一种特殊保护，所以该条可以作为耕地生态补偿的依据。第38条也有相关的规定，即政府农业的财政预算中要包括对加强农业生态环境保护建设的部分。耕地生态作为农业生态环境的重要组成部分，通过财政手段，加强对耕地生态的资金投入是对耕地进行生态补偿的有效方式，通过对耕地生态资金的投入可以直接加强对耕地生态环境的改善和保护，以此来加强对耕地的保护。

《土地管理法》第31条规定了对占用的耕地的土壤的处理方法。该条规定了占用耕地的单位通过将占用耕地的耕作层的土壤用于其他耕地的土壤改良。这是通过对耕地土壤的直接改善来对耕地进行生态补偿，这种补偿方式的直接受益的对象是耕地本身，通过这种补偿方式可以更加经济地改良耕地土壤，维护耕地生态环境，同时也能减轻补偿主体的经济压力和避免优良土壤资源的浪费。第36条规定了耕地轮作休耕制度和防止土地污染、荒漠化等问题。通过政府引导耕地的经营者对耕地进行轮作休耕，可以缓解耕地的耕作压力，保护耕地的生态环境，可以将这种轮作休耕的模式看作对耕地生态的直接补偿，通过这种直接补偿的模式有效地对耕地进行保护，但是也要通过其他的配套措施对轮作休耕的主体所受到的经济损失进行补偿，才能更好地推动轮作休耕制度的实施。

《土壤污染防治法》的第27条第2款及第54条第2款规定了政府部门进行土壤污染防治可采取的具体措施。通过上述两条规定的内容可以看出各级政府及相关部门通过各种政策鼓励支持农业生产者对土壤进行改良和培育，以此突显政府及其相关职能部门对耕地生态补偿所发挥的作用。在该条法律规定中主要明确了政府部门作为耕地保护生态补偿的主体作用，这有利于推动政府在耕地保护生态补偿方面发挥积极作用，为政府相关职能部门履行职责提供了法律依据，同时也使政府职责更加明确。

三、我国耕地生态保护制度存在的问题

（一）政策规范体系

从改革开放到现在，已经逐渐形成了一套以法治为主干，以技术为主要手段，以行政手段为导向，以经济手段为辅助的科学制度。[1]但是，在过去的十几年里，经济手段只是作为一种辅助性的工具被运用得很少，没有充分发挥其在市场经济中的激活功能。耕地的“非农化”和耕地的“非粮化”，究其原因是市场经济的快速发展而产生的一系列经济问题。[2]之所以会出现这样的情况，是因为将耕地这一要素投入到其他领域可以获得较高的收益，因此通过经济手段来调节由于经济原因造成的耕地问题可能会更为直接和有效。为此，在现阶段，耕地保护工作

〔1〕 参见刘丹、巩前文、杨文杰：《改革开放40年来中国耕地保护政策演变及优化路径》，载《中国农村经济》2018年第12期。

〔2〕 参见钟钰、巴雪真：《收益视角下调动农民种粮积极性机制构建研究》，载《中州学刊》2023年第4期。

要更多地关注耕地的供给与需求之间的关系，运用有效的经济学方法，增强其合理利用耕地、保护耕地的意识与能力。

（二）法律制度体系

目前我国的耕地生态保护整体还处在构建过程中，存在耕地土壤污染风险评估机制、环境标准体系、部门协作机制和监管机制不够健全，以及没有建立起耕地生态保护基金制度等问题。

1. 耕地土壤污染防治

（1）耕地土壤污染风险评估机制存在立法空白

在风险防范系统中，风险评价居于核心位置，其他治理机制则是基于评价结果来确定控制策略。在对污染土壤进行风险评价的基础上，确定了污染土壤的污染风险等级。然而，我国《土壤污染防治法》仅对其进行了初步的界定，缺少对其具体内容的规范，在实践中缺乏可操作性。

从《土壤污染防治法》中可以看出，在进行风险评价之后，需要向有关部门提交风险评价报告，但却没有明确提出要进行风险评价。我国耕地土壤污染风险评价启动条件和具体操作步骤，评价工作的实施，以及在评价过程中的公众参与等，都是亟待研究的课题。在立法中应当保证实体性条款与程序性条款并重，如此才能保障立法目的的实现。

有关配套立法存在缺失，2019 年 12 月，生态环境部发布《建设用地土壤污染风险评估技术导则》（HJ 25. 3—2019）替代《污染场地风险评估技术导则》（HJ 25. 3—2014），这是我国针对风险评估发布的最新技术规范，该标准在适用范围中明确表明不适用于耕地土壤污染的风险评估，这导致耕地土壤污染风险评估活动在国家层面上没有可供参照的指导文件。

（2）耕地土壤环境标准制度建设不完善

环境标准在我国土壤污染防治立法体系中占据重要地位。1995 年，我国颁布《土壤环境质量标准》（GB 15618—1995，已失效），该标准在土壤保护中发挥了很大作用，但是随着我国社会的发展，该标准难以满足土壤保护的需要，我国遂于 2018 年颁布《土壤环境质量农用地土壤污染风险管控标准（试行）》，该标准的实施有利于开展土壤污染风险评估活动、有效管控土壤污染风险。《土壤环境质量农用地土壤污染风险管控标准（试行）》属于强制性标准，当耕地中某种元素的含量高于《土壤环境质量农用地土壤污染风险管控标准（试行）》中该元素的风险管制值时，有关责任人有义务开展风险管控措施，以防止耕地污染。根据《土壤污染防治法》第 94 条的规定，土壤污染责任人或者土地使用权人未按照规定采取风险管控措施的，根据情况的不同处以不同程度的罚款，虽然《土壤环境质量农用地土壤污染风险管控标准（试行）》属于技术性标准，但是如不遵守该标准，相关人需要承担法定责任，故《土壤环境质量农用地土壤污染风险管控标准（试行）》属于一种特殊的法律规范。一个科学性高的土壤环境质量标准应当是这样的，它不仅能包含各类有害物质、合理确定其污染限值，还能符合社会发展和经济的要求。随着土壤环境标准体系的实施，土壤环境标准体系的不足也逐渐显现出来。

在全国范围内，标准数量偏少，部分基础项目的风险管理指标缺失，有机污染物的种类较少。现行《土壤环境质量农用地土壤污染风险管控标准（试行）》中仅有 3 种有机污染物，且仅有有机质的风险筛选值，难以适应实际需要，因此，需要在现有的研究基础上，增设对人类和动植物有重要影响的有机污染物。[1]在地方层面上，各地农田土壤污染风险控制的标准制定得比较慢。我国国土面积广大，南北跨度大，因此，不同区域的生态环境差别很大，土壤类型也不尽相同。由于每个区域的土壤本底值存在差异，加之所种植的作物种类各异，因此，目前使用的《土壤环境质量农用地土壤污染风险管控标准（试行）》只能作为一种筛查手段，很难发挥其风险控制功能，不能有效地进行农田土壤的风险控制。《土壤污染防治法》第 12 条明确指出，在《土壤环境质量农用地土壤污染风险管控标准（试行）》中，国家为补充《土壤环境质量农用地土壤污染风险管控标准（试行）》中未列入的内容，可以由地方

---

〔1〕 参见袁国军、卢绍辉等：《农用地土壤污染风险管控标准延伸理解及其评价标准现状分析》，载《中国农学通报》2020 年第 2 期。

自行制定，并鼓励地方开展区域土壤本底值及环境基准的研究。《土壤环境质量农用地土壤污染风险管控标准（试行）》不宜全部套用，各地要结合当地土壤类型、性质和土壤环境本底值，尽早制定出适合当地情况的农田土壤污染风险控制标准，保障国家粮食安全。

另外，当前我国农田土壤污染风险控制基准修订机制尚不完善。根据技术水平、经济力量、土壤污染防治的方针、规定以及国民健康生活状况综合平衡，制定农用地风险管控标准，在制定并执行之后，还要检查其社会效果与实际情况的匹配性。[1]《土壤污染防治法》第13条规定，对土壤污染控制标准进行定期评价，并对其进行修订，但并未提出定期评价的时限和修订工作的具体步骤，导致该法律只是一种形式，而不能用于实践。一些标准在经济发展过程中可能会被淘汰。举个例子，当一家公司排放出一种符合规定的污染物时，最新的科研结果显示，即便是达到了规定的排放标准，也会对人体产生危害。[2]按照《标准化法实施条例》的规定，一般应当在5年之内进行一次复审。然而，实践中，由于法律并未对复审、修订的时限作出明确的规定，致使很多时候很难对标准进行及时的修改，从而影响了标准的制定目标，也影响了耕地和土壤污染防治的执法工作。党的十九大提出了“强化土壤污染管控与修复”“确保国家粮食安全”等战略。目前，我国耕地土壤污染风险控制指标体系尚不完善，无法有效甄别、控制新型污染物，迫切需要构建完善的农田土壤污染风险控制指标体系，及时完善相关标准，促进农田土壤污染评价工作的有效开展。

（3）耕地土壤污染风险防控程序保障制度不健全

耕地土壤污染防治监管职责规定不完善，各部门监管职责划分不明确，部门之间合作治理的法律机制阙如。根据《土壤污染防治法》第7条的规定，涉及农业领域的土壤污染问题的管理部门，包括生态环境部、农业农村部和自然资源部。农产品产地环境监督的责任是由多个部门分担的，但是，各部门之间的权限并不明确，很可能会发生在利益冲

---

〔1〕 参见白贵秀：《基于法学视角的环境标准问题研究》，载《政法论丛》2012年第3期。

〔2〕 参见张晏、汪劲：《我国环境标准制度存在的问题及对策》，载《中国环境科学》2012年第1期。

突的时候，为了获得更大的利益、为了解决一些棘手的问题而互相扯皮，从而造成了监督效率不高、重复监管、监管漏洞等问题。耕地土壤污染治理涉及国家、地方等，在这样的背景下，各个部门之间的协作程度会对耕地土壤治理的成效产生一定的影响，如果各个部门单独进行治理，就会出现事倍功半的情况，因为各个部门对同一个问题的关注程度也不一样，如果按照谁发现谁治理的原则，各个部门之间的处理结果就会有很大的差别，严重的话，还会导致政府在公众心目中失去公信力。换句话说，如果有关部门按照现实情况进行协同管理，或许可以提升耕地土壤污染防治的效能，但如果各部门采用共同管理的模式，在沟通和协调机制不畅通的前提下，各部门间就会产生矛盾，增加管理成本，从而导致污染防治工作成效低下。目前，如何在不同的部门间进行分工合作，协同治理，从而使各个部门都能够更好地完成耕地土壤污染的治理，这是一个亟待解决的问题。

公众参与原则存在实施困境，信息公开透明度低，公众参与耕地土壤污染防治决策不顺畅。《土壤污染防治法》对公众参与环境的知情权和参与权作出了明确的规定。尽管我国土地法规对公众参与给予了更多的关注，但仍停留在宏观层面，《土壤污染防治法》只是在立法阶段提到了公众参与，在实际操作过程中仍有诸多缺陷。耕地土壤污染治理过程中存在信息不透明的问题，导致了公共参与的效率低下。在进行土壤环境基本信息数据库构建的过程中，通过检索发现，目前只有部分省份明确表示要向公众提供相关的数据查询服务。耕地土壤污染常发生在乡村，由于耕地土壤污染而受害的是农民和消费者，他们是相对的弱势群体。在这一特定背景下，加强公众参与对耕地土壤污染的治理和信息公开的透明度具有重要的现实意义。尽管《土壤污染防治法》中有明确的规定，要让公众参与治理土壤污染，但在治理土壤的过程中，专家和各利益团体都在引导着这一进程，然而效果并不理想。在建立耕地土壤污染风险控制指标时，若将其设置得太高，则会导致被控制的耕地占用者加大污染防治的成本；但是，如果设置得太松，又会对食品安全产生不利影响。在此过程中，需要广泛听取各利益相关方的意见，使其能够更好地发挥其作用，为其决策和计量提供依据。

2. 耕地生态修复

（1）耕地生态修复责任制度规定不明确

要使土壤污染治理工作更好地开展，就需要建立健全的责任体系，这是保障土壤污染治理成效的根本，也是该体系的核心。然而，在责任设定方面，由于其责任性质不清，以及地方政府承担责任的情形不明等问题，严重制约了治理效果的发挥。

《土壤污染防治法》第97条规定，具有资格的机关和组织对污染土壤、损害公共利益的行为，可以向法院提起环境民事或者行政公益诉讼。从这一条款可以看出，目前我国民事侵权损害赔偿责任主要有行政赔偿和司法赔偿两种机制。问责机制的建立，关系责任性质属于公法还是私法。不同之处是，若损害赔偿属于私法责任，通常只有通过司法途径予以解决；当其属于公法责任时，应选择行政与司法两种方式。至于是采取一种方式，还是同时使用这两种方式，法律上没有明确的规定，这都是有可能的。但是，由于问责制度的不同，所适用的实体标准与程序标准也不尽相同，因此，在具体的责任承担方面也不尽相同。立法为人们提供了多元化的选择，这是一件好事，可以根据不同的情况，从不同的角度进行责任追究。为了避免适用上的混乱，有必要进一步明确土壤修复责任的法律性质。

在治理土壤污染的过程中，必须要确定责任主体，但因为它自身的复杂程度，所以单一的责任主体已经无法适应土壤治理的需求。目前，有关的法律、法规正逐步将责任主体的范围扩展到污染人、使用权人、政府以及有关部门。虽然我国土壤污染防治的主体范围在逐步扩展，但在适用时仍有先后顺序。一般而言，第一顺位是污染责任人，第二顺位是使用权人，第三顺位是地方政府以及有关部门。污染责任人应当首先对环境造成的损害进行赔偿，不能确定的，则由土地使用权人承担。目前，我国法律中并没有明确规定地方政府应对此负责，法律只规定了“可以”根据实际情况进行治理，但并未明确规定在哪些情况下需要政府主动负起责任，即尽管国家立法赋予了政府以及有关部门对生态环境、土壤污染进行恢复治理的责任与义务，但并未明确规定该义务的具体情况，这就限制了地方政府对其责任的明晰。

（2）耕地生态修复标准体系不健全

治理的终极目标是实现治理目标，而治理目标能否实现则取决于建立的治理标准。土壤恢复标准是恢复行为的判定准则，也是治理过程各个判定环节的核心基础。然而，现实中，由于没有明确的法律条文，所以也没有具体的适用法律可供借鉴，只是分散于各个单行法规中。总体而言，现有标准已不能满足土壤污染修复的需要，逐步暴露出基准研究不足、地方性及强制性规范数量少、法律更新缓慢等问题。在此基础上，提出了一种新的土壤修复方法，即以此为基础建立一套适合我国国情的土壤修复基准。《土壤污染防治法》第 12 条明确了：国家对环境基准的研究采取积极和鼓励的态度，并在此基础上进一步完善。但是，到目前为止，国内对该领域的研究还没有形成规模，经费与人才都十分匮乏。此外，由于我国特殊的地理环境特征，也增加了土壤基准研究的难度。由于我国土壤类型繁多，且地域差异大，对土壤修复的要求也存在很大的差别，所以，在全国范围内统一制定并推广，可能与当地的实际状况不符，这就亟须各地政府根据当地的土壤状况和修复要求，主动进行相关的标准化工作，而目前只有少量省份出台了地方性标准。

另外，由于全国性标准数量太少，不能为地方标准的制定提供充分的参考。我国现行《标准化法》及其相关法规、政策规定，除生态环境需要之外，还受治理主体自身能力、条件等因素的制约。但是，目前在我国执行的环境质量标准中，污染物排放标准、土壤污染风险控制标准等均是国家强制性的，其余均是建议性的。目前，我国土地整治中主要参考的“农用地基准”和“建设用地基准”两个主要类别，均为强制性标准。〔1〕但是，在实际操作中，推荐性规范的数目远远超过了法定规范，而且其中不乏具有较好应用效力的推荐性规范。但是，由于其没有可执行性，导致责任人违约的代价非常小，难以对责任主体进行有效的监管，从而弱化了其调节作用。〔2〕可见，现行的“农用地基准”“建设用地基准”二元划分方法，已不能满足当前土地整治的现实需要，且与

〔1〕 参见吴贤静：《我国土壤环境修复制度反思与重构》，载《南京社会科学》2017 年第 10 期。

〔2〕 参见王欢欢：《污染土壤修复标准制度初探》，载《法商研究》2016 年第 3 期。

社会发展相脱节。

(3) 耕地生态修复资金保障机制不健全

稳定持续的资金投入是修复工作得以顺利进行的保证和前提。首先，我国修缮经费以财政转移支付为主，表现为过分依靠政府，且经费来源单一，不能满足不断增加的经费需要，也无法建立起可持续的经费保障机制。尽管我国有关法律、法规中对污染担责、谁污染谁治理的法律责任作出了明确的规定，但因为土壤污染的隐蔽和调查取证的困难，尤其是污染事件中的责任主体多，使确定责任主体变得很难，从而影响对土壤污染恢复工作经费的确定。其次，在我国的大量企业涉土污染事故中，因企业改制后，对此历史遗留问题的赔偿责任问题有较大分歧，致使难以确定赔偿主体，并对恢复工作造成很大的阻碍。另外，在现行的法律法规中，也没有关于以民间资本为代表的多种资本参与到土壤污染治理中来的案例。

(4) 耕地生态修复公众参与机制不健全

环境保护中的公众参与体现了民主的原则，也是对治理土壤污染的有效监管。然而，目前我国的公众参与机制还存在一些问题，如信息披露不充分、执行机制不健全等。当前，我国土壤污染治理工作中，公众参与程度较低，主要是由于有关治理工作的信息不够充分，导致很多公众对此一无所知。与此同时，有关的法律、法规并没有明确地规定社会公众参与的途径，这就造成了公众虽然有参与环境保护的权利，但是对于何时参与、怎样参与、如何参与等问题却一无所知。另外，在我国，社会公众监督耕地土壤污染治理的工作也遇到了很多阻碍。目前，我国的社会公众监督手段主要包括社会媒体监督，行政机关接受的公开举报、投诉建议等。然而，社会监督通常都是由社会个人来完成，没有一个统一的组织或部门进行协调，而且，社会公众监督与国家行政机关的监督不能及时地对接和协调，在面对强势组织的时候，社会公众的监督显得有些软弱，不能很好地发挥社会监督的作用。

3. 耕地生态补偿

(1) 相关立法和政策不完善

随着国家对生态环境保护和耕地资源保护认识的加深，无论是中央层面还是地方层面，各种关于生态保护和耕地资源保护的相关法律法规和相关政策文件都随之应运而生。但是，通过梳理这些相关的法律法规和政策文件不难发现存在一些问题：

第一，我国立法比较零散，没有明确的立法规制。“然而，就目前的制度与实践而言，我国并没有对耕地生态补偿作出明确的规定，这一现状不仅使耕地生态补偿制度缺乏权威性，而且极易引发一些不必要的冲突，甚至在现实生活中面临着难以调适的困境。”[1]

第二，我国的有关法律条文比较零散、不够系统、不够专门。“虽然在相同的问题上存在着差异，但是在某些方面还是存在着一些重叠，缺少了一些系统性。”[2]从中央到地方各级，因为不同的法律法规、政策文件的制定目标和重点都不一样，因此，关于耕地保护生态补偿的规定，也仅仅是在这些零散的法律法规、政策文件中拼凑或解读出来的，缺少一定的系统性和专业化。

第三，有关条款过于原则。在生态文明建设日益引起人们的重视的同时，生态补偿工作也变得越来越重要，政府通过多种途径推进了生态补偿的各项工作，而相应的法律、政策的制定与健全是其主要途径。目前，我国关于森林、矿产资源生态补偿的研究比较成熟，但在耕地生态补偿方面的研究却很少，而且大部分的法律法规和政策文件都比较原则，不具备可操作性，因此，必须进一步完善相应的法规，才能为耕地生态保护提供有力的支持。

（2）补偿方式选择机制不完善

当前，我国耕地保护生态补偿以政府主导的财政补偿为主，实物补偿、政策补偿、技术补偿等补偿手段比例不高，未得到应有的关注和充分发挥。同时，生态补偿基金支付过程烦琐，从中央向地方拨付的资金周期很长，这在一定程度上影响了各利益主体对耕地生态保护的积极性。

---

〔1〕 张树峰、刘雅楠：《我国耕地生态补偿法治化的困境与出路分析》，载《人民论坛·学术前沿》2021年第8期。

〔2〕 王艺林、王涵：《我国农村农业耕地生态补偿法律制度研究》，载《农业开发与装备》2021年第8期。

第一，其他补偿手段的比例较低。与基金相比，其他种类的补偿无论在制度上还是在实践中都占据着很小的比例，只是起到了一定的补充作用，未引起足够的关注。

第二，相关规定过于原则性。与基金赔偿相比，其他种类的赔偿办法的规定过于原则，可操作性较差，而且在执行标准、权利义务主体、责任承担等方面并没有一个统一的、具体的规定，这就造成了在实际操作中，其他种类的赔偿方式的适用效果不如基金补偿。与此同时，对基金赔偿的有关规定也有一些缺陷。

第三，适用方式选择缺乏地方性。由于缺少系统性的制度安排，没有形成较为成熟的经验，各地在具体选择耕地生态补偿模式时，大都没有结合当地的实际情况。耕地生态补偿要兼顾经济与生态两方面的价值，权衡二者的重要程度，因地制宜，灵活选用补偿方法，并要充分考虑到耕地的生态效益。“在土地承包经营权自主流转的背景下，应注重以土地经营权为核心的生态补偿模式，以提升生态服务供给为目标。”[1]

总之，我国耕地保护生态补偿法律体系尚不健全，无论是在立法层面，还是在具体的地方实践中，都存在补偿方式选择机制不健全、补偿手段单一、缺少弹性等问题，这在一定程度上制约了我国耕地保护生态补偿制度的实施，进而影响到耕地保护的目的。

（3）部门协作机制不完善

耕地生态补偿涉及环保、财政等多个部门，然而，在实践中，不同部门间的交流却不畅。“当前，我国耕地生态补偿工作中，政出多门，多头管理。”[2]在现有的耕地保护生态补偿制度运作中，政府是主要的领导力量，因此，政府各个部门之间要加强交流和配合，才能更好地促进其运作。但是目前部门协作机制不完善，主要包括以下几个方面：

第一，缺乏明确的法律规定。现行的耕地保护生态补偿法律体系没

---

〔1〕 赵亚莉、龙开胜：《农地“三权”分置下耕地生态补偿的理论逻辑与实现路径》，载《南京农业大学学报（社会科学版）》2020年第5期。

〔2〕 张树峰、刘雅楠：《我国耕地生态补偿法治化的困境与出路分析》，载《人民论坛·学术前沿》2021年第8期。

有对各部门之间的权力职责进行明确、详细的界定，这就使现实中各个部门在相互协作和权力行使方面不够协调，造成了推诿扯皮、争权夺利、信息交流不畅通等问题，从而使实际操作中的耕地保护生态补偿工作进展较为迟缓和混乱。

第二，相关规定过于原则性。虽然有些法律、法规和政策文件对部门合作作出了规定，但是，这些条款只规定了一些原则性内容，并没有具体的条款和支持措施来实施这些内容，这就造成了各个部门在权力和义务的划分、责任的承担上存在差异，最后造成了耕地保护生态补偿工作的成效不一致。

总之，耕地保护生态补偿是一个系统的工程，政府在其中扮演着主体的角色，而政府作为相关法律、法规和政策的具体执行者，则是其中的关键环节。因此，必须强化各部门间的合作，健全部门间的协调是强化部门间合作的前提。

（4）公众参与机制不完善

公众的政治参与是评价一国政治民主与政治文明水平的关键依据，也是影响其日常生活的重要手段。“耕地保护生态补偿中，合理分担耕地生态服务成本与溢出价值，要求对其进行战略调整。”〔1〕在此过程中，为了更好地维护各方面的利益，同时也为了防止在实施过程中可能产生的种种问题，必须引进公众参与机制。但是从目前的地方实践和相关规定来看，我国耕地保护生态补偿公众参与机制还不完善，还存在如下一些问题：

第一，公众参与耕地保护生态补偿立法不足。目前，我国在耕地保护生态补偿方面的立法状况，虽然在很多方面都有不同程度的涉及，但都比较零散、不系统。其中，有关公众参与机制的规定很少，有的只是一些原则上的规定，并没有具体的细节，如公众参与的范围、参与方式、参与程序等，造成了我国的公众参与机制的可操作性不强。

第二，公众参与程度不够。耕地保护生态补偿是一个综合性的系统

---

〔1〕 伊媛媛：《论我国流域生态补偿中的公众参与机制》，载《江汉大学学报（社会科学版）》2014年第5期。

工程，而作为其中不可或缺的一员，社会公众应当积极参与每一个环节，但是，从有关法律法规和当地实践来看，其主要的问题在于，在政策制定过程中，缺乏关于听取社会公众意见的相关规定，并且在执行政策的时候，公众的参与面很小。此外，在对政策执行的监督中，没有对作为监督主体的社会公众的具体范围进行界定。

第三，公众参与的保障激励机制不完善。“耕地保护生态补偿制度的有效运作有赖于广大群众的广泛参与，这就需要健全的制度保障和激励制度作为支持，没有制度的支持，群众的参与也是软弱无力的。”[1]然而，由于缺少相应的安全与激励措施，人们对其重要性的认知还不够深入，从而造成了全社会公众参与的积极性不高。

（5）监督机制不完善

耕地保护生态补偿制度的完善和合理，是实现耕地保护生态补偿制度的重要保证。其原因在于：“生态补偿涉及的利益主体多，其价值取向各异，由此引发了各类利益的冲突，因此，构建有效的生态补偿监管机制是实现生态补偿的关键。”[2]特别是，农村承包土地的所有权、承包权和经营权分离，带来了更多的利益主体，不同的权利人处于不同的位置，他们对耕地的义务也各不相同，因此，他们对耕地的预期收益也不尽相同。因此，对耕地生态补偿进行有效的监督，可以有效保障各方利益主体利益的实现和督促其责任的承担，但是目前从我国的立法和实践来看，还存在如下一些不足之处：

第一，未建立统一监督部门。“在耕地保护和生态补偿有关的法律、法规中，已经初步建立了对耕地生态补偿的前期监督、执行监督和事后问责的制度，但是，在实际操作中，政府并没有设立相应的监督部门，而是由多个部门分别进行监督，这就造成了对基金项目的执行无法进行及时、有效的监督。”[3]尽管有的地方已经建立了相关的领导小组，但

---

〔1〕 段燕峰：《我国生态文明建设中公众参与机制研究》，兰州大学2015年硕士学位论文，第36页。

〔2〕 张术环、杨舒涵：《生态补偿的制度安排体系研究》，载《前沿》2010年第19期。

〔3〕 曾庆敏、龙开胜等：《我国耕地生态补偿实施的制度环境评价》，载《四川师范大学学报（社会科学版）》2019年第5期。

其本质上并不是一个统一的监管机构，不具备部门的独立性。这样，在实际操作中就会出现一些问题，而且监督的有效性还不如建立一个统一的监管机构。

第二，缺乏社会组织参与监督。耕地保护生态补偿工作涉及面广，单靠政府监管难以发挥其应有的监管作用，需要充分、直接、科学地利用社会大众和社会团体的参与。然而，当前耕地保护生态补偿监管制度并没有将社会团体全面纳入监管体系，虽然已经有一些地方在实际操作中吸纳了专业的社会团体进行审计评价，但并没有将其转化为法律规范，也没有赋予这些特殊的社会团体以明确的法律地位，因而不具备普遍性、强制性和指导性。

第三，缺乏社会公众参与监督。社会公众，特别是相关利益方，是耕地保护生态补偿的直接参与者，他们对耕地生态补偿有很强的需求，所以，在此基础上，界定公众参与的监督位置，将会比单纯依靠政府监督更有效。然而，现行的耕地保护生态补偿法律制度并没有建立起相应的制度，而且在实际操作中，也存在对社会公众的监督不够全面、深入等问题。不同权利人对承包土地的权利存在差异，不同权利人基于自身利益最大化的考量，在耕地生态补偿中所拥有的利益诉求与义务也各不相同，因此，为了达到保护耕地生态的目标，也必须对这部分权利人实行分类监管，而现行的法律并未对这一问题作出具体的规定。

总结来说，一个健全的监督机制是实施耕地保护生态补偿工作的关键环节，它在生态补偿的每一个环节都应起到至关重要的作用。而一个健全的监督机制不仅依赖于政府部门的参与，更需要社会组织和广大公众的积极参与。在农村承包地实施权利分置的大背景下，我们更应该清晰地界定被监督者的职责范围和具体的监督内容。只有当我们明确监督的主体、内容和责任时，监督机制才能发挥其应有的作用，从而确保耕地保护生态补偿的各项政策和措施得到真正的执行，进而实现耕地的保护。

第三节 国外耕地生态保护制度考察

一、美国耕地生态保护制度

（一）耕地土壤污染防治制度

1. 耕地土壤污染标准制度

美国的土壤限量标准主要包括国家环保局的标准和各区域的标准，这些标准为不同地域和不同类型的农作物设定了各自的限量标准。例如，美国并没有将区域生态土壤筛选值作为全国性的标准，而是针对植物、无脊椎动物、鸟类和哺乳动物制定了具体的标准。这些标准主要是为了评估土壤污染物对不同生物产生危害的风险值。

2. 耕地土壤污染管理机制

美国采纳了农业部的管理策略，该策略将农业的生产前、中、后各个阶段紧密结合，实施一体化的管理方式，从而有效地避免了由于权责不明确导致的推诿和决策分散，进而显著提升了行政工作的效率。减少管理上的开销。更具体地说，美国农产品产地的土壤污染防治工作主要由美国农业部和各个州的农业管理部门来负责，这个部门的职责是监控受污染的农用地的修复工作，并推广环保型的耕作方法。而外国污染源对耕地的污染，主要由美国环境部和各州环保部门承担，其作用主要是对耕地土壤环境质量、水质等进行监测，并向公众提供信息，并制定化肥、农药等相关标准。这两个部门有各自的职责，以免相互推卸责任。

另外，在多个行业同时承担管理功能的情况下，美国还建立了各种制度，以推动各行业之间的协调与配合。例如，在美国《饮用水安全法》第2001条的基础上，美国成立了一个部际联席会议，在这个联席会议上，各个部门之间可以就法律执行方面的情报进行交流，从而更有效地提高工作效率。再如，为了推动环境公正的目标，美国成立了以环保署为首的各派代表参加的环境主义工作小组。[1]美国通过部际联席会

〔1〕 参见张建宇、严厚福、秦虎编译：《美国环境执法案例精编》，中国环境出版社2013年版，第33页。

议和维护环境公正等途径来达到跨界协同治理的目的，其经验是值得我们学习和借鉴的。

3. 耕地土壤污染公众参与机制

美国《超级基金法》（Super – Fund Act）规定公众对基金的管理、使用有监督权。公民行使监督权的方式是公民诉讼，具体是指公民或非政府的环保组织可作为原告代表公共利益起诉污染者。[1]该法还规定了让公众参与土壤污染防治资金的募集过程。美国《超级基金法》主要规定了以下具体措施让公众参与污染防治：（1）社区关系计划书，包括实施该项目对社区群众的影响、召开听证会等。（2）信息公开，污染防治地块的原始信息、调查评估、治理修复等信息都要公开，并设立了资料阅览场所供公共查阅；行政主体在采取治理修复措施时使用的相关信息也需要公开，以便于公众在了解情况后发表意见。（3）征求民意，政府将详细的治理修复措施刊登在报纸上，并将说明文件邮寄给利益相关人。（4）技术援助补助金，为帮助社区居民理解晦涩的技术信息，该法设立技术援助补助金制度帮助居民从专业人士处得到解答。美国通过多种具体措施使公众参与这一制度具有实际操作性，公众参与制度也得以发挥出其对土壤污染防治的监督作用。

（二）耕地生态修复制度

1. 耕地生态修复责任机制

20 世纪 80 年代美国“拉夫运河”事件推动了美国《超级基金法》的诞生。在赔偿责任上，美国严格遵守了该法的规定，采取了严格责任、连带责任和追溯性责任等原则。这种严厉而全面的归责体系，很好地解决了在污染发生之后责任主体的确定问题，使救济责任有了一个清晰的承担主体，而不是由政府单独承担污染的责任与费用，溯及既往的问责方式，也是解决历史遗留问题的一个有效途径。

2. 耕地生态修复标准制度

美国标准化组织依据美国《超级基金法》，对受污染土壤采取了调查与鉴定、污染土壤分级、污染土壤修复与修复效果评估等措施，

---

〔1〕 参见张辉：《美国环境法研究》，中国民主法制出版社 2015 年版，第 402 页。

建立了一系列标准、方法指南和评估标准。这些标准在我国的土壤污染治理和保护工作中得到了进一步的补充和完善，并逐渐在各个国家被推广，被许多国家认可和采用，尤其是功能地位、风险管控模式和三大参考基准。另外，美国还颁布了《土壤筛选导则》，其主要作用是基于分级管理体系实现对土壤的有效管理。然而，这一分级并非强制性的国家标准，只是一种推荐性标准，它能为土壤污染的调查、评价和治理提供相应的规范依据。

3. 耕地生态修复资金机制

美国《超级基金法》确立了“先治理，后赔偿”的原则，也就是说，只有在美国的法院和行政机构确定污染责任主体后提起诉讼，或者虽然确定了污染责任主体，但不愿意承担或者无法承担修复费用的情况下，超级基金才可以被用于先行支付修复费用，为土壤污染修复工作提供及时的资金保障，之后超级基金在环保署确定污染责任主体后提起诉讼，向污染责任人追索其支付的各项费用。超级基金通过“先治理，后赔偿”的机制设计，能够确保被污染的土地得到及时的治理与修复，尽早实现土地的经济与社会效益。另外，美国的超巨额基金的来源是税收、美国政府的财政拨款、对污染者的罚金和惩罚，以及超级基金本身的利益。[1]美国“超巨额基金”历经数十年的运行，取得了良好的成绩，对土壤污染的治理起到了很大的促进作用。

（三）耕地生态补偿制度

1. 美国耕地生态补偿制度的发展与特点

美国是世界耕地面积较大的国家，但近一个世纪以来，由于对耕地生态环境的忽视，出现了土壤污染和生态环境恶化等一系列严重的生态问题。因此，从20世纪30年代起，美国开始推行“休耕”政策。20世纪80年代，这一项目被称为“土地保护与保留项目”，并被确定为美国的一项基本农业政策。美国自“三农”规划出台后，先后出台了20多部与农地有关的立法，其中都涉及了农地补偿问题，使其成为一项比较

〔1〕参见龚宇阳、王静：《美国超级基金法对我国污染场地修复的启示》，载《世界环境》2016年第4期。

系统的立法。

美国“CRP”项目的特色是“自愿参与”，即自愿参加“休耕”的农民申请“休耕”，并按照自愿的“竞标”方式，由中央审批，发放补偿资金，州政府提供技术支援，配合国家筛选，最后由国家与农户签署补偿协议。该运作方式将市场竞争机制融入其中，不仅能充分调动农民参加轮流休耕的热情，还能让全国耕地休耕制度得到更好的执行，节省更多的人力、物力和财力，且有其科学性。美国的耕地生态补偿制度包括财政补助与技术补助两部分。“财政补贴包括土地租赁和退耕还林还草的费用，而技术补贴则是政府为农民提供的技术支持，农田保育奖励，以及一些延期项目的奖励。”[1]与此同时，美国为了降低粮食储备，也采取了一些措施，鼓励农民把农田休耕，并根据一定的休耕比率，给予一定的补贴。

2. 美国经验对我国启示

通过分析美国耕地保护生态补偿的实践经验，其中有些规定和做法值得我国借鉴：

第一，农户自主参与。结合我国国情，以与有关利益主体签订协议的方式，将基本农田、严重退化等必需耕地纳入生态补偿范畴。这样既能拓宽保护的范围，又能以契约的方式对合同双方的保护义务进行明确，使签约的有关权利人更好地履行对耕地生态的保护职责，对耕地撂荒的现象也有一定的缓解作用。

第二，“以政府为主体，以市场为基础，以市场为导向，可以达到最大的成本效益”。将政府与市场相结合，不仅可以更好地保护耕地生态环境，而且可以在一定程度上缓解政府的压力。

二、英国耕地生态保护制度

（一）耕地土壤污染防治制度

英国关于农业土地污染风险评价的相关法律法规具有一定的参考价

---

〔1〕 崔宁波、张正岩、刘望：《国外耕地生态补偿的实践对中国的启示》，载《世界农业》2017年第4期。

值。英国通过对污染场地进行风险评价，构建了一套以风险评价为中心的风险控制系统。1995 年，英国立法机关在 1990 年英国《环境保护法》的基础上增设了专门的“PtⅡ A”章节，在评价土壤污染时引入了风险评价理念，界定了污染场地。经过数十年的实践，已建立起一套以风险控制为基础的土壤污染控制系统。[1]

英国对土壤污染的识别是通过阶段性风险评估完成的，具体包括以下程序。

1. 确定目标地点的风险等级。这一程序的基本步骤是：前期风险评价，现场调查，定量评价。通过具体的量化风险评价，筛选出没有危险的污染物，从而使后续的风险评价更加有的放矢。在第一阶段，若无充分证据表明目标地点可能受到污染，则终止监测。相反，如果有证据表明存在法律上无法接受的污染危险，那么就继续进行下一个步骤。

2. 检查与监测。在这一阶段，英国为被污染的土壤制定了一项重点评价条款，即当能够判断出土壤没有受到污染并且土地处于较低危险的情况下，目标地点的主管部门应该考虑是否要继续开展监测和重点监控工作，以及在主管部门停止对目标地点进行危险评价的情况下，根据优先事项条款，对其他可能受到污染的土壤进行监测。另外，如果目标地点的污染状况较为复杂，则可依有关规定向有关专家征询意见。

3. 制作风险摘要报告。如果管理局认定目标地点有被污染的可能性，则应拟定有关地点的危险概要，以确定受污染地点。风险概要应该包含被管理局认为有道理的“污染关联”（如污染途径、污染物质），但是没有规定管理局必须对该污染做出清楚的定义，仅仅是为了确定该地点受到了污染。

从上述英国的土壤污染风险评价体系来看，英国在具体执行过程中已经建立了相应的技术指南和监管风险评价体系，从而使其能够在实践中得到有效的执行。

---

〔1〕 参见李静云：《土壤污染防治立法国际经验与中国探索》，中国环境出版社 2013 年版，第 102 页。

（二）耕地生态补偿制度

1. 英国耕地生态补偿制度的发展与特点

英国的耕地保护生态补偿制度是在特定的社会历史条件下形成的。首先，英国农业用地在全国的比重很大，但主要是草原，耕地只占很少的一部分。所以英国的可耕地就更少了。其次，英国在第二次世界大战后，随着工业化、城市化等因素的影响，出现了严重的耕地损失。

英国自第二次世界大战结束后出台了多部关于土地的法律法规和实行了多项计划。其中以1986年农渔业粮食部制定的英国《农业法》和环境敏感地区（The Environmentally Sensitive Areas，ESA）计划为亮点。

第一，英国《农业法》对休耕农户按照休耕程度和规模进行资金补偿。每年将20%的土地永久性休耕的可以拿到200美元补贴；20%耕地进行轮耕的，可以获得180美元的补贴；愿意永久性休耕的可以获得2000英镑以下的补贴或者领取终身养老金。

第二，英国通过ESA计划激励农民保护耕地生态的积极性。该计划的特点是分段实施补偿。“首先确定本国最低的良好农业实践标准（Good Farming Practice，GFP）获得最初的生态补偿，农民通过努力提高GFP，则相应地会获得更多的补偿支持。该计划使耕地生态补偿的数额与耕地生态质量呈正相关，耕地生态质量越高，获得的生态补偿资金越多，这在较大程度上激励农民保护耕地生态的积极性。”[1]与此同时，英国还建立了相配套的风险评估和对农业生产活动的检查措施。

2. 英国经验对我国的启示

通过分析英国这种激励式的补偿实践，可以借鉴吸收其有益经验，以此来完善我国的耕地保护生态补偿法律机制。

第一，提出耕地生态质量评价指标体系。对耕地生态质量超标的耕地，按不同等级进行补偿，按质量等级给予补偿；对达不到基本质量要求的耕地，采取技术措施予以补偿，以改善不达标农田的生态质量。通过对耕地生态保护主体的经济补偿，使其更好地保护耕地生态环境。而

---

〔1〕 马爱慧、蔡银莺、张安录：《耕地生态补偿实践与研究进展》，载《生态学报》2011年第8期。

采用技术补偿的方式，旨在对农业生产过程中的生态环境进行直接的改良，以减少农业生产主体对农田生态环境造成的经济压力，并能有效地弥补农业生产中的技术缺陷。

第二，建立完善对耕地生态环境质量的动态风险评估机制，对耕地生态进行实时监控和评估，以此为依据来及时调整生态补偿方式。

三、德国耕地生态保护制度

（一）耕地土壤污染防治制度

德国农业环境质量标准与我国相同，均以保证人类健康与农产品质量安全为主要目的。德国采用“可食土地农作物”的方式，即按农业用地的使用情况，分别设定不同的污染筛选及控制数值。另外，德国根据农作物和农田的环境承载力，对这些限制做出相应的修正，以保证其可行性。[1]

（二）耕地生态修复制度

1. 耕地生态修复责任机制

德国是最具代表性的一个将土壤环境保护作为一种特殊立法的国家，以“谁污染谁负责”原则直接确立了污染人的恢复责任。与美国类似，德国的立法也采用了追溯性的归责原则，并在环境侵权责任的认定上对其加以确立。[2]德国《联邦土壤保护法》要求每个使用者、物主、占有者均应对污染负责，并将此种责任主体划分为土壤或场址的污染者与所有者。[3]但在现实生活中，的确有一些土地所有权不明确，当这些土地受到污染时，如果所有者和污染者都不清楚，那么，必须首先由政府负责，在确定了污染者和土地所有者后，政府可以要求赔偿，或者将其移交给这两方。溯及既往责任原则并非完全适用于法律条文，而是具有一定的时限性，以保证追溯在合理的时限内进行。但是，也存在一些

---

〔1〕 参见李佳、林斯杰等：《德国农用地土壤污染触发值和行动值制定经验及启示》，载《环境保护》2017年第23期。

〔2〕 参见温丹丹、解洲胜、鹿腾：《国外工业污染场地土壤修复治理与再利用——以德国鲁尔区为例》，载《中国国土资源经济》2018年第5期。

〔3〕 参见杨光、杨翠柏：《依法治国视域下我国土壤污染治理法律路径探微》，载《政法学刊》2017年第2期。

例外情况，一是在污染行为发生的时候，依照当时的法律，它的行为是正当的，它的合法性来自对法定利益的保护；二是在农地产权转移的情形下，当取得农地所有权的人确定自己的行为不会造成污染时，以此为基础的利益保护也无须承担损害赔偿责任。

2. 耕地生态修复标准制度

德国注重土壤再利用，将其作为土壤修复的一项重要内容，并制定了相应的规范体系，以明确其治理措施的具体内容。例如，德国以污染土壤为对象，设定土壤质量参数，采集、识别、判定被污染地块的相关参数，判定其污染程度及种类，并判定其修复责任和模式，同时估算其所需的成本和费用。德国《联邦土壤保护法》、德国《联邦土壤保护与污染地条例》等相关法律法规共同构成德国土壤污染防治、调查、评价、修复等一系列法律法规，为我国土壤污染防治与责任追究、风险控制与质量监控、土壤修复与信息披露等方面提供了参照依据。

3. 耕地生态修复资金机制

德国在治理土壤污染方面也做得很好，德国的鲁尔治理模式值得世界各国借鉴。德国《联邦土壤保护法》强调事前防范和事后管制并重，德国全环基金系统也根据“污染者自付”的原则，建立了一套针对被污染土壤的土壤污染资金系统。在土地利用中，土地所有人、使用权者对被污染的土地都有防治和修复的责任。土壤污染修复中所产生的调查、评价监督费用以及在污染发生后的恢复处理费用，均由土壤使用者或污染责任人承担，但在下列情况下，其费用将由土壤污染基金支付。一是不能对对土壤污染负有责任的人员进行认定；二是对环境造成损害的人不能全部赔偿或拒绝赔偿；三是责任主体多，责任划分不清。德国建立了土壤污染基金体系，其经费源于具体对象的消费税、特别收费、财政补贴、税收优惠等。

（三）耕地生态补偿制度

1. 德国耕地生态补偿制度的发展与特点

德国耕地生态环境保护经历了多年的发展，其立法体系和具体的实际操作已较为成熟。德国在长期使用化肥和农药对农田生态环境造成巨大损害的情况下，以恢复被破坏的农田生态环境为目标，提出了一系列的耕地生态补偿措施。经过几年的发展，德国《联邦土壤保护法》、德国《生态农业法》等一系列比较完善的立法，为德国的耕地生态补偿制度建设奠定了坚实的基础。

由于德国农业以发展有机、环保农业为目标，所以耕地生态补偿内容都与有机、环保农业相关，并且以多元化为特点。

第一，补偿形式多样化。首先，“它的耕地补偿方式分为两种，一种是生态补贴，一种是休闲补贴，在补贴对象、补贴类型和补贴标准上也是多样化的”[1]。其次，德国还设立了一支特殊的土地保育基金，并将所获税款存入这一基金，用以支付耕地资源的损失。休耕补助中，休闲耕地的比例较大，补助资金的标准也偏高。

第二，补偿主体多元化。通过政府之间的横向财政转移，以及民间组织和企业的资助，减轻了政府和运营商的经济压力，促进了有机农业的发展，保护了农田生态环境。德国通过一系列相应的法律规定，使其在耕地保护中取得了较好的成效。

2. 德国经验对我国的启示

通过分析德国耕地保护生态补偿的法律机制实践发展，给我国完善耕地保护生态补偿法律机制带来一定借鉴：

第一，可以采取多样、灵活的补偿方式。以政府提供的财政基金补偿为主，由社会各方面提供的其他补偿为辅，这样不仅能够缓解政府的财政负担，还能够调动全社会的积极性，增强公众对耕地生态保护的认识，并在某种程度上平衡由于保护耕地生态而失去发展机遇的主体与受益主体的利益。

第二，对破坏耕地生态的行为征收一定费用，建立专门的保护基金。通过这种模式，既可以对破坏行为起到一定的遏制作用，同时也能拓展生态补偿资金的渠道。

---

〔1〕 参见崔宁波、张正岩、刘望：《国外耕地生态补偿的实践对中国的启示》，载《世界农业》2017年第4期。

第四节　完善我国耕地生态保护制度的对策

一、耕地土壤污染防治

（一）改良耕地土壤污染风险评估制度

1. 地方政府主体地位的确立

在污染风险辨识时，危害识别的主体应该是政府，若以地方生态环境部门或农业农村部门为危害识别主体，由于这两个部门隶属于地方政府，若政府出于某种利益而不同意两部门对特定耕地进行危害识别，则很难进行耕地土壤污染风险评估。在此基础上，有必要明确地方政府作为环境污染风险辨识的主体，并对其进行问责。

此外，鉴于耕地土壤污染防治的特殊性、专业性，地方政府应组织成立区域耕地土壤污染风险评估委员会并直接领导，该委员会由环境和农业学科方面的专家组成，以保障粮食安全和人体健康为目标，根据耕地土壤环境调查阶段获得的相关资料和数据对耕地环境质量进行评估，形成报告并直接向地方政府汇报，地方政府根据其报告确定耕地的污染风险。

2. 评估程序的明确

通过对美国、英国等国家土壤污染风险评价体系的考察，我们可以看到，这两个国家都以立法的方式确定了风险评价的具体步骤，而这恰恰是我国耕地土壤污染风险评价体系的薄弱环节。程序条款是保障条款实质效果的一种重要工具。本书认为可以参考《建设用地土壤污染风险评估技术导则》（HJ 25.3—2019）和《农用地土壤污染风险评估技术指南》（T/EERT006—2021）关于耕地土壤污染风险评估操作步骤的规定，并由《土壤污染防治法》规范具体步骤。主要包括以下步骤：

（1）危害识别

危害识别的启动主体已经在前文论述，此处不再赘述。本阶段应收集耕地土壤环境调查阶段获得的相关资料和数据，掌握耕地土壤分类、耕地土壤环境质量、污染物相关资料。明确耕地布点采样方式，采集、监测样品，确定污染项目、土壤 pH 值、污染项目空间分布，分析可能的敏感受体，如小麦、水稻等。上述项目的具体操作标准通过制定耕地土壤污染风险评估技术导则来规范。

（2）试验获得的有效浓度数据

设计并实施耕地土壤项目浓度—效应试验，检测水稻和小麦干量变化、水稻小麦根系生长变化、蚯蚓回避变化，确定有效浓度 EC_{10}。

（3）污染风险评判

在有效浓度数据基础上，进行物种敏感性分布分析，计算危险浓度 HC_5、HC_{50}、HC_{95}，并分别与《土壤环境质量农用地土壤污染风险管控标准（试行）》中对应的风险筛选值进行比较，基于比较结果确定耕地土壤风险控制值。

（4）配套立法的完善

目前我国耕地土壤风险评估工作处于无“导则”可依的状态，鉴于我国耕地土壤污染形势严峻，以及技术导则在现实中对风险评估工作的重要性，本书认为有权主体应尽快制定耕地土壤污染风险评估技术导则，以便于开展耕地土壤污染风险评估工作。

在制定耕地土壤污染风险评估技术导则时，可以参考浙江的《农用地土壤污染风险评估技术指南》。此外，要确定以粮食污染物允许限量为导向的耕地土壤环境风险评估指标，相关人员可以此指标为基点，及时开展风险评估工作，对可能影响耕地土壤环境质量和粮食安全的潜在危害进行分析和评估，实现风险管控目的。

（二）健全耕地土壤环境标准制度

1. 严格标准原则的遵循

坚持生态和耕地红线，加强风险控制。《土壤污染防治法》要求，地方政府在制定耕地土壤污染风险控制标准时，对未有明确规定的，可以制定地方标准；对已有明确规定的，可以制定严于国家管控的地方标准。在这样的背景下，应该考虑合格的可耕种的土地数量。另外，地方政府在制定耕地风险控制指标时，也要把保证农产品的质量安全和人类的身体健康作为基础。如果某一种污染物的浓度在一定程度上会对建筑产生污染，但不会对农产品的质量安全和数量安全产生影响，也不能将其列为农田土壤污染物的限值。针对区域土壤特征，提出更为细化的耕地风险控制标准，既能适应区域土壤污染风险控制工作的需求，又能为相关国家标准的修订与完善提供数据支撑与本地经验。

2. 耕地土壤污染风险管控标准内容的完善

目前，我国《土壤环境质量农用地土壤污染风险管控标准（试行）》规定了8个基本项目的风险筛选值，5个基本项目的风险管制值。但是随着农业生产的发展，农业中化学肥料、有机肥大量使用，使耕地土壤中铜、锌的含量不断增加。物极必反，即使铜、锌、镍是农作物生长所需的金属元素，若上述元素在耕地土壤中含量过多，也会影响农作物生长，造成重金属累积，最终危害农作物安全。[1]《土壤环境质量农用地土壤污染风险管控标准（试行）》实施之后需要根据实际情况修订完善，因此建议在之后的修订中增加铜、锌、镍的风险管制值，以维护耕地质量安全。

目前，我国《土壤环境质量农用地土壤污染风险管控标准（试行）》仅规定了3种有机污染物，但这并不能全面衡量耕地土壤受污染情况。随着农业的发展，在农业生产中使用农药、化肥越来越多，这就造成耕地土壤中有机污染物种类增多。我国应根据耕地土壤调查结果，本着保障粮食安全的目的，从我国农业土壤污染防治实际需求出发，增加对人体、动植物健康有较大影响的有机物标准。

我国农田土壤污染存在区域性特征，不同区域土壤环境本底差异较大，亟须建立区域农田土壤污染风险控制标准。从20世纪80年代起，我国就开展了土壤环境本底值的研究，“十五”期间，国家统计局等组织开展了全国土壤污染状况、农产品产地土壤重金属污染状况的调查，为区域土壤环境本底的建立提供了基础数据。另外，国家还颁布了区域土壤环境本底值应遵循的技术指南，确保了本底限值的科学制定。在《土壤环境质量农用地土壤污染风险管控标准（试行）》无法全面推广的情况下，各区域要加强对土壤环境本底值的研究，并结合区域土壤类

[1] 参见李勖之、姜瑢等：《不同国家农用地土壤环境标准比较与启示》，载《环境科学》2022年第2期。

型、作物种类等因素，建立适合区域特征的耕地风险控制指标。

3. 建立耕地土壤污染风险管控标准动态调整机制

我国是 10 年进行一次土壤污染状况调查，但 10 年内不能保证时效性，综合中国国情和修订费用，本书建议 5 年为宜。此外，在农业用地土壤污染风险控制标准到期前 6 个月，起草单位应提出复查报告，经批准后，相关主管部门在一定时限内再次声明，方可恢复其效力。

（三）完善耕地土壤污染风险防控协同机制

法律的生命在于制定出好的法规并能得到很好的贯彻实施，这依赖于各个执法机关之间的职责划分，并且需要对监管机构之间的分工和协作机制进行优化。在制定相关法律时，要按照导致耕地和土壤污染的成因，明确生态环保部门和农业农村部门之间的主要责任。农业农村部门熟知“三农”问题，了解农业环境、农业污染等特征，在立法中应当赋予其权力，重点承担农业生产过程中产生的非点源污染的防控与监督。农业农村部门要定期向生态环境主管部门报送被污染农田的重金属含量、控制和修复措施、环境违法行为和行政处罚等有关资料，并将其上传到土壤环境数据共享平台。同时，农业农村部门还可以在全国主要产粮区建立农业环境监测体系，对农业环境、土壤环境等相关数据进行监测，为农业环保执法工作提供决策支持。从我国土壤污染控制的实践来看，在控制外源污染和移动源污染方面，生态环境部门已经有了比较成熟的监管经验，因此，治理由工业污染导致的农田土壤污染，应该是国家生态环境部门的法定责任。生态环境部门应定期向农业农村部门报送排污许可、污染物排放数据、受污染耕地的重金属含量及控制修复措施、环境违法行为及受到的行政处罚等有关环境保护的资料，并将其上传到土壤环境数据共享平台。从科技的角度来看，耕地土壤是一个有机的、完整的生态系统，而耕地土壤污染又是多个污染相互交织、交互作用的结果，所以，治理土壤污染，必须要加强生态环境与农业农村等部门的协作，如要实现相关的执法信息共享。从提高执法效能与效果的角度来看，二者的协作更能节省执法资源与成本，形成监管合力，从而实现保护耕地土壤质量的立法目的。

公众参与是新型环境治理新格局的重要内容，而耕地土壤污染防控事关人类赖以生存的粮食安全，需要加强公众参与的环境协同治理。我国《环境保护法》第五章“信息公开和公众参与”共6条，为构建耕地土壤环境数据定期公布机制提供了法律依据，有利于推进各有关部门之间的协同工作。在信息公开阶段，相关部门可以这一机制为出发点，以保护利益相关者的利益为原则，有选择地、及时地将相关污染控制信息公布出来，从而保护公众的环境知情权，促进公众参与。全面、及时、有效的信息可为农田土壤污染治理提供更精准的保障，提高农田土壤环境质量，减少污染物经食物流向人类的可能性。在环境政策制定过程中，公众对国家和地区环境政策的执行，以及对政策的科学性的维护，都是一项法律法规。完善我国土壤污染治理公共政策，其关键是要使公众的意见能够得到充分的尊重。[1]例如，在修订《土壤环境质量农用地土壤污染风险管控标准（试行）》时，应以“专家座谈会”为主，“公众座谈会”为辅，并邀请有关利益主体参加座谈会等，以弥补我国现行《土壤环境质量农用地土壤污染风险管控标准（试行）》中存在的问题。[2]中国“三农”问题的关键在于农户，而农户的主动参与是解决这一问题的关键。他们的参与，既能增强市民对耕地土壤污染的认识，又能使政府所制定的污染防治政策更加贴近人民群众的需求，在实际操作中更具可操作性。[3]

二、耕地生态修复

（一）完善耕地生态修复法律责任制度

耕地生态修复制度兼具公、私两方面的特点，这导致了我国在立法与实务中存在诸多争议，对其进行准确的认定，将有助于实现责任的合理分配。在责任分担方面，明确地方政府承担的具体情况，有助于对受污染土地进行及时治理，避免环境恶化；建立完善的问责制度，使其能

〔1〕参见施志源：《环境标准的现实困境及其制度完善》，载《中国特色社会主义研究》2016年第1期。

〔2〕参见白贵秀：《基于法学视角的环境标准问题研究》，载《政法论丛》2012年第3期。

〔3〕参见王彬辉、叶萍：《我国农用地污染风险管控制度问题及其完善》，载《湖南农业大学学报（社会科学版）》2021年第6期。

够更好地履行自己的责任。

1. 细化地方政府承担修复责任的适用情形

在治理土壤污染的进程中，地方政府不能缺位，它必须要起到整合社会资源、主导促进的重要作用，这是一项应由法律规定的行政责任。从土壤污染修复的具体操作来看，应当在法律中明确政府机构的以下几项具体职责：一是由于政府职能部门对土壤污染状况的评价有误，致使其无法及时实施，应对延误扩大的部分负赔偿责任。二是对于历史上存在的土地污染问题，由于其特定的历史原因，导致责任主体难以确定，因此，需要政府积极地承担起治理的责任。三是在认定的侵权人无能力、无条件承担侵权责任的情况下，政府应在侵权人的侵权行为中起到辅助或主导的作用。四是被污染的土壤所处的土地，也应该按照谁受益谁负责的原则，对相应的部分进行赔偿。

2. 制定地方政府代为修复后的追偿制度

如果不给予相应的赔偿，仅仅靠政府来治理，是难以保障政府履行责任的动力的。所以，在强调政府工作要把生态价值和土壤修复放在第一位的同时，也要对政府实施补偿后的赔偿制度予以明确规定，以保证政府得到补偿。同时，这也有助于提高我国政府治理土壤污染的责任感，确保其良性、高效地进行。为此，我们可以通过立法等方式建立完善的补偿机制，增强政府履行责任的动力，保障其执行能力，维护政府公信力。

构建完善的追偿机制应当具备以下几个必要组成部分：

第一，确认被追偿者或责任主体的身份。首先，治理土壤污染涉及国家的大量人力和财力，仅靠政府一家的话，会给它带来很大的经济负担，因此，补偿机制要解决的是找谁来补偿。在此，可将土地所有人、使用人、占有人、污染者等都纳入法定赔偿主体范围，从而确定谁作为赔偿主体。其次，关于追回程序的启动问题，有两种可行方法，一是由国家依法对相关责任人进行直接赔偿；二是启动公益诉讼，通过对司法机关的起诉，获得赔偿，使其成为一种补救手段。

第二，政府对责任进行追偿的范围。我国《民法典》对一般追偿进行了完善，而本书追偿范围的设定可以参照其规定或者在法律规定中进行衔接。

第三，对追偿比例的确认。因为我国各地区的经济发展不平衡，这就导致各地方政府财政实力参差不齐，所以比例的确认必须结合政府的财政水平和责任主体的承担能力来进行。

第四，追偿制度的最后一环，追回资金如何使用。从实际开展情况看，政府进行土壤修复主要靠土壤防治基金，因此追回的资金也应投入防治基金中。

第五，对追偿制度的限制。为防止权力的滥用，每一项制度的建立，都要有一个清晰的范围和限度。但是，没有一种情况是绝对的，总会有一些例外。为此，我国应在赔偿制度上增加一些限制，并规定一些例外条款。应对适格主体予以有限的免责，并进一步细化政府补偿权。

（二）完善耕地生态修复标准制度

修复目标不是任意确定的，制定修复目标时需要理念和原则的指导，既应保护人体健康也要保护生态环境安全；不同的土壤类型要求也不同，需要考虑土壤的未来利用目的，结合修复目标，制定出合法、合理且具有可行性的修复标准。《土壤污染防治法》对受污染土地的修复标准是相关环境保护标准，这表明我国对于受污染土壤的修复不是一律要求恢复原状，而是要求修复工作满足土壤环境的修复目标即可，该目标要求受污染的土壤经修复后不会对人体健康造成直接或间接的危害，或者受污染的土地经修复后不存在环境风险。故应该在立法中将受污染土地的未来规划和利用用途作为选择土壤污染修复标准的原则之一。

《环境保护法》对土壤标准分别按照农用地和建设用地进行设定，但也同时授权地方政府可以依据本地区实际情况制定相适应的地方标准。《土壤污染防治法》在规定土壤污染风险管控的国家标准的同时也鼓励地方政府依据本地区的实际情况制定严于国家的标准。我国不同地区土壤背景数值随着不同地理类型和气候都会有不同的变化，这些土壤背景数值要根据各地区土壤的实际情况来制定，通过这些地方性的土壤背景数值来制定与各地区土壤实际状况相适应的修复标准更能贴合实际。因此，地方政府应根据本地区的实际情况加快制定地方性土壤污染修复标准，作为本地区土壤修复活动的判断标准。

（三）完善耕地生态修复资金保障机制

1. 构建环境税和信贷政策

在我国土壤污染修复实践中，土壤污染修复工作一直面临着资金不足的问题，修复土壤花费巨大，但是我国财政对土壤污染修复的投入往往十分有限，低于美国、德国等国的平均水平。在修复成本高昂、财政支持杯水车薪的背景下，迫切需要完善修复资金的保障机制，最大限度地拓宽修复资金来源渠道。《土壤污染防治法》第72条仅规定国家鼓励金融机构加大对土壤污染风险管控和修复项目的信贷投放，但实践中的应用远远不足。因此，依据我国的特殊国情推出针对土壤污染相关企业的特殊银行信贷政策，则显得非常必要。

在银行信贷上，首先，我们应对涉案企业进行区分管理，对执行绿色环保或者从事污染修复的企业降低银行信贷成本，对具有土壤污染威胁的企业提高银行信贷成本，鼓励企业执行环保理念并加大土壤污染预防力度。其次，土壤污染修复活动应面向市场吸收社会资金，鼓励社会民间资金积极参与污染修复治理并提供资金支持，对参与的企业提供一定的信贷支持，设立我国土壤污染治理的社会民间资金管理基金。

在税收政策上，既要对污染企业加强税收管理，又要对参与土壤污染修复的企业提供税收优惠。首先，应对不同企业的所处行业、污染物类型以及污染强度进行等级化处理，根据不同风险等级而要求其适用不同的税务水平或者征收特殊税种。其次，规定从事土壤污染状况调查、修复和效果评估的企业享受特殊的税收优惠政策。最后，对于社会民间资本组织或基金提供税收减免，鼓励社会民间资本积极投入土壤污染治理中，以多元化资金来源为土壤污染修复治理企业提供资金保障。

2. 完善耕地生态修复责任保险机制

国家鼓励、支持环境责任保险制度的实行，这为我国实行环境污染责任保险制度奠定了基础。土壤污染修复责任应遵循谁污染谁承担的原则，但是大部分企业无法单独承担巨额的修复资金，而环境污染保险制度有利于通过保险的转移和分担功能来实现责任社会化承担的机制，在保护受害人合法权益和实现企业可持续修复之间达到平衡。

首先，制定分级的环保政策，提供可供选择的保险种类，规范引导污染程度不同的企业进行选择，并且通过国家财政补贴等方式加大对土壤环境责任险的支持力度。对于污染程度高、可能造成严重污染后果的企业强制其购买土壤环境责任险；对于不太可能造成严重污染后果的企业或农业生产者，鼓励其购买土壤环境责任险。其次，规范土壤环境保险范围，将所有的污染土壤行为都纳入投保范围无疑是对土壤环境最好的保护，但是这并不现实，也不符合我国的特殊国情，因此合理确定土壤环境险所适用的投保范围显得尤为重要。可以采取循序渐进的方式，先将突发性污染行为纳入承保范围，再纳入企业正常渐进性的污染行为，然后一步步扩张，直到将所有的污染行为纳入其中。最后，政府应出台支持环境责任保险发展的政策，鼓励保险公司开发新的环境污染责任保险产品和具体的承保项目。

三、耕地生态补偿

（一）完善耕地生态补偿立法

法律政策作为耕地保护生态补偿制度落实的重要依据，应该具有一定的体系性。因此，可以借鉴德国等国家的经验，结合我国立法实际状况来完善我国的耕地保护生态补偿的立法和政策。

1. 细化完善《生态保护补偿条例》或相关立法中的耕地生态保护补偿条款

在理论层面关于生态补偿的研究已经发展得相对成熟，但在立法层面的进展比较迟缓，专家学者都在呼吁尽快制定我国的《生态保护补偿条例》。经过多年的实践和理论发展，2020 年 11 月国家发展和改革委员会发布了《生态保护补偿条例》（公开征求意见稿），这标志着我国生态保护补偿法治化进程的加快。该征求意见稿第 13 条是关于耕地保护生态补偿的专门规定。2024 年 4 月 6 日，国务院公布了《生态保护补偿条例》，该条例第 9 条规定："对开展重要生态环境要素保护的单位和个人，中央财政按照下列分类实施补偿（以下称分类补偿）：（一）森林；（二）草原；（三）湿地；（四）荒漠；（五）海洋；（六）水流；（七）耕地；（八）法律、行政法规和国家规定的水生生物资源、陆生野生动植物资源等其他重要生态环境要素。前款规定的补偿的具体范围、补偿方式应当统筹考虑地区经济社会发展水平、财政承受能力、生态保护成效等因素分类确定，并连同补偿资金的使用及其监督管理等事项依法向社会公布。中央财政分类补偿的具体办法由国务院主管部门会同其他有关部门分领域制定。”上述规定只对耕地生态保护补偿作了原则性规定，仍需进一步细化完善。

第一，应该将其他未参与轮作休耕的土地也纳入生态补偿的范围。我国耕地面积有限，人均耕地面积小，为更好地实现粮食安全的目标，需要尽可能地利用各种类型的耕地。为此，将各种类型耕地按照不同的补偿标准和补偿方式纳入生态补偿的范围，可以更好地激发相关主体保护耕地生态，提高耕地的地力和提高产量的积极性。

第二，应该明确地方政府对于因承担生态保护而被限制耕种方式和耕种面积的权利人的收益损失给予补助的具体方式。在土地“三权”分置的背景下，不同的权利人对耕地享有不同权利，承担不同义务，所以应该按照不同权利人的权利和义务进行相应的补偿。相对于所有权人和承包权人，经营权人作为直接利用耕地的权利人，其更加注重的是耕地的经济价值，为此，耕地生态补偿应该更加倾向于经营权人。但是为鼓励土地流转制度的实施，也应该考虑作为承包权人的分散的农户的意愿，按照一定比例和方式对其进行相应的补偿。

第三，农村集体经济组织作为农村承包地的所有权人，承担着发展本村集体经济、保护本村生态环境的重任，所以也应该对其进行一定的生态补偿，支持其发展本村集体经济和保护本村生态环境。

综上所述，应该按照不同权利人的权利和义务明确地方政府给予补助的具体方式和标准。只有对不同权利人按照其权利和义务进行相应的补偿，才能更好地激发其保护耕地生态的积极性，也能够更好地推动土地流转制度实施，吸引更多的新型农业经营主体进入，推动农业现代化发展。

2. 细化耕地保护法律政策规定

耕地生态补偿的最终目的是保护耕地，提高和维持耕地的生态承载力，完善相关的耕地保护的法律法规和政策，细化其中的相关规定，最终做到保护与补偿的统一。但是目前相关的法律法规和政策中关于耕地生态补偿的规定处于空白状态或者规定得过于原则性。所以，应该根据相关的法律法规和耕地保护生态补偿的密切程度对其进行完善。

第一，《农业法》作为农业方面的基本法律，在推动农业发展方面发挥着重要的法律支撑作用，而耕地作为农业发展不可或缺的重要组成部分，理应得到重视。因此，可以根据《农业法》的相关内容，结合耕地保护生态补偿的要求进行相应的具体化规定。例如，根据耕地保护生态补偿现状，可以在《农业法》中细化耕地保护生态补偿制度的内容。

第二，《土地管理法》作为土地管理的专门性的法律和耕地保护生态补偿也具有紧密的关系，所以"应在《土地管理法》中将一些比较抽象宽泛的规定具体化、细节化。例如，对耕地占用后新开垦的土地质量提出具体要求，进一步明确社会力量参与耕地生态补偿的具体途径和方式"[1]。

第三，在细化相关法律政策时还应该注重这些法律政策之间的协调性，灵活调整相关内容，使相关的法律政策的制定更加具有专业性和灵活性。"耕地保护生态补偿目标仅仅依靠单一的政策是不能实现的，必须配合其他相关法律政策的调整。"[2]同时在完善相关法律、法规、政策的同时避免重复性规定或者相矛盾的规定出现。

3. 协调中央与地方立法关系

耕地保护生态补偿是一项系统性的工程，涉及范围广，各地区耕地实际情况千差万别，为更好地落实耕地保护生态补偿工作，对于中央和地方的立法关系应该协调。所以应该从以下几方面进行完善：首先，需要在中央统筹兼顾，制定全国统一适用的法律法规、相关条例的基础上，各地方以此为据结合本地区实际情况制定适合本地区耕地保护生态补偿的地方性法规或者相关条例。其次，应该将地方相关条例和政策的实践经验及时上升为法律规定。

---

〔1〕 何琼、杨敏丽：《我国耕地资源生态补偿机制的框架构建及对策研究》，载《价格月刊》2015年第12期。

〔2〕 高彤、杨姝影：《国际生态补偿政策对中国的借鉴意义》，载《环境保护》2006年第19期。

通过协调中央和地方的立法关系，将一些具有基本性质和普遍性质的内容交由中央立法规定，对于一些特殊性质和可操作性要求强的内容给予地方立法自主权，由各地区按照上位法的规定结合本地区实际制定地方性的法规或者条例。

例如，就补偿方式而言，由中央立法规定补偿方式的原则性内容，各地方结合本地实际情况规定具体的补偿方式，或者由中央立法规定具体的补偿方式，即地方政府可以结合本地区实际情况，采取其他补偿方式作为兜底性条款，给予地方政府在制定补偿方式的规定时具有一定的选择权。

综上所述，首先，由于我国地理环境的差异性，各地耕地情况千差万别。其次，耕地不仅承担着生产粮食的经济功能，还承担着平衡生态环境的生态功能。出于对上述两方面的考虑，制定地方性法规和条例是非常有必要的。在地方立法时应该考虑的问题是如何处理中央立法和地方立法的关系。

因此，在遵循下位法不得与上位法相抵触的原则下，充分发挥地方立法自主权，制定符合地方特色的相关性法规或条例，从而使本地区的耕地保护生态补偿工作的落实有自上而下、完善的法律体系的支撑。

（二）完善耕地生态补偿方式选择机制

目前我国耕地保护生态补偿采取的补偿方式主要是以政府主导下的资金补偿为主，以一定的市场补偿为辅。虽然采取这种补偿方式具有一定的合理性，即受偿主体能够直接看到保护耕地生态的利益，在一定程度上提高了相关主体保护耕地生态的积极性，但是这种补偿方式也存在一定的弊端：

第一，资金补偿标准的确定需要按照一定的方法进行计算，而其重点和难点是对耕地生态系统服务价值进行量化，但目前没有确定唯一的核算体系，故无法进行量化。如何精准量化生态系统服务价值，虽然不同的领域提出了不同计算方法，但是哪种计算方法更科学，还有待用于实践中进行验证。

第二，以政府为主导的生态补偿，具有一定的行政强制性，该补偿资金是否能够完全满足保护耕地生态的需要，是否能够弥补相关主体为此而受到的损失还有待验证。所以，为更好地落实耕地保护生态补偿制度，有必要采取多元化、灵活的补偿方式，需要完善补偿方式选择机制。

1. 细化政府补偿与市场补偿分工

虽然目前关于耕地保护生态补偿是以政府为主导，但是在相关的法律文件和一些地方实践中逐渐引入了政府和市场相结合的规定和做法，这仅仅是引入市场参与耕地保护生态补偿的开端，具体操作还不成熟，相关规定也不太完善。因此，在这方面可以借鉴美国、德国、日本等国家的相关成熟的经验，结合农村承包地“三权”分置的背景，来完善相关的规定，建立针对不同主体的耕地生态补偿实现机制。

不同的生态系统服务具有不同的价值，其价值实现方式也不一致。所以针对不同服务价值，应该采取不同的补偿方式，通过不同的补偿方式可以最大限度地实现耕地生态补偿的目的。对于具有公共性质的生态服务可以通过政府支付补偿资金等方式实现，而对于农产品等可以量化的具有私人物品属性的生态服务则通过市场交易的方式更为有效。这样不仅可以在一定程度上减轻政府财政压力，也可以相对完全地保障相关主体的生态补偿利益，从而进一步激发各方主体参与耕地生态补偿。所以，在农村承包地“三权”分置的背景下，完善以政府资金补偿为主导，一定的市场补偿为辅的补偿方式具有一定的合理性。本书认为应该从以下几方面进行相应的完善：

第一，“通过政府转移支付补偿耕地所有权人和承包权人”〔1〕。耕地所有人和承包人不是直接耕种土地者，不能直接提供农产品，所以不能通过市场交易的方式对其进行补偿，而只能由政府按照耕地生态保护的需要，通过建立专门基金的方式，实行无差异的财政转移支付。

第二，完善生态农产品认证制度，保障耕地经营权人生态补偿利益。耕地经营权人作为直接使用耕地的权利人，其对耕地的使用目的在于生产农产品，主要实现耕地的经济价值。因此，通过农产品生态认证制度，可以最大限度地实现耕地生态价值和耕地经济价值的统一，即政

---

〔1〕 参见赵亚莉、龙开胜：《农地“三权”分置下耕地生态补偿的理论逻辑与实现路径》，载《南京农业大学学报（社会科学版）》2020年第5期。

府或政府委托的第三方机构通过对优质农产品的认证，提高这部分生态农产品的价格，消费者支付高于普通产品的价格来购买生态农产品，高出的部分可以视为是对经营者的耕地保护的生态补偿。通过生态农产品认证制度不仅可以进一步激发耕地经营者提高农产品质量的积极性，培育更多的优质农产品，也能在一定程度上对其进行生态补偿，提高其保护耕地生态的积极性。

2. 规范资金补偿程序

因为资金补偿作为首要的补偿方式具有其他补偿方式无法替代的优势，所以应该规范资金补偿的程序，从资金的来源、使用、监管等方面进行规范，最大限度地发挥其优势：

第一，扩大融资渠道。资金补偿的方式主要以政府间的财政转移支付为主，然而该部分资金有限，不能完全弥补受偿主体因保护耕地生态而受到的损失或者其机会成本，所以应该拓宽融资渠道，以此来提高资金补偿的标准。例如，可以通过引入企业或第三方社会组织参与生态农产品的开发合作来提供生态补偿资金。可以建立生态补偿基金，这部分资金来源可以“由耕地轮作休耕的受益行业，如生态旅游业、生态农业经营者、房地产开发公司等主体共同出资设立”[1]。也可以通过建立专门基金的方式，由政府对破坏耕地生态的行为进行处罚，收缴的罚金纳入该基金。还可以采取多级补偿标准的模式，对不同生态质量的耕地实施梯度化的补偿标准。

第二，完善资金补偿监管规定。无论是来自政府财政转移支付的资金，还是通过其他途径获得的资金，对于该资金的发放、使用都需要进行监管。首先，要保证该资金能够完全发放到相关权利人的手中。其次，对于如何使用该资金也应该进行相应的监管，不能只发不管，使该资金不能发挥其作用。而监管的有效前提是资金的发放和使用都要进行公示，通过公示能够使资金补偿处于完全透明的状态，以此能够完全发挥资金补偿的最大作用。所以应该完善对耕地生态补偿资金的监管制度，使资金补偿能够在严密的监管制度下发挥其该有的作用，使每一分

〔1〕 吴萍：《构建耕地轮作休耕生态补偿制度的思考》，载《农村经济》2017 年第10 期。

钱都能发挥最大作用，使每一笔资金补偿用途都明确。

综上所述，应该规范资金补偿的程序，通过规范的补偿程序，发挥资金补偿的最大优势，从而激发各方主体参与耕地生态补偿的积极性，最终达到保护耕地的目的。

3. 完善技术补偿规定

虽然以资金补偿作为耕地保护生态补偿的主要方式，但是其他类型的补偿方式也能在某些方面发挥其独特作用，成为资金补偿的补充，与资金补偿共同为耕地保护生态补偿助力。其中技术补偿作为一种补偿方式在欧美一些国家已经成为重要的补偿方式。技术补偿主要是指向农户提供先进的农业科学知识、科学的种植技术、合理的管理模式等技能化培训和指导，提高农业生产发展的科学性。

我国虽然在一些法律规定中有关于技术补偿的规定，但是还不够完善，尤其在农村承包地"三权"分置背景下，技术补偿显得尤为重要。农村承包地"三权"分置的目的在于将土地流转给更加专业的主体进行农业现代化生产，而农业现代化离不开各种技术的支持。与此同时，耕地经营权人作为耕地实际耕作者，需要在一定的时间内提高耕地的生产能力，而通过技术补偿可以在保护耕地生态的同时实现这一目标。因此，完善技术补偿相关规定就尤为重要，主要包括以下几个方面：

第一，应该明确技术补偿的受偿主体主要是耕地实际经营者。因为耕地实际经营者是直接使用耕地的主体，而技术补偿主要针对的就是耕地本身和其使用者。同时在一定范围内也应该对所有权人和承包权人给予一定的技术补偿，使其能够通过相应的技术补偿实现自身发展的需要。

第二，明确技术补偿的补偿主体应该以政府直接组织为主，政府购买相关企业和第三方组织服务为辅，因为政府在提供技术补偿时具有一定的技术局限性，引入第三方专业组织可以弥补政府在这方面的不足。

第三，技术补偿的方式包括但不限于提供科学的种植技术、管理技术、先进的农业科学知识、进行专业人才培训。因为农业发展和保护耕地生态需要多种农业技术，所以应该使用多样化的技术补偿模式，才能达到补偿的效果。

（三）完善耕地生态补偿部门协作机制

耕地保护生态补偿涉及的范围较广，牵涉农业部门、财政部门、土地管理部门、环境管理部门等，要顺利实施耕地保护生态补偿工作，离不开众多部门之间的相互协作。因此，通过完善部门协作机制可以有效协调各部门之间的职责，但是完善部门协作机制是一项复杂性、系统性工程，结合我国的实际情况本书认为可以从以下几方面进行完善。

1. 明确相关部门职责

为有效实施耕地保护生态补偿制度，各相关部门之间需要各司其职、相互配合，这就需要明确划分各部门之间的权力责任，防止相互推诿扯皮，有利争着上、无利都在躲的现象的发生。“需要国务院协调各部委之间的职责、理清各部委之间的关系。”[1]同时也要明确划分地方政府部门之间相关职责，以及上下级部门之间的职责。例如，具体规定财政部门行使一切关于生态补偿资金相关的职责，包括但不限于资金的发放、使用、管理、监督以及具体制定相关的办法等职责。整合农业部门、环境保护部门、土地管理部门的职责，由一部门牵头，其他部门相互配合行使仅针对耕地生态补偿过程中对耕地的使用、管理、生态保护方面的相关职责。

2. 加强相关部门信息交流

为更好地发挥各部门在耕地保护生态补偿工作的职责，需要加强各部门之间的信息交流，只有畅通信息交流渠道，各部门才能更及时、高效、准确地各司其职、相互协作。完善各部门之间的信息交流制度，使各部门之间信息交流有法可依。对于耕地保护生态补偿相关信息，各部门虽然在本部门信息网络平台公开自己相关职权范围内的信息，但是该信息公布对于耕地保护生态补偿这种系统性工程而言具有一定的滞后性。因此，各部门之间要及时主动交流所获得的相关信息，为本部门开展相关生态补偿工作及时获取最新资料，以此提高耕地保护生态补偿工作的效率。例如，财政部门对于生态补偿的财政状况和所获得的补偿资

---

〔1〕 黄晨一：《我国耕地保护生态补偿法律制度完善研究》，安徽大学 2020 年硕士学位论文，第 37 页。

金状况及时主动和其他部门沟通，其他部门就获取的耕地质量、数量、补偿实施情况等内容及时和财政部门进行沟通，以便双方及时调整相关政策，以此更好地实施耕地保护生态补偿工作。

3. 完善奖惩机制

赏罚分明的奖惩制度不仅可以对不作为、乱作为的部门进行惩治，还可以提高积极作为、有效作为的部门工作的积极性。因此，通过建立和制定相关的考核制度来对部门的耕地保护生态补偿工作进行绩效考核，对于达标的政府部门给予相应的物质或者精神奖励，对于不达标的政府部门及其领导给予不同程度的处分。通过进一步完善耕地保护生态补偿的奖惩制度，不仅能够有效提高部门的工作质量和工作效率，也可以起到震慑和激励作用，以此促进各部门各司其职、积极作为，同时主动加强和其他部门的交流协作，共同推动耕地保护生态补偿工作的落实。

（四）完善耕地生态补偿公众参与机制

耕地保护生态补偿制度的落实会牵扯众多主体的利益，所以就需要社会公众的广泛参与。我国可以通过吸引社会各方力量参与生态补偿实践的做法，再结合我国现有国情，从以下几方面对公众参与机制进行完善。

1. 明确公众知情权范围

在农村承包地“三权”分置的背景下，耕地保护生态补偿直接牵扯的社会公众主要包括承包地的所有权人、承包权人、经营权人。因此，要完善公众参与机制。首先，要充分保障相关权利人的知情权。相关权利人的知情权主要包括对耕地保护生态补偿政策的制定和实施情况的知情权。同时对于公开的信息的内容、时间、方式等都要按照便民原则进行。例如，政府可以通过网络、新闻发布会、专题会议等形式及时向社会公众尤其是相关利益主体公布制定相关政策的计划，使社会公众能够及时了解政府动态，为参与耕地保护生态补偿政策制定做准备。其次，“对于生态补偿政策的执行情况可以由专门的机构负责定期向社会进行通报”[1]，使社会公众能够及时了解政策落实情况。通过明确知情权范

〔1〕参见张术环、杨舒涵：《生态补偿的制度安排体系研究》，载《前沿》2010年第19期。

围，提高公众参与程度。

2. 保障公众选择权

作为承包地的不同权利人对于耕地享有不同的权利的同时，对期望耕地所能带来的价值也不相同，因此要保障相关主体对于耕地保护生态补偿拥有一定的选择权，以此在实现耕地保护生态补偿的目标的同时实现不同权利人对耕地不同的价值追求。

在市场化的补偿模式下，不同的权利人可以通过与补偿主体制定协议的方式选择不同的补偿方式，通过选择合适的补偿方式，达到实现耕地生态保护和双方利益最大化的双重目标。

3. 提供多元救济途径

不同的权利人参与耕地保护生态补偿的程度和方式不同，因此，其权利受到侵害的程度和方式也不尽相同，所以只有完善相关主体的救济权，完善保障激励机制才能更好地保护权利人的合法权利，这就需要针对不同的权利人提供多元的救济途径。

就土地所有权人而言，在耕地保护生态补偿工作中，集体利益容易受到损害，因此，为保护集体利益应该赋予集体组织相应的救济权利来对受损的集体利益进行保护。

就承包权人而言，其受损的是将自己的承包地流转给经营权人获得的利益，而赋予承包权人相应的救济权，才能更好地救济土地流转中因耕地生态补偿而损害的承包权人的利益。

就经营权人而言，其受损的价值不仅是生态价值，同时还有经济价值。所以为鼓励更多的经营主体加入到土地流转中来，就更需要保障经营权人的救济权，通过多种途径全面保护经营权人的合法权利。

（五）完善耕地生态补偿监督机制

耕地保护生态补偿制度的实施和政策的有效落实，离不开对生态补偿工作的监督，耕地生态保护的具体状况也离不开监督，而完善的法律监督机制是实施监督的法律依据和支撑。我国可以借鉴英国为对农业生产活动检查而建立了一套完善的措施的做法，并结合我国实际情况从以下几方面进行完善。

1. 建立统一监督部门

耕地保护生态补偿法律机制中监督机制是重要的环节，而作为补偿主体的政府部门实施监督职责直接影响耕地保护生态补偿制度的长久有效实施。“耕地保护生态补偿涉及的部门众多，缺乏统一的监管制度。出现政出多门和多头监管导致监管责任的重叠或者监管的盲区，导致出现监管事故后很难追究具体的机构或者负责人。”[1]

因此，应该设立统一的监督部门，赋予该监督部门相应的监督职权。同时也应该明确规定其滥用职权或者不作为导致生态补偿工作出现重大后果时应该承担的责任，按照后果的严重性和出现的原因追究监督部门及其领导的相应的行政责任或者刑事责任。

2. 增加相关主体互相监督的形式

耕地保护生态补偿的监督既需要政府部门的监督，也需要社会公众的监督，尤其在农村承包地“三权”分置的制度框架下需要各方权利人互相监督。所以应该制定和完善相关的制度，使不同的权利人互相监督承包的耕地的生态保护状况。

就经营权人而言，其作为耕地的实际使用者，对于耕地生态享有直接的保护义务，因此，作为承包地的所有权人和承包权人可以通过监督的形式，向有关部门举报破坏耕地生态的经营权人，由相关部门查证属实后对经营权人给予一定的处罚，通过这一制度设计，可以有效督促土地经营权人更好地保护其所经营的耕地的生态。

就承包地所有权人和承包权人而言，当其把耕地流转给经营权人后，其对于耕地生态不负有直接的保护责任，但同时还享有耕地生态补偿的利益。因此，可以制定相关的规定，由经营权人对对所有权人和承包权人发放的补偿资金的使用情况进行监督，对违规使用的主体由经营权人向相关部门举报，由相关部门查证属实后收回该笔资金，然后拿出一定比例的资金作为对举报者的奖励，通过该规定既可以督促所有权人和承包权人正确使用补偿资金，又可以调动经营者参与耕地保护生态补

---

〔1〕 参见张树峰、刘雅楠：《我国耕地生态补偿法治化的困境与出路分析》，载《人民论坛·学术前沿》2021 年第 8 期。

偿的积极性。

3. 采取多样化社会监督方式

“长期以来，我国在生态环境建设和保护中缺乏独立的第三方监督机构，所以我国可以考虑建立社会化的生态补偿的监督机构。”〔1〕监督生态补偿制度的实施离不开政府部门发挥作用，也需要社会监督。而社会监督的形式应该广泛化。应该形成以专门的社会组织为主，其他形式为辅的社会监督格局。例如，成立专门化的第三方社会组织参与耕地保护生态补偿的全过程，该组织完全独立于政府部门，与政府部门的关系是监督或者合作关系，不受行政部门约束。同时还应该借助报纸、电视、网络等平台，发挥社会舆论的监督作用。通过专门的社会组织参与监督可以发挥其专门化的作用，提高监督的科学性；允许社会媒体参与耕地保护生态补偿的监督，可以做到监督结果透明化，监督效果最大化。所以通过构建多元化的社会监督方式形成较为全面的监督体系，能够为耕地保护生态补偿保驾护航。

---

〔1〕 李林、李海燕：《耕地保护生态补偿现状及政策建议》，载《现代农业科技》2015年第11期。

第十章　耕地保护督察制度

21世纪农业面临一系列的挑战，自然资源、环境健康和可用耕地减少，可食用粮食安全面临危机，农村耕地对基本生态系统服务及减缓气候变化发挥至关重要的作用，可持续的农业耕地系统亟须变革。耕地保护督察制度作为土地督察制度的严守耕地保护红线的体现，贯穿耕地保护事前、事中、事后的全监管过程，为筑牢粮食安全防线，国家安全构建奠定基础。首先，通过概述耕地保护督察制度的理论渊源、创制背景、权源结构。其次，明确耕地保护督察制度在我国的现实运行模式中出现的问题。再次，介绍典型国家，如俄罗斯、荷兰、美国等耕地保护制度的监督对象、领导体制、架构设置模式、内部领导、职能职权等内容。最后，完善我国耕地保护督察制度的对策。

第一节　耕地保护督察制度概述

一、耕地保护督察制度理论渊源

耕地保护督察制度是行政监管与土地管理结合而形成的实践理论体系构建，通过梳理耕地保护督察制度的基础理论构建，厘清全方面全覆盖式的耕地保护督察制度，使其权力来源、机构设置、运行模式、制度设计都具有合理性构建路径。

（一）行政监管机构构建理论

耕地保护督察具有行政监管的理论基础，行政监管机构的构建要确保耕地保护督察的全面展开。基于现代监管理论的思想启蒙而产生的公共行政机构，是国家开展组织活动的公共权力机关。行政监管机构构建具有有限政府、限制腐败、人民民主等理论根源，与行政管理机构相区别，体现出立法权、执法权、司法权的集权性特征。正如美国独立监管机构的立法权包括制定行政法规、制定意义广泛的监管事务普遍标准、就监管事务提出法律意见；司法权包括对监管对象进行查处、对监管对象进行裁决。[1]土地督察是行政监管权的体现。

耕地保护督察包含行政监管体制的理论。一是耕地保护督察制度构建的全过程以法律为基础。监管机构作为特殊的行政管理权力，集立法、执法、司法为一体需要严格得到法律的设立，经过专门授权去保护公民的经济权利和人身权利。监管机构要具有透明公开的程序、进行绩效评估及问责机制，问责机制要目标明确，有可靠的途径评估是否实现了这些追求目标，作为和不作为应承担不同的行为后果[2]。二是耕地保护督察机构设置与运行以独立为原则。监管权涉及监管机关、政府、企业、民众之间的利益，以有效限制垄断、促进竞争、实现公正裁决为目的，要发挥监管机构的专业性对独立性具有较高的要求。[3]三是耕地保护督察制度设置权责分明，注重效率。监管权力注重中央与地方政府的统一，一个事项由统一机关行使职权，避免机关分割导致监管不力，注重程序性设置，加强与社会力量合作，有效保障监管机构行使权力。四是耕地保护督察机构设置应具备专业公正的特征。耕地保护督察机构的工作人员应对专业业务进行分权。监管决策应注重公正，体现民主与科学。

---

〔1〕 参见王名扬：《美国行政法》，中国法制出版社 1995 年版，第 177 – 178 页。

〔2〕 See Joseph E. Stiglitz, *Democratizing the World Bank: Govemance and Accountability* Ⅱ, Gavernance, Vol. 16: 1, p. 111 – 139 (2003).

〔3〕 参见马英娟：《政府监管机构研究》，北京大学出版社 2007 年版，第 91 页。

（二）绩效管理理论

绩效管理理论作为新公共管理理论多维视角之一，为耕地保护督察制度体制构建提供新理念。20世纪80年代新公共管理理论以别样的行政组织理念，突出绩效管理的程序纠偏与技术治理。绩效管理理论作为战略性政府管理工具，进行目标绩效考核、部门绩效考核、机关效能监察、领导班子/领导干部绩效考核等。耕地保护督察制度离不开以结果导向为原则的绩效考核机制的程序纠偏和技术治理。一是程序纠偏，政府绩效考核以干部奖惩为一体，纠正政府偏离轨道的举措。绩效考核设置明确的管理流程：阐明管理任务与目标、确立可量测定的评估指标、划分绩效等级、收集绩效数据、公布绩效评估结果、提出绩效改进计划、运用评估结果实施行政问责等。[1]二是技术治理，绩效评估与管理技术相结合，以数字平台联动推动评估管理，降低督察验收的不良结果。[2]耕地保护督察制度通过两种手段强化绩效管理的结果导向，有效解决耕地保护问题，提高耕地利用保护管理效果。

（三）土地宏观调控理论

土地是国家进行宏观调控的关键工具，是政府治理的重要内容，对社会、政治具有特殊作用。土地作为资源，不仅涉及经济个体，还涉及地方政府，故需要对耕地资产进行督察。耕地保护督察由国家自然资源督察机构实行，国家自然资源督察机构对耕地资源、耕地资本、运行模式进行督察，监督省级人民政府耕地保护、土地执法、土地审批等职责履行情况，以及贯彻落实中央政策情况，并督促地方政府依法履行土地利用和管理职责。将土地宏观调控理论加入耕地保护督察，促进耕地生产优化配置，保障耕地收益分配，保持宏观经济稳定，保证耕地资产价值，服务于耕地保护，保障耕地保有量目标的实现，对各市级地区耕地开发复垦进行管理。

---

〔1〕参见蔡立辉：《政府绩效评估：现状与发展前景》，载《中山大学学报（社会科学版）》2007年第5期。

〔2〕参见李倩：《基层政府绩效评估中的多重行动逻辑、策略分化与繁文缛节——以J县Y镇脱贫攻坚工作考核为例》，载《上海行政学院学报》2023年第4期。

二、耕地保护督察制度创制背景

国家土地督察制度作为最严格的土地管理制度，最初是为了实现耕地保护设立。我国从1994年开始进行土地督察的创制，依托行政管理、绩效管理、土地宏观调控等理论，经过土地总监制度、土地督察制度、自然资源督察制度以及耕地保护全面督察的一步步设想推进，具有丰富的耕地保护督察创制背景。

（一）土地总监制度的设想阶段

一是新中国成立初期，由国务院下设内务部门地政司进行土地管理，农业、林业、财政等部门也可进行土地管理，呈现中央与地方管理脱轨、管理分散的状态。二是实行机构改革撤销地政司，把土地管理权分散到其他部门，土地管理基本由上级政府部门及经济管理部门掌握。缺乏土地管理法律政策，对土地的管理依靠中央决策，在党的十一届三中全会之前，土地管理长期处于无序状态。三是国务院在农牧渔业部设立土地管理局，此后逐步建立从省到县的统一土地管理部门，为实现土地行政监管奠定基础。四是国务院设立直属的国家土地管理局并出台《土地管理法》，实现土地管理里程性的飞跃。国家土地管理局仍然没有监督执法权，但提出了国家土地总监制度的设想，实现国家土地资源自上而下的垂直管理。1998年赋予国土资源部土地执法监察权。土地总监制度设想落实到行政业务，地方各级土地行政管理部门属于上级政府，面对国家土地规划标准的整体性、长期性规划内生效力不足，国家宏观调控职能性消减，监督机制虚设性特征显现，违法占用耕地，影响耕地质量、数量及生态保护，土地总监制度逐渐搁浅。

（二）国家土地督察制度建立阶段

一是设想土地监察制度，1998年组建国土资源部，国务院实行体制改革，转变土地管理的职能结构。2003年调整国土资源领导干部管理体制，对国土资源领导班子实行上级国土资源部门党委主管、地方党委协管的双重管理体制，强化国土资源执法监察，重视土地监察制度构建。二是正式建立国家土地督察制度，2004年国务院《关于深化改革严格土地管理的决定》提出“建立国家土地督察制度”。[1]2006 年，国务院办公厅《关于建立国家土地督察制度有关问题的通知》发布，正式建立国家土地总督察制度。[2]国家土地总督察由国土资源部长兼任，与国家土地副总督察共同实行国家土地督察制度，同时中央向地方派驻了 9 个国家土地督察局。三是 2008 年开始实行土地督察，2012 年国土资源部制定的《深化绩效管理试点工作方案》中处室及干部绩效管理主要包括监督检查、审核整改、调查研究、临时工作等四方面主体内容。其中，监督检查，主要是指对地方政府土地利用和管理情况、对耕地保护责任目标的落实情况、对执行国家土地调控政策情况、对执行土地管理法律法规情况、对农用地转用和土地征收事项等进行监督检查。国家土地督察制度稳步发展，有效调整中央与地方的关系，落实土地管理制度，有效实现绩效管理，保障国家宏观调控政策的有效实施，使督察执法效果具有实际意义。

（三）国家自然资源督察制度建立阶段

党的十八大以来，基于健全党的机构设置和职能配置，优化政府“三农”工作、实现乡村振兴、建立统一高效审计监督机构等方面的要求，实行国家机构改革。

2018 年建立国家自然资源督察制度，实行土地督察统一管理。设立国家自然资源总督察办公室。完善国家自然资源督察制度，拟订自然资源督察相关政策和工作规则等。指导和监督检查派驻督察局工作，协调重大及跨督察区域的督察工作。根据授权，承担对自然资源和国土空间规划等法律法规执行情况的监督检查工作。对国土空间的规划、用途管制，体现国家宏观调控机制作用，实现全源头全过程的工作机制，加强土地督察的效用。自然资源部设立耕地保护监督司。拟订并实施耕地保护政策，组织实施耕地保护责任目标考核和永久基本农田特殊保护，负

[1] 国务院《关于深化改革严格土地管理的决定》（国发〔2004〕28 号）提出：“（二十四）强化对土地执法行为的监督。……完善土地执法监察体制，建立国家土地督察制度，设立国家土地总督察，向地方派驻土地督察专员，监督土地执法行为。”

[2] 国务院办公厅《关于建立国家土地督察制度有关问题的通知》（国办发〔2006〕50 号）规定“一、设立国家土地总督察及其办公室；二、向地方派驻国家土地督察局；三、人员编制；四、其他事项”等具体内容。

责永久基本农田划定、占用和补划的监督管理。承担耕地占补平衡管理工作。承担土地征收征用管理工作。负责耕地保护政策与林地、草地、湿地等土地资源保护政策的衔接。[1]

农业农村部与自然资源部共同推进耕地保护督察施行。一方面农业农村部设立农田建设管理司，提出农田建设项目需求建议。承担耕地质量管理相关工作。参与开展永久基本农田保护。承担农业综合开发项目、农田整治项目、农田水利建设项目管理工作。另一方面农业农村部设耕地质量监测保护中心，负责全国耕地质量调查监测体系建设，参与耕地与基本农田质量调查、监测、评价、建设和保护等有关政策、法规、规划、计划的起草并组织实施；开展耕地质量调查监测与评价，承担国家耕地质量监测网络建设和管理维护工作，指导地方耕地质量监测网络建设，为开展“互联网＋督察”的网络信息平台提供基础资料；参与耕地与基本农田质量保护、监督管理、考核评价等有关工作，指导占补平衡补充耕地质量验收评定，承担损毁耕地的调查与鉴定评价工作；开展耕地质量和土壤检测业务指导和质量监督考核，承担土壤样品库建设和管理维护工作，开展相关投入品和废弃物对耕地质量的安全性、有效性监测评价。[2]

（四）耕地保护督察制度规划

开展耕地保护督察，中央督察直接进入省级政府，全面督察耕地保护工作情况，对地市级工作进行抽查验证，确保耕地保护督察全面展开。持续开展耕地保护督察通报，划好耕地和永久基本农田，拉紧耕地保护“警示网”。2018 年以来与农业农村部一起对“大棚房”、非法侵占耕地挖湖造景、农村乱占耕地建房等重点问题始终保持高压态势，紧抓不放。[3]2019 年进行了第三次全国国土调查，并开展自然资源基础调查，反映耕地保护情况，不断压实党政同责，遏制耕地“非农化”，严

---

〔1〕《自然资源部职能配置、内设机构和人员编制规定》，载自然资源部网，https：//www. mnr. gov. cn/jg/sdfa/201809/t20180912_2188298. html。

〔2〕农业农村部设耕地质量监测保护中心，http：//www. moa. gov. cn/jg/jgsz/#bjg。

〔3〕参见《2023 年度国家自然资源督察机构整训开班》，载自然资源部网，https：//www. mnr. gov. cn/dt/ywbb/202311/t20231114_2806324. html。

格管控“非粮化”，严查各处违法违规占用耕地或改变耕地用途的行为，发挥耕地保护督察最大效用。2021 年自然资源部、农业农村部、国家林业和草原局联合发布《关于严格耕地用途管制有关问题的通知》落实严格耕地保护督察的恢复治理效果。党的十九届四中全会以来更是明确国家自然资源督察机构承担自然资源严格管制、空间规划管制、生态保护修复职责。

三、耕地保护督察权

国家土地管理机构经过理论实践的需要改革为统一的国家自然资源督察机构，对耕地管理保护权力不断增强。耕地保护督察作为耕地保护的必然选择，通过对耕地保护督察权力的厘清，明确耕地保护督察权的生态性定位，推动架构运行模式的完善。

（一）耕地保护督察权以土地权力束的分解为前提

土地权力以三维形态呈现，而耕地保护督察权主要源于土地行政管理权。土地权利从横向上看包括土地立法权、土地行政管理权、土地司法权。土地行政管理权划分为土地行政决策权、土地行政执行权和土地行政监督权，对耕地保护开发利用活动进行管理；其中，土地行政监督权泛指执政党、国家权力机关、司法机关和人民群众等多种社会力量对国家土地行政机关及其公务人员的监督。从纵向上看包括中央土地管理权与地方土地管理权。土地所有权进行权力束分解，土地产权的规划、审批由中央政府与省政府决定，具体使用、收益由县市级政府支配，土地产权的分割使土地行政管理权下放，督察权在管理权中发展，匹配权力结构配置，应对土地权的不同要求。

（二）耕地保护督察权以土地权力束的要求进行划分

耕地保护督察权依据土地管理权的划分需求，以反馈、预防、纠正、问责体现生态性的耕地保护督察权能。一是反馈性权能，将县市一级监督检查发现问题反馈给中央，打开中央信息收集渠道，及时性调整宏观政策，化解单一制体制模式的权力冲突。二是预防性权能，耕地保护督察权设置具有独立性的要求，充分介入地方行政管理中的被动性问题，从源头把倾向性的问题提取，在审批规划段进行以被动和结果为导向的监督模式改变。三是纠正性权能，督察机构依据权力的取得对各省、自治区、直辖市以及国务院确定的城市人民政府进行纠正，避免消极性问题产生。四是问责性权能，以问题纠正为导向，明确政府责任主体，通过问责消除耕地保护违法违规情况，落实权责机制，协同监察、审计部门权力的实现[1]。

（三）耕地保护督察权体现党政同责的定位

党的二十大报告指出要建立健全党统一领导、全面覆盖、权威高效的监督体系，在耕地保护行业类监管中不断定位党政同责，通过党内法规对各级党组织及其党员，以正式（如巡视）或非正式（如党员间相互监督）形式进行自我规范、约束。党统一指挥下的耕地保护督察权运行将精准把握地方土地管理难点痛点，促进中央与地方机制协调统一。党政同责定位下的耕地保护督察以强大的动员能力，保证地方党政负责人全面配合督察接受反馈、牵头整改，激活耕地保护督察整改的威慑生长点。[2]

第二节　我国耕地保护督察制度现状及问题

一、耕地保护督察运行机制

通过梳理耕地保护督察机构运行主体、职责范围、权力行使方式，明确我国耕地保护运行机制，从立法层面保障耕地保护督察制度理论构建的完善，为耕地保护督察制度在9个区域落实奠定基础。

（一）耕地保护督察主体

耕地保护督察主体包括国家自然资源督察机构，农业农村部农田建设管理司也参与耕地保护监督检查。依据《土地管理法》和2021年修订的《土地管理法实施条例》的规定，并参考《耕地保护法（草案）》（征求意见稿）的规定，耕地保护督察主体是国家自然资源督察机构。经过国务院授权，自然资源部设置国家自然资源总督察办公室，指导和

---

〔1〕参见曹端海：《基于善治的土地督察研究》，中国地质大学（北京）2020年博士学位论文，第17－49页。

〔2〕参见马迅：《国家治理视域中的法治督察研究》，载《学习与探索》2023年第11期。

监督检查派驻督察局工作，协调重大及跨督察区域的督察工作。根据授权，承担对自然资源和国土空间规划等法律法规执行情况的监督检查工作。设置9个派出机构作为耕地保护督察主体，包括国家自然资源督察北京局、国家自然资源督察沈阳局、国家自然资源督察上海局、国家自然资源督察南京局、国家自然资源督察济南局、国家自然资源督察广州局、国家自然资源督察武汉局、国家自然资源督察成都局、国家自然资源督察西安局，承担地方耕地保护督察职责。

（二）耕地保护督察范围

耕地保护督察范围逐渐明确，中共中央、国务院《关于加强耕地保护和改进占补平衡的意见》要求督察机构加强对省级政府履行耕地保护目标责任、健全耕地保护制度等情况的监督检查。督察机构就是要紧紧围绕党中央、国务院的决策部署，监督地方政府特别是省级政府落实最严格的耕地保护制度，采取“长牙齿”的硬措施，在督察中算大账、算细账，对违法占用耕地“零容忍”，坚决遏制耕地“非农化”，严格管控“非粮化”，推动耕地保护党政同责，为国家粮食安全保驾护航。[1]《土地管理法》确保土地督察机制要关注耕地保护情况，实行最严格的耕地保护督察法治。《耕地保护法（草案）》（征求意见稿）规定耕地保护督察范围，包括国家有关耕地保护重大决策部署落实情况；耕地保护法律、法规执行情况；耕地保护责任目标落实情况；永久基本农田保护情况；补充耕地情况；耕地违法行为制止查处情况及其他耕地保护情况[2]。

（三）耕地保护督察行使方式

耕地保护督察权体现的权力定位，使耕地保护督察以审核、检查、调查了解、限期整改、约谈责任人、追责建议等形式行使机构职权。在一系列流程中列明整改问题清单，挂牌督办、公开通报、向纪检监察机关移送问题线索等多措并举压实整改责任，加大整改力度，有力推进整改。

一是耕地保护督察机构开展调查了解活动。耕地保护督察通过例行督察、专项督察、审核督察等工作形式收集调查地方政府耕地保护主体

---

〔1〕 宋歌：《土地督察制度全面步入法治轨道——新〈土地管理法实施条例〉系列解读之七》，载《资源与人居环境》2022年第4期。

〔2〕《耕地保护法（草案）》（征求意见稿）第53条。

责任落实情况，耕地保护全过程中的流程情况，提取违法违规问题上报中央政府。《耕地保护法（草案）》（征求意见稿）规定地方政府和个人要配合督察机构工作，按照耕地保护督察工作要求，及时提供相关材料，并对提供材料的真实性和完整性负责，不得拒绝、拖延、谎报、瞒报。[1]

二是耕地保护督察根据纠纷进行整改。作为派出机构的督察局把调查了解的地方政府耕地保护重大决策部署不力，或者违反耕地保护法律法规的问题上报，经过总督察批准向地方政府提供意见建议，向社会公众进行通报，被督察的地方应当落实整改主体责任，认真组织整改，并及时报告整改情况，地方政府落实不力，可以要求限期整改。[2]

三是耕地保护督察机构落实约谈机制。总督察或副总督察对地方党委政府落实党中央、国务院重大决策部署不力，或者违法违规问题突出的相关负责人进行约谈，明确党政同责的责任一体化特征，听取相关负责人提出的整改意见、问题策略，除涉及国家秘密、商业秘密和个人隐私外，约谈应当对外公布相关信息，必要时可邀请媒体记者参加约谈会议，接受社会监督和舆论监督。[3]

四是耕地保护督察结果责任落实。耕地保护督察机构与其他中央监督机构协调配合，如将耕地保护督察的结果作为领导干部综合考核评价、奖惩任免的参考依据；将耕地保护督察意见抄送纪检监察、审计等有关机关；可以向任免机关、单位或者纪检监察机关移送有关问题线索，由任免机关、单位或者纪检监察机关依纪依规依法处理。[4]

二、耕地保护督察工作形式

耕地保护督察工作形式包括例行督察、审核督察、专项督察，对三种督察工作形式进行流程与特点分析，做出倾向化的督察工作结果考核，体现耕地保护督察工作开展中出现的问题。

---

〔1〕《耕地保护法（草案）》（征求意见稿）第54条第2款。

〔2〕《耕地保护法（草案）》（征求意见稿）第55条。

〔3〕参见宋歌：《土地督察制度全面步入法治轨道——新〈土地管理法实施条例〉系列解读之七》，载《资源与人居环境》2022年第4期。

〔4〕《耕地保护法（草案）》（征求意见稿）第56条。

（一）例行督察

例行督察是中央派驻到地方的自然资源督察局对某一地区一段时间内的耕地保护、利用与管理情况，耕地保护法律法规、政策实行情况进行事后督察，对发现的问题督促地方政府进行整改提出耕地保护领域的治理建议。

1. 督察流程

例行督察通过有效利用现有的国家自然资源督察机构系统，审核耕地保护情况、行政管理部门卷宗材料以及经过实地考核调查研究，精准掌握开展督察区域的相关信息，便于其整改问责。具体督察流程包括：一是报国家自然资源总督察室。派出督察组进驻督察区域，进行内业审查，发现问题，针对暴露的问题进一步展开核实，出具例行督察报告总结正确处理方式，把督察报告与意见书一起上报国家自然资源总督察室。二是地方督察局把意见书传达给省级计划单列市人民政府，并对突出问题的重点区域负责人进行约谈。三是各地国家自然资源督察局跟踪整改验收。针对达到要求的整改结果结束此次例行督察，基本符合督察要求但还有一些问题的继续跟踪整改验收，整改后问题仍然严重的区域可责令改正、重新组织验收。例行督察运行流程见图3。

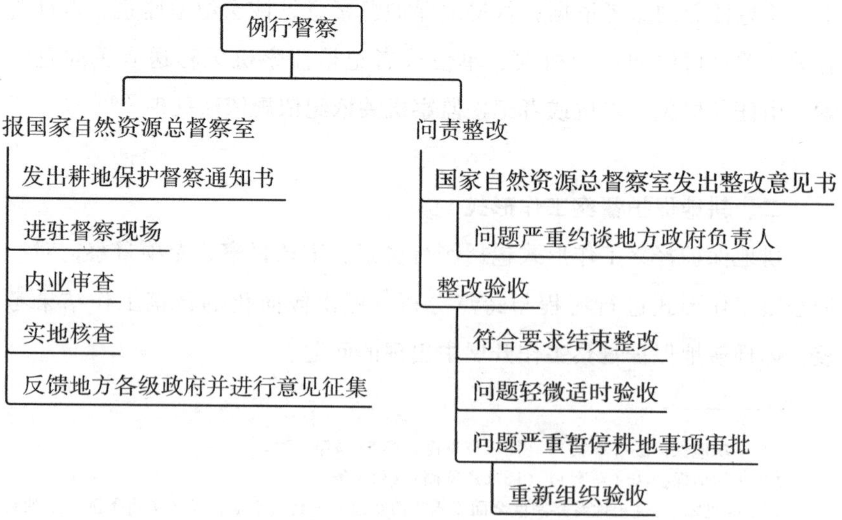

图3　例行督察运行流程

2. 主要特点

例行督察在一系列类似判断流程的审核核查中，体现出整改力度大、涉及范围广以及督察整改过程严的督察工作特点。一是整改力度大。例行督察确定一个时间点对确定区域开展集中高效的监督检查，大致经过为期3个月的风暴督察，短时间内促进地方政府发现问题，改正问题，责任落实到位，对负有耕地保护职责的有关部门进行内部审核，保障耕地保护督察落到实质位置，督促政府履行责任，以高效强力的督察及时解决历史遗留问题。二是涉及范围广泛。例行督察过程中对发现的非法批准占用、使用耕地的，永久基本农田划定不实，擅自调整县级、乡（镇）级国土空间规划等方式规避永久基本农田农用地转用的，建设占用或者转为其他农用地，落实耕地补充不到位或者弄虚作假，违法实施生态退耕的，违规在禁止开垦区域开垦耕地的；擅自改变耕地和永久基本农田用途等违法违规的区域内容，进行部门、单位、个人的核查，延伸范围广泛，强化协同治理的督察效果。[1]三是督察整改过程严。督察区域一定时间段内的国家有关耕地保护重大决策部署落实，耕地保护法律、法规执行，耕地保护责任目标落实，永久基本农田保护，补充耕地，耕地违法行为制止查处，这种覆盖全过程的督察整改监督，有效解决耕地保护违法违规情况。

（二）审核督察

审核督察是地方国家自然资源督察局依据国务院的程序性规定，对督察区域内与耕地保护有关的政府职能部门工作中，需要报国家自然资源督察总办公室的农用地事项进行日常督察。2008年审核督察已经全面展开。

1. 督察流程

审核督察包括内业审核、外业核查和结果处理三个流程。对严重的违法违规问题，地方督察局向国家自然资源总督察室请示，出具整改意见书，形成验收报告，对符合整改要求的部分结束整改。审核督察与例行督察大致相同，但在一些方面体现不同整治效果。例如，审核督察是

---

〔1〕《耕地保护法（草案）》（征求意见稿）第60条。

地方督察局日常针对农用地情况展开工作，例行督察是中央派驻督察组集中一段时间开展全面督察。审核督察过程中督察通知书是在外业核查阶段展开的，例行督察在内业审查之前出具通知书。例行督察有对整改不力的相关负责人约谈的流程，而审核督察没有。审核督察工作流程见图4。

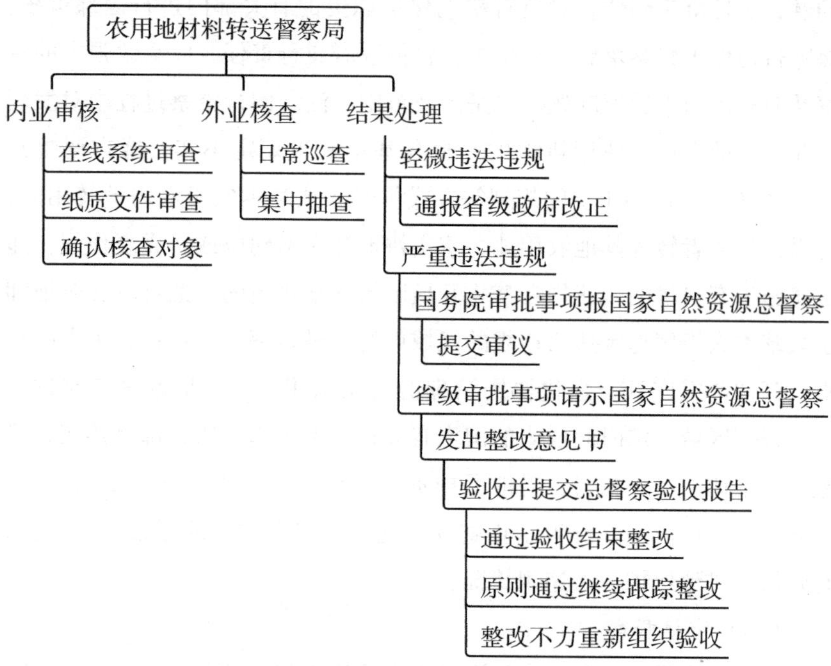

图4　审核督察工作流程

2. 主要特点

审核督察常态化监管政府管理事务，体现出督察日常化和督察全面化的特点。一方面督察日常化。针对农用地事项中的耕地保护情况进行日常督察，作为日常化、常态化监督检查的工作推动耕地保护督察的实效。审核督察在耕地保护事前阶段介入督察，从根源阶段落实耕地保护督察工作。另一方面督察全面化。监督范围广泛，没有局限区域，日常化政府管理中的各个环节，对现行耕地保护相关情况进行全方位审查，实质性监管地方违法违规情况。

（三）专项督察

专项督察是国家自然资源督察机构依据耕地保护法相关规定，对某一类或某一区域耕地保护情况中的特定事项进行监督检查。经常与审计、环境保护等督察业务结合，涉及事前、事中、事后工作内容。

1. 督察流程

专项督察可以由国家自然资源总督察室展开，也可以由地方自然资源督察局展开。专项督察流程大致与例行督察、审核督察相同，开展内业审核与外业核查，对发现的违法违规问题进行整改问责，符合整改要求即可结束整改。但专项督察有一个全面的督察展开准备工作流程，国家自然资源总督察室根据相关信息与线索确定耕地保护主体，开展工作部署，成立督察工作组，明确工作目标，派驻地方；地方自然资源督察局同样确定选题，根据线索信息提供整改意见。专项督察工作流程见图5。

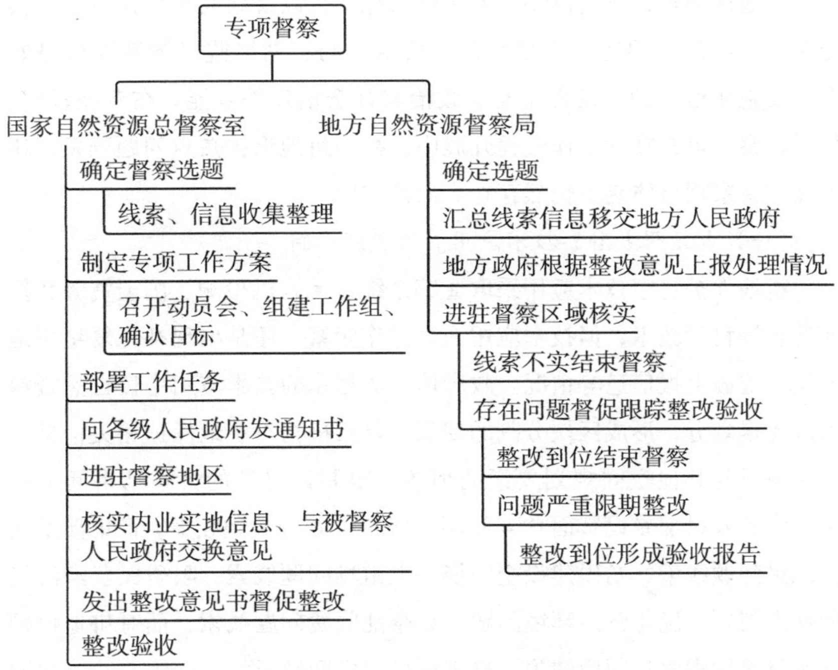

图5　专项督察工作流程

2. 主要特点

专项督察极具针对性、灵活性及社会影响性。一是专项督察具有针对性，自然资源督察机构选定耕地保护具体主题，针对具体突出问题开展监督检查，做到一事一督，专门性的制止耕地保护违法违规相关情况，专门性的审查政策落实情况，适用范围更小、更细致、更加精确。例行督察是对一定时期一定区域的审查，审核督察是对审批事项的备案性监督检查。二是专项督察具有灵活性，督察展开可以自行选定主题，可以选择耕地保护中某一环节或某一方面，可以选择多种手段开展监督检查，可以选择开展区域范围。三是专项督察具有极强的社会影响力，对具体问题专项处理，具有重点突出、极具代表性的特点，及时反映社会热点问题，影响范围广泛。

三、耕地保护督察问题

耕地保护督察体制以特定的主体为范围，以督察问责纠正机制为实施路径，以热点问题、典型案例、公众参与、网络监督体系为信息媒介，实施耕地保护，发挥生态、政治与社会治理的效能。在专项督察、例行督察、审核督察工作流程开展中，社会耕地保护热点问题频发，耕地保护督察现行体制下仍然存在突出性问题。

（一）耕地保护督察技术应用管理受到限制

耕地保护督察技术应用采取遥感系统、无人机检测、国土资源数据库普查等科学技术，但技术应用人力操作频繁，还是出现补充复垦耕地不实、虚假上报信息等情况。政府信息数据化的技术应用中按自然资源管理要素划分，形成区块分割的现象，督察机构对耕地保护相关信息的获取缺乏与其他空间规划要素的衔接，限制针对性的督察结果问责纠正。农业农村部专设版面“互联网 + 督察”划分专题收集，征集涉及火灾隐患问题线索，妨碍建设全国统一大市场问题线索，阻碍民营经济发展壮大问题、优化营商环境问题、涉企乱收费问题线索，而对耕地保护问题督察线索收集版面缺失，显现出部门之间缺乏统一合力，缺乏协同治理粮食安全隐患能力，政府及社会大众在市场化经济的大背景下缺乏对耕地保护的重视。

（二）耕地保护督察手段受限

国家自然资源督察机构把耕地保护督察作为工作重点，但仍然出现虚假整改应付干扰，地方政府及部门责任落实不到位，监管不力，管理职责落实不到位的情况，这与现行的耕地保护督察手段限制有关。一方面问责机制不健全，专项督察开展注重对重点、热点问题的关注，个案情况突出，但针对个案的纠正问责机制不完善，不确认对相关政绩责任人的问责。地方政府对督察局常驻地的依赖性极强，审核督察在非督察局常驻地的实施效果突出，一旦缺失经常出现责任落实不到位的情况。另一方面督察对象层级低，《耕地保护法（草案）》（征求意见稿）中明确规定了省、自治区、直辖市党委、人民政府实行主要负责人问责机制，实行党政同责。但现有的督察体系落实到地方各级政府的主要负责人，督政的展开尚未落实到各级党委，限制责任手段的落实。

（三）耕地保护督察要素管理存在矛盾

从宏观政策方面看，我国土地管理体制的宏观调控政策一直与财政、金融挂钩，土地切身关乎经济发展，当前粮食问题作为全球关注，国家政策强调粮食安全问题，督察机构在工作开展中经常发现地方政府及部门责任落实不到位的问题，非法批地等大量地方政府默认行为突出。从行政管理方面看，国家督察机构派出9个督察局对行政管理区域划区管辖，这是一种基于原土地督察局改牌命名的结果。职能运行转化，但工作结构存在新问题老办法的情况，与其他资源要素的督察管理存在冲突。林业和草原局、海洋局、住房和城乡建设部等因督察要素管理的矛盾，经常出现违法占用耕地，永久基本农田挖湖造景的问题。在耕地保护督察、国土空间督察作为工作重点的情况下，仍然存在耕地保护落实不到位的情况，这与自然资源全要素督察覆盖不全面有关。

第三节　国外耕地保护督察制度借鉴

历史长河中，耕地资源的开发利用和保护只涉及一国领土范围内的农田。随着21世纪全球化的进程加快，地缘政治冲突明显，局部战争的冲突和生态环境气候急剧变化对粮食安全造成重大威胁，现代粮食安全问题不再局限于一个国家，从粮食安全源头——耕地保护在各国体制构建中不断加强。俄罗斯设立了土地督察制度，以“一主两辅”的土地督察模式全方位保护耕地数量、质量、生态情况；荷兰实行住房建设、空间规划、环境保护一体化督察，以独特的社会督察治理保护耕地；美国设立农业部督察体制，以生态专业知识（PEK）构建督察队伍，结合行政、审计实现一体化农业部督察构建。

通过研究俄罗斯土地督察制度、荷兰基础设施和水管理部督察制度及美国农业部督察制度中的相关耕地保护督察体制，可在监督对象、领导体制、架构设置模式、内部领导、职能职权等方面为我国土地督察体制创新提供借鉴。

一、俄罗斯土地督察制度

（一）俄罗斯土地督察制度发展历程

俄罗斯耕地保护督察的概念定位与耕地所有权有关，俄罗斯耕地所有权分为联邦所有、联邦主体所有和自治地方所有、农场内部所有。根据所有权的划分，俄罗斯联邦的耕地管理以国家管理为主，耕地自治社会管理积极参与，在法律允许范围内耕地使用人自由规划。耕地督察制度随着国家机构的改组和法律制度的规范构建上下一体、积极能动的机制。

耕地的合理利用与肥力的持续提高依赖国家不动产登记、环境规划管理、农业规划利用。1990年—1999年设立俄罗斯联邦土地改革国家委员会、国家自然保护委员会共同关注耕地管理与保护，其权力广泛。2000年俄罗斯对国家机关进行改革，国家土地政策委员会改组为联邦地籍总局，国家自然资源保护委员会被撤销，其职能移交给俄罗斯联邦自然资源部。2004年俄罗斯联邦地籍总局改组为经济发展与贸易部领导的俄罗斯联邦不动产籍总局，进行土地管理工作的开展。Rosprirodnadzor（联邦自然资源使用监督局）设立俄罗斯生态和自然资源利用部、专门的州（联邦）和地方监察员执行耕地保护监督[1]。

俄罗斯联邦土地督察制度不断推进法制化进程。早在 1970 年苏联时期就颁布了苏联《土地利用国家督察条例》，建立土地督察制度。1991 年苏联解体后，俄罗斯联邦《土地法典》对土地督察的任务、实施程序进行了修改补充。在俄罗斯，土地督察的法律地位较高。俄罗斯联邦制定的宪法、民法、土地法、行政处罚法等都规定了土地督察的相关内容，2002 年俄罗斯联邦政府又专门制定了《国家土地督察条例》，颁布后又根据实施的实际情况进行多次修订。2006 年俄罗斯引入土地督察责任制，进一步明确了各督察主体的责权边界，提高了执法效率。2015 年俄罗斯联邦《关于修改联邦法“关于农业用地流转”》把无人认领的土地股份转让给俄罗斯联邦组成实体、农业组织或农民家庭作为财产，使用这些土地进行农业生产。[2]2015 年俄罗斯以文本形式（语义信息）和图形形式（图形数据）形成统一数据代码，为地籍工程师和所有者提供有关地块边界位置、面积、登记权利、地籍价值等信息，理事会将材料提交给行政总司和执法当局。历时 2 年生效的不动产统一登记，协调耕地资源确保土地管理发挥效用，有效协调耕地保护所有主体，并组成统一不动产登记册，使不动产协调制度更加有效。2021 年俄罗斯联邦政府要求行政长官及行政专员公署对其成员活动进行控制，国家土地督察局向行政长官及行政专员公署发送 144 份有关地籍工程师行动的资料，行政长官监察小组对其成员就 23 种物料进行不定期视察，其中 9 种物料由行政长官监察小组采取措施。[3]

---

〔1〕 L. P. Podbolotova，O. V. Gvozdeva，L. V. Molodkina，A. I. Pyatov，A. A. Korostyleva，*Modernization of Legislation on Control and Supervisory Activities in the Field of Land Management in the Russian Federation*，SHS Web of Conferences，Vol. 134，p. 1 – 5（2022）.

〔2〕 Mikhail Kabanenko，Lyudmila Dubrova，Natalya Andreeva，*The Contemporary State of Russian Land Policy*，E3S Web of Conferences，Vol. 175，p. 1 – 9（2020）.

〔3〕 Natalia Ovchinnikova，Daria Burdova，Maria Garanova，*Land Resources Management through Maintaining Unified State Register of Immovable Property in Russia*，E3S Web of Conferences，Vol. 91（2019）.

（二）俄罗斯土地督察体制

俄罗斯联邦国家机构改组，土地相关法规制定修正，明确显现耕地保护机构职能运行模式、层级设置。一是俄罗斯耕地保护督察机构设置“一主两辅”模式进行政府职能部门耕地保护督察体系构建。“一主”以联邦不动产登记地籍和测绘局作为督察实施主体，对耕地开发利用的经济社会综合管理方面进行督察，确保土地利用保护国家政策的实施、对国家地籍和土地进行监测、对土地规划进行督察；“两辅”以资源环境部生态环境督察局和农业部耕地利用督察局为督察实施主体，资源环境部生态环境督察局负责耕地整理、恢复保护等自然属性方面的督察，农业部负责耕种条件、土壤肥力等自然属性方面的督察。二是俄罗斯联邦实行耕地管理与督察分离的机构运行模式。国土资源管理局与联邦不动产登记地籍和测绘局分属不同政府职能部门，形成行政权与监督权分离的模式。俄罗斯联邦总统、联邦议会和俄罗斯联邦国家杜马授权联邦不动产登记地籍和测绘局，不动产登记地籍和测绘局直接任命地方级机关负责人，实行土地纵向管理。三是俄罗斯耕地保护督察机构层级设置为联邦、主体（省）、地区（包括城市）三级，督察经费由中央预算拨款。首先，俄罗斯联邦土地利用和保护总督察及其副职作为土地督察最高级。联邦不动产登记地籍和测绘局局长兼任土地利用和保护国家总督察，副局长作为不动产登记地籍和测绘局直属督察机构领导兼任副总督察，直属督察机构的专家兼任督察员。其次，俄罗斯联邦各主体土地利用和保护总督察及其副职作为第二级，俄罗斯联邦主体的联邦不动产登记地籍和测绘局地区机构的领导兼任俄罗斯联邦主体土地利用和保护的总督察；俄罗斯联邦主体的联邦不动产登记地籍和测绘局地区机构的副职领导和联邦不动产登记地籍和测绘局位于联邦主体的地区机构直属督察机构的领导担任俄联邦主体土地利用和保护的副总督察。不动产籍总局任命人员划拨经费。最后，各城市和地区土地利用和保护总督察及其副职作为第三级。俄罗斯土地督察机构见图6。

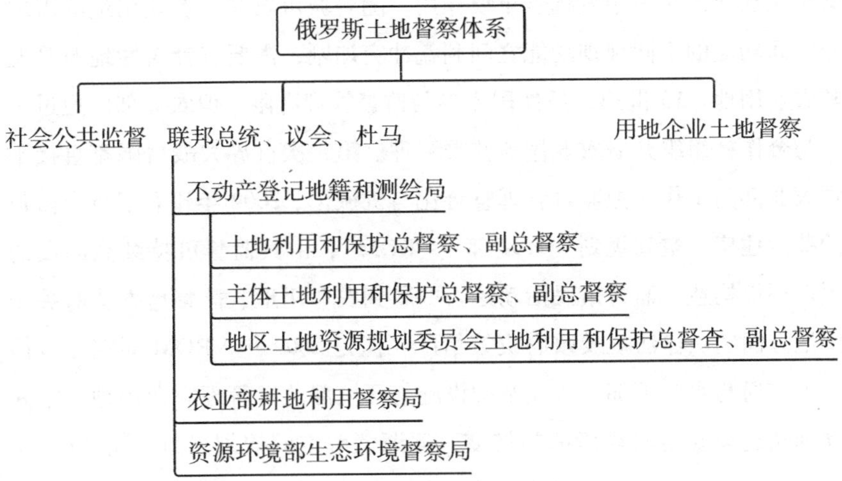

图6　俄罗斯土地督察机构

（三）俄罗斯联邦土地督察制度与中国土地督察制度比较

俄罗斯与中国耕地保护制度从结构、机构、特点等体现了不同的体制模式。一是俄罗斯联邦耕地保护督察分为国家管理、社会自治管理和用地企业管理。社会自治管理充分发挥社会公众监督职能，用地个人自我监督耕地的使用保护。中国耕地保护督察以政府管理为主，同时发挥社会公众监督作用，建立“互联网＋督察”数据版面，设立“专题征集、曝光台、督察回声、留言”版面，让社会公众参与监督并及时回馈信息。二是俄罗斯联邦督察机构分联邦不动产登记地籍和测绘局、农业部耕地利用督察局、资源环境部生态环境督察局三个部门，对耕地实施全方位的监督，各个部门充分发挥效用各司其职。中国耕地保护督察机构由国家自然资源督察机构负责，把所有自然资源使用相关督察进行统一，发挥合力效用。三是俄罗斯联邦督察机构以不动产登记地籍和测绘局为主，受其统一的地籍登记体系影响，建立三级的土地督察。中国耕地保护督察机构是国家自然资源督察机构。

二、荷兰基础设施和水管理部督察制度

（一）民主国家导向荷兰督察制度

荷兰作为一个以共识为基础的民主国家，工会、雇主组织和其他社

会组织在政治决策中发挥着重要作用。随着城市发展，农业用地的需求与空间功能的不同规划功能之间利益冲突加剧，需要有针对性地监管调整农业用地。19 世纪，虽然国家参与监督管理有限，但农业部门通过工会与合作社组织开展农业用地监督管理。第二次世界大战后国家直接干预农业部门工作，把监督管理整合化与机械化。2002 年建立了负责监督的荷兰住房、空间规划和环境部（VROM），由其监督可持续高品质的生活环境构造、监督市民活动是否威胁到农业用地、监督地方政府关于土地方面的法律法规及政府决策情况。但是 2009 年 VROM 即宣告解体并入交通与水管理部，成立基础设施与环境部监督管理农业用地，空间规划从建设规划向环境部门转变，逐渐消解空间规划思维。自 2019 年以来，在基础设施和水管理部设立了一名环境和住房国务秘书，取消环境部长，随着环境部长官和住宅空间规划环境部的废除，不仅环境政策和空间规划被边缘化，监督和执行也被置于次要地位。环境监察局已被精简为新的人类环境政策监察局，隶属于前面提到的基础设施和水管理部。2020 年，荷兰农业出口总值达 956 亿欧元，农业部门以出口为主。[1]

（二）荷兰督察机构设置

荷兰督察机构分为中央地方政府层面，实行空间规划、环境保护、住房建设统一督察。基础设施和水管理部设在海牙中央一级督察机构，监督农业用地情况、监督空间规划及环境等方面法律法规实施情况，环境和住房国务秘书直接负责。地方政府层面设立省一级由市政府官员、土地规划检查员和由社会团体组成的土地规划委员会，收集区域、地方的土地开发情况、经济发展情况和空间规划的执行落实情况信息，以“环境规划”取代了原有的结构愿景和土地利用规划，制定调整国土空间规划的大数据分析，实现农业用地有效监督。[2]

---

〔1〕 David De Pue, Eva Kerselaers, Evy Mettepenningen, Jeroen Buysse, *A Farmers' Perspective on Farm Relocation: Lessons Learnt from Relocated Farmers in Belgium and The Netherlands*, Journal of Environmental Planning and Management, Vol. 64, p. 1 – 22 (2020).

〔2〕 Robbert Biesbroek, Jeroen J. L. Candel, *Mechanisms for Policy (dis) Integration: Explaining Food Policy and Climate Change Adaptation*, Policy Sciences, Vol. 53, p. 61 – 84 (2020).

（三）荷兰基础设施和水管理部督察制度与中国土地督察制度比较

一是荷兰设立专门的土地规划委员会进行农业用地的相关信息收集，以更广泛的职能定位落实信息收集与反馈工作。中国在专项督察、审核督察和例行督察的工作流程中进行信息收集，并专列“互联网+督察”版面，进行督察信息回馈。二是荷兰作为民主式国家有针对性地调整管理监督农业用地，更多时候社会组织发挥管理职能，以社会性监管降低督察成本。中国设立中央—省—地方的三级督察模式，以政府监督模式为主，辅之社会公众监督。三是荷兰基础设施和水管理部督察对象不仅包括行政主体还包括行政相对人。中国国家自然资源督察机构主要监管对象是行政主体，对政府相关之职能部门进行监督管理。四是荷兰基础设施和水管理部有职责对农业用地相关内容进行建议咨询反馈，作为程序性规定保障农业用地政策的科学性与合理性。中国国家自然资源督察机构主要保障耕地保护的政策实施等。

三、美国农业部督察制度

（一）美国农业部督察制度特色发展

1978年美国国会与总统通过签署法案，设立了联邦政府部门总督察办公室，明确负责被督察机构的审计调查，以节约效率独立的原则开展联邦各部的信息沟通纠正项目计划行动，把调查与审计结合起来行使督察权。[1]1986年将大量联邦资金分配给私人土地所有者，耕地保护以良好的组织形式保留在联邦组织预算中。2000年美国农业部响应管理和预算办公室（Office of Management and Budget）启动保护效果评估项目，对1.66亿公顷私有农场的联邦保护资金的社会效益进行更大的问责。2010年美国农业部采取了“全土地”保护方法，旨在将公共和私人土地所有者聚集在一起，跨越景观和生态系统，共同解决自然资源保护问题，提高农民、牧场主、森林管理者、工人和整个社会的生活质量。2011年美国农业部自然资源保护局通过成本分担促进私人土地的保护，

---

〔1〕参见［美］F·丹尼尔．小艾赫恩、胡仙芝：《美国的总监察长办公室：一种反腐败机构的模式》，载《中国行政管理》2002年第1期。

通过项目计划政策解决督察中的农场问题，是一种事前保护解决策略。政府行政、立法和/或司法部门的机构主管，以及机构内部的高级管理人员，竭尽全力确保各机构层级的人员按照机构协议履行职责，简化督察运行模式。2020年耕地保护督察运行技术手段的更新，以农田数据层识别作物类型，土壤调查地理数据库提供了详细的县级土壤调查地图，用于根据土壤质地识别光谱不同的区域，美国农业部农业资源管理调查提供田间残留物估计值。[1]农业部各分局汇总耕地保护数据作为耕地保护督察依据。

美国大部分农场受监督监管，督察过程中强调计划的实施和遵守，属于私人所有的农场通常参加由自然资源保护局提供的自愿成本分担计划，以实现农场保护。政府机构不能作为唯一的自然资源管理机构，但是需要发挥必不可少的新公共管理职能。美国农业部自然资源保护局将土地资源管理系统与基于生态学的现代政府开发的资源管理系统结合起来，依赖传统的土地管理办法及机构内部的行政程序指导实施耕地保护督察，保障督察人员专业知识的吸收确认。美国农业部自然资源保护局督察任务开展中不依赖当地知识和科学知识，而是依赖独特知识领域——以生态专业知识构建耕地保护督察[2]。

（二）美国农业部督察机构结合行政与审计

美国农业部总督察办公室下设审计处、审计调查处、信息处3处和设在佐治亚州的亚特兰大、伊利诺伊州的芝加哥、密苏里州的堪萨斯城、马里兰州的贝尔茨维尔、加利福尼亚州的旧金山、得克萨斯州的坦普尔6个区域办事处，共同保障农业资源安全，解决公共粮食安全问题，提高农民、牧场主、森林管理者、工人和整个社会的生活质量，积极服务社会奉献大众，推进美国农业部各项目计划的实施。美国农业部总督查办公室设在华盛顿，由农业部长提名、总统任命，不具有任期限

---

〔1〕 Peter C. Beeson, Craig S. T. Daughtry, Steven A. Wallander, *Estimates of Conservation Tillage Practices Using Landsat Archive*, Remote Sens, Vol. 12：16，p. 65（2020）.

〔2〕 Forrest Fleischman & David D. Briske, *Professional Ecological Knowledge：An Unrecognized Knowledge Domain within Natural Resource Management*, Ecology and Society, Vol. 21：1（2016）.

制，在下设3处中明显突出行政与审计结合的督察运行模式。

（三）美国农业部督察制度与中国土地督察制度比较

一是美国农业部督察将公众所有的土地和私人所有的土地结合起来进行行政监督管理，设立总督察办公室保障督察权的独立性。中国国家自然资源督察机构通过设置中央—省—地方的督察管理层级，实现政府对耕地保护的监督管理。二是美国农业部督察注重专业知识人才库的构建，以生态专业知识构建模式建立督察人员结构，中国以公务员考核机制筛选督察机构监督管理人员。三是美国农业部下设各类信息线索收集调查处，整合各类农业耕地保护数据。中国通过例行督察、专项督察、审核督察的内业审核与外业核查实行信息线索的筛选与收集，构建“互联网＋督察”模式的社会公众回馈系统。四是美国农业部督察将行政与审计相结合，把联邦农业保护预算直接纳入耕地保护督察内容。中国有独立的审计督察模式。

第四节　完善我国耕地保护督察制度的对策

一、制定耕地保护督察法律依据

一是落实党政同责法律规定。在《耕地保护法（草案）》（征求意见稿）中明确规定党政同责，压实省、自治区、直辖市党委及人民政府的职责，作为统筹性规定便利具体督察制度进行党内监督，保障地方在党委领导的工作模式下，做到政府负责，各部门协同治理的责任共担机制，形成耕地保护合力，保障耕地数量、质量及生态化利用。

二是保障督察问责机制法律构建。耕地保护例行督察、审核督察、专项督察的工作结果都依赖于问责跟踪整改的最终效果，保护督察问责机制在耕地保护督察法治中的完善构建必不可少。首先，耕地保护督察问责监督岗设置到村级，充分发挥基层社会组织及农民的监督信息收集作用，以具体的地方性法规适用规制各类村集体中的占用耕地、侵占永久农田、私自交易良田、破坏耕地生态环境等违法行为。其次，完善耕地保护督察奖惩制度，耕地保护情况不仅与地方各级政府主要负责人绩效相关，还要切实关乎集体耕地使用人的利益，围绕科学合理保护利用耕地的相关利益者进行有效激励，保障社会组织及群体的积极主动性。再次，法律构建保障责任落实，明确各级相关政府部门耕地保护范围，避免推诿默认违法违规行为的发生，进一步细化责任范围，保障到个人的督察考核。最后，督察法制构建要明确信息公开原则，避免出现督察不实，落实整改不到位的情况，严格保障法律程序性规定，落实每个环节的公示，防止腐败问题滋生。

二、推进耕地保护督察职能构建

一是压实耕地保护督察主体责任。党的二十大报告强调粮食安全的重要性，落实最严格的耕地保护制度，在主基调旋律中落实“长牙齿”措施。强化监督检查重要的是做到早发现、早制止、严查处，还需要加大督察，在日常巡察中把耕地保护督察的主体责任落实到位，严格落实“长牙齿”举措，切实抓住问题、坚持实事求是，有针对性地整改督察问题，杜绝“一刀切”处理模式。荷兰把空间规划、住房、环境保护全部纳入一体化基础设施委员会督察，发挥社会组织的治理效能，在压实主体责任的基础上，适当减轻政府责任，启动社会组织积极参与耕地保护督察治理。

二是全面强化绩效评价考核。以乡村振兴综合考核和农田水利基本建设“黄河杯”竞赛为抓手，逐步完善高标准农田和高效节水农业建设绩效评估体系，制定表彰和督查通报制度，进一步激发基层干事创业积极性，确保项目顺利推进。将人才知识构建体系纳入领导干部绩效考核评价模式，借鉴美国生态专业知识体系构建工作人员考核模式。

三是耕地保护督察机构一体化建设。正如俄罗斯联邦不动产登记地籍和测绘局、农业部、资源环境部以主辅的模式推动督察工作全面展开。我国实行自然资源部统一督察，但很多基于原有的土地督察机构转化，在实践中与农业农村部、生态环境部督察出现职能重叠，在权力冲突的情况下督察“长牙齿”工作难以武装，需要厘清督察职能脉络，对耕地质量、数量、生态保护、用地流转、经营承包等划分督察职责，在现有《耕地保护法（草案）》（征求意见稿）的督察范围基础上出台细致地方规定，一体化协同治理耕地的开发利用保护。

三、更新耕地保护督察技术应用水平

一是提高耕地保护智能化监测监管水平、开展耕地系统保护治理与碎片化整治、完善耕地保护激励补偿机制、探索建立耕地储备区与异地有偿代保制度等政策优化建设。完善“互联网 + 督察”的数据整合治理，把耕地保护纳入智能化信息收集的渠道，从源头发现问题、收集问题。

二是持续加强耕地保护督察和执法监督，深化全国自然资源违法行为实时监管系统应用，深入推进土地违法违规“清零”行动，稳妥推进农村乱占耕地建房专项行动，巩固“大棚房”问题专项清理整治成果。综合运用遥感监测和系统管控等信息化手段，开展耕地卫片监督，强化耕地动态监测监管，构建早发现、早制止、严查处工作机制。

后 记

本书由王文革教授主持编写、统稿、修改和补充完善而成。

王晨、丁永锋、刘纹伽、张宇洁、陈耿钊、黄怡婷等协助完成统稿工作。王文革、黄敏艳、梁苏琴、祝亭香、陶喆、任伟彤、江崇淇、杜亚文、茅旭航、杨华强、吴婧宜、高宣、王蕊等共同撰写了本书。

本书得以出版，感谢国内外各位同仁的关心和支持，感谢出版此书的法律出版社和付出辛勤劳动的冯雨春分社长和张颖责任编辑。

本书得以出版，感谢丁永锋先生及中天城土地房地产资产（北京）有限公司提供的出版支持。

本书研究不深入及疏漏之处，敬请批评指正。

王文革

2024 年 1 月 15 日